공공부문의 기록물관리 : 사례연구3

Managing Public Sector Records: Case Studies-Volume 3, (Cases 25-34)

공공부문의 기록물관리 : 사례연구3

Managing Public Sector Records: Case Studies-Volume 3, (Cases 25-34)

강명숙, 김명훈, 정은이, 황정원 역 | 한국국가기록연구원 감수

진리탐구

공공부문의 기록물관리 : 사례연구3

옮긴이	강명숙, 김명훈, 정은이, 황정원
감 수	한국국가기록연구원
펴낸이	방 은 순
펴낸곳	도서출판 진리탐구

초판1쇄 인쇄　　　2008. 4. 15
초판1쇄 발행　　　2008. 4. 20

등록번호:　　　제 10-898
등록일자:　　　1993년 11월 17일

경기도 고양시 일산서구 구산동 199-1
전화번호　031) 925-5366~7
전송번호　031) 925-5368

ISBN : 978-89-8485-157- (3)

● 발간사

　지금으로부터 9년 전 한국국가기록연구원이 출범하였다. 지난 시간을 회고해보면 아쉬움도 있고 또 앞으로 해야 할 일도 산적해 있다. 그러나 한편으로는 나름대로의 뿌듯함을 느끼기도 한다. 시민기록문화전, 기록문화 시민강좌 개설, 심포지엄, 한림기록문화상 제정, 한국기록학회 조직, 월례발표회, 한국기록관리학교육원 개원 등등, 모두가 우리의 기록문화 발전에 초석이 될 것임은 분명하다.

　연구원의 출범과도 무관치 않지만 우리의 기록문화에 또 하나의 이정표라고 할 수 있는 것은 기록물관리법령의 제정이다. 법령의 제정으로 이제 우리도 현대적 기록관리체제에 들어갔다고 말할 수 있게 되었다. 그러나 법령의 제정이 바로 실시로 이어지지는 않는다. 죽어있는 법령이 얼마나 많은가. 새로운 법령이 제정되면 이에는 크고 작은 '저항과 편승'이 있기 마련이다. 새로운 기록관리법령에 대한 '저항'은 현재 공공기관 내부에 잔존해 있다. 작년 기록물관리전문요원이 채용되어 중앙행정기관에서 기록관리를 담당하고 있지만, 그동안의 타성 내지 기록 경시풍토 또한 만만치 않다. 아울러 현재 전문요원 양성을 위해 10여개 대학원에 기록관리학 대학원과정이 신설되었다. 물론 모두가 기록관리분야 전반을 위해서는 발전적인 변화이다. 그러나 그 내실을 보면, 즉 교수, 교재, 참고도서, 실습실 등의 면에서 보면 부실하기 짝이 없는 경우도 있다. 이는 새로운 법령에 대한 '편승'이라고 할 수 있다.

　그러나 '저항과 편승'을 탓하고만 있을 수는 없다. 사실 '저항과 편승'의 가장 큰 원인은 기록관리에 대한 이해의 부족일 것이다. 이를 위해 연구원은 과감히 ICA 총서시리즈를 번역하기로 결정하였다. 단순한 번역은 아니다. 권수로도 30권이 넘는다. 양도 양이거니와 여러 사람이 나누어 번역할 수밖에 없기에 통일성을 기하기가 무척 어려우리라 예상된다. 그럼에도 불구하고 한국 기록관리학의 기초를 놓는다는 심정으로 번역을 시작하였다.

　본 총서시리즈는 국제기록관리재단(International Records Management Trust)과 ICA에서 공동으로 추진한 결과물로, 국제적으로 널리 이용될 수 있는 최선의 기록관리 업무 방식 도출을 목적으로 하였다. 또한 기록관리 전문가 외에도 체계적으로 기록학에 접근하지 못했던 사람들에게 학습모듈을 제공하려는 의도에서 만들어졌다. 이 때문에 기록보존소리시스템이 불

충분하거나 적절한 기록관리 교재와 교육인프라가 결핍된 국가에게는 유용한 교재가 될 것이다.

기록관리 분야의 실무와 학문이 발전일로에 있는 우리나라에서도 이 교재의 보급이 시급함은 물론이다. 앞으로 이 학습교재가 공공부문의 기록관리전문가를 위해서 뿐만 아니라 민간부문에서도, 그리고 아키비스트의 업무능력과 전문성을 높이는 데에서도 널리 활용되기를 바란다.

본인은 2000년 9월, 연구원을 대표하여 스페인 세빌리아에서 개최된 ICA총회에 참석하였다. 회의 규모의 크기에도 놀랐지만 개최국의 선진적 기록관리 및 보존에도 놀랐다. 아시아에서는 유일하게 1996년 중국의 북경에서 개최되었다고 하니 중국의 문화적 깊이를 보여주는 듯하다. 한국의 서울에서 ICA총회가 열릴 기록관리 선진국을 기대하며, 본 역서가 그런 기대에 일조하기를 바라마지 않는다.

본 역서를 내면서 감사드려야 할 분들이 있다. 먼저 한국국가기록연구원의 참뜻을 이해하여 저작권에 대한 비용을 과감히 포기해준 ICA 관계자 여러분들에게 감사의 뜻을 표하고자 한다. 또 상업성을 떠나 선뜻 출판을 맡아주신 진리탐구의 조현수 사장님 및 편집부 일동에게 진심으로 감사드린다. 마지막으로 그다지 좋지 못한 조건에도 불구하고 번역을 흔쾌히 맡아주신 번역자 여러분들에게 깊은 감사를 드린다.

김학준(한국국가기록연구원 원장)

김학준

● 역자 서문

　본서는 ICA와 IRMT에서 공동으로 출간한 MPSR 기록학 시리즈의 맨 마지막 부분인 『The Management of Public Sector Records: Case Studies Volume 3』(ICA & IRMT, 1999)의 완역본으로, 교육모듈에 대한 사례를 상세하게 제공해주고 있다.

　사례 25는 호주 뉴사우스웨일즈 산림위원회의 토종식물 되살리기 사업 전개과정에서 일어난 사례를 바탕으로 한 것으로, 업무 수행과정에서 형성된 엄청난 양의 기록관리 업무에 관련된 실례를 제시해준다.

　사례 26 "지방 기록보존소의 정보서비스 시설과 서비스 구축계획"에서는, 호주 퀸스랜드 주 지방기록보존소인 카프리콘 연안 지방기록보존소에서 수행된 효율적인 기록보존소 운영과 정보 서비스 제공을 위한 효율적인 공간활용 및 설비, 기기 배치에 대한 설명을 제시해준다.

　사례 27인 "지구 최후의 날까지 양심 지키기 : 기록관리전문가와 윤리 문제"는, 1990년 미국 워싱턴 및 시애틀에서 개최된 SAA 제54회 연례회의에서 Ed Dahl과 Terry Cook이 발표한 글의 일부를 소개한 것이다. 여기서는 아키비스트들이 실무 현장에서 조우하게 되는 윤리적 문제 상황들을 다양한 시나리오를 통해 숙고해 볼 수 있는 기회를 제공해주고 있다.

　사례 28인 "위젯(Widget) 제조회사의 기록관리 프로그램 수정"에서는, 이 회사를 사례로 들어 기업의 효과적인 기록관리프로그램 수행을 위한 방법들, 예를 들어 상사를 납득시키기 위한 방법으로 편지, 이력서, 제안서 등을 쓰는 능력과 계획, 스케줄링을 짜는 방법들을 설명해준다.

　사례 29인 "애드보커시(Advocacy)에 대한 이해"는 애드보커시에 대해 설명한다. 애드보커시란 일반적으로 특정한 목적을 달성하기 위해 동기를 부여하는 통합적, 상호작용적인 과정이다. 이는 아카이브즈 운영의 내부적 운영 프레임워크(시장보고서, 마케팅 기획안 작성) 작성에서 시작하여 공동체를 대상으로 한 홍보활동과 아웃리치로 확대된다.

　사례 30 "보존기록 통제에 관한 사례연구"에서, 기록물에 대한 통제(control)는 곧 기록물 기술(description)로 나타난다고 제시한다. 기술이란 기록물의 보유 가치에 대한 평가 이후에 기록물의 출처, 포맷, 내용, 맥락과 같은 특성들을 확인하여 표준화된 형식으로 정리하는 것을 말한다.

사례 31 "인사 기록 사례연구"에서는, 기관에서 관리하는 직원의 인사 기록이 의도적으로 허위 작성되거나 무단 폐기될 가능성을 미연에 방지하기 위해서는 해당 부서, 인사 부서와 기록관리 부서 간의 업무 연계가 원활해야 하며, 종이기반이든 전자기반이든 인사 기록에 대한 철저한 관리가 필요하다는 점을 상술하고 있다.

사례 32인 "법률 기록 사례연구"에서는, 가상의 국가를 상정한 다음 정부, 법원, 경찰에서 관리하는 법률 기록이 국민에게 설명책임성을 갖기 위해 접근, 공개되는 과정을 순서도나 기능분석 등을 통해 분석함과 더불어, 효율적 법률 기록 관리를 위한 적합한 레코드키핑 시스템을 제시한다.

사례 33 "버던트섬 국립기록보존소 재건"에서는, 이상적인 국립기록보존소는 정책문, 기록표준, 입법, 권력, 책임성 등을 정비하여 기록관리 정책에 관여하는 다른 이해관계인의 협조를 이끌어 내야 한다는 점을 주장한다.

마지막으로 사례 34인 "역사가 메리의 문서 수집" 부분에서는, 평가(appraisal)를 조직이나 개인 기록물 가운데 영구보존 가치가 있는 기록을 선별하는 과정으로 정의하면서, 여성 역사학자의 개인 문서를 예로 들어 선별을 위한 평가결정시 고려해야 할 점들을 짚어 보고 있다.

본 역서는 4명의 공동작업으로 완성되었다. 우선 사례 25는 강명숙 선생님이 맡아 번역하였고, 사례 26과 28은 정은이 선생님이 담당하였다. 그리고 사례 27은 김명훈 선생님이 번역하였으며, 사례 29부터 34는 황정원 선생님이 번역하였다. 각 사례별로 독립된 내용을 담고 있어 공동번역이 큰 어려움이 없을 것으로 판단하였지만, 4명의 공동작업 과정 중 번역어 및 문체의 통일에 큰 애로가 있었음을 밝힌다. 독자들의 너그러운 이해를 바랄 뿐이다.

본 역서를 출판해 주신 진리탐구(주)의 조현수 사장님께 지면을 빌어 감사의 인사를 드린다. 그리고 본 역서의 발간까지 물심양면으로 도와주신 한국국가기록연구원의 이은영 선생님께도 감사의 인사를 전하고 싶다. 뒤늦게 세상의 빛을 보게 된 역서지만, 아무쪼록 기록관리 현장에서 고군분투하는 실무자분들께 도움이 되었으면 하는 바람이다.

2008년 4월 역자 일동

공공부문의 기록들: 기획연구

공공부문기록들의 관리 - 제3권 25번부터 34번까지의 사례

이책은 국제기록관리트러스트에 의해 출판됨

12 John Street

London WC1N 2EB

UK

영국에서 인쇄함

훈련 프로그램의 첨부권이나 요청, 그리고 출판에 관한 문제는 다음으로 연락주십시오

국제기록관리 트러스트

12 John Street

London WC1N 2EB

UK

Tel: +4420 7831 4101

Fax +4420 7831 7404

e-mail: info@irmt.btinernet.com

http://www.irmt.org

인쇄와 공급은 웨스트워드 다큐미디어 주식회사(Westward documedia Limited)

37 Windsor Street, Cheltenham GL52 2DG

ISBN 1 903354 22 6

1판(초판) /1999

MPSR 연구자 프로필

연구기획이사

앤 썰스톤(Anne Thurston)은 거의 30년간 공공부문의 기록을 관리하고 문제를 해결하는데 종사해 왔다. 1970년부터 1980년까지 케냐에서 정부기록보존소의 직원으로 있으면서 이 연구의 지휘감독을 처음부터 수행해왔다. 1980년부터는 런던대학의 도서관과 보존기록 및 정보연구소의 직원으로 있으면서 기록과 보존기록 관리분야의 석사과정을 개발하고 박사후과정의 연구를 개발하였다. 1984년부터 1988년까지는 영연방기록의 보존업무를 수행하였다. 이 연구과정은 국제기록관리트러스트로 하여금 기록관리의 기술적인 면과 보존소 건물의 건설 그리고 연구와 교육제도의 발전에 기반을 마련하도록 유도하였다.

편집장

미카엘 로퍼(Michael Roper)는 기록관리분야에 관하여 광범위하고 다양한 경험을 가지고 있다. 그는 33년 동안 영국의 공공기록보존소에서 봉사하였으며 1992년 공공기록관리자로 은퇴하였다. 그도 역시 런던대학과 캐나다의 브리티쉬컬럼비아대학에서 기록관리 과정을 가르쳐왔다. 1988년부터 1992년까지 국제기록관리협회의 사무총장을 지냈으며 1996년부터 연방아키비스트와 기록관리사협의회(ACARM)의 명예총재로 있다. 그는 기록관리 자문역을 수행하면서 여러 나라의 훈련과정에 참여해왔으며, 기록과 보존기록 관리의 모든 양상에 관하여 정렬적인 저술활동을 해왔다.

편집간사

로라 밀러(Laura Miller)는 기록과 보존기록 관리의 자문역으로 일해 왔을 뿐 아니라 편집자로서 또는 기획자로서 또는 교육과정의 설계자로서 원격지 교육을 위한 출판을 담당해왔다. 그녀는 1984년 캐나다의 브리티쉬컬럼비아대학에서 기록과 보존기록 관리과정의 MAS를 받았으며, 1996년 런던대학에서 박사학위를 취득하였다. 그녀는 브리티쉬컬럼비아대학과 시몬프래이저대학교와 알버타대학교에서 기록관리 교육과정을 가르치며 개발하고 있다. 그녀는 보존문서관리의 여러 문제에 대하여 논문과 저서를 가지고 있는데 대표적으로 1988년 『작은 기록관의 운영법』, 1989년 『보존문서의 금과옥조: 출판자에 대한 기록의 보존과 관리』, 1989년 『브리티쉬컬럼비아 대학기록의 관리를 위한 안내서』 등이 있다.

연구사업의 지도그룹

연구담당자들을 도와주는 그룹

기록관리사와 기록행정가협의회(ARMA International)의	Hella Jean Bartolo
국제보존문서관협회	George MacKenzie
사업관리 자문역	Tony Williams
런던대학교	Elizabeth Shepherd
비디오제작자	Janet Rogers

교육분야의 자문역

므와대학	Justus Wamukoya
마라기술대학교	Rusnah Johare
보스와나대학교	Nathan Mnjama
가나대학교	Harry Akussah, Pino Akotia
뉴사우스웨일즈대학교	Ann Pederson
웨스트인디아대학교	Victoria Lemieux

사업관리자(Project Managers)

Lynn Coleman(1994-1996)

Laura Miller(1996-1997)

Elizabeth Box(1997-1998)

Dawn Routledge(1999)

제작팀(Prodution Team)

제작을 도와준 사람들

Jane Cowman

Nicki Hall

Greg Holoboff

Babara Lange

Jenny Leijten

Leanne Nash

기증자들

국제기록관리트러스트는 다음에 열거한 단체와 사람들의 지원과 보조에 감사한다.

기록관리자와 행정가 협회(국제ARMA)

영연방회의

공공기록 관리하기: 사례연구

제3권, 사례 25-34번

편집과 편찬은 앤 페더슨(Ann Pederson) 돈 루트리쥐(Dawn Routlege)
앤 썰스톤(Anne Thurston)

차례

사례연구의 배열은 임의적이다, 여기에 열거된 사례연구는 번호 순이다. 참고의 편의를 위해서 각 면에 있는 각주는 저자의 이름과 각 사례연구별로 표시하였다.

25번 연구 Ann Pederson, 호주 뉴사우스 웨일즈 산림위원회 와가와가 지소의 기록 관리 계획

26번 연구 Ann Pederson, 호주 지방기록보존소의 정보서비스 시설과 서비스 구축계획: 사례연구

27번 연구 Terry Cook, Ed Dahl, Ann Pederson, 호주/캐나다, 지구 최후의 날까지 양심지키기: 기록관리전문가
        와 윤리적 문제

28번 연구 Ann Pederson, 호주, 위젯 제조회사의 기록관리프로그램 개정: 경영사례연구

29번 연구 Ann Pederson, 호주, 애드보커시(Advocacy)에 대한 이해: 사례연구

30번 연구 Ann Pederson, Trudy Pederson, 호주/미국, 기록관리에 관한 감독사례

31번 연구 Babara Reed, 호주, 인사기록: 사례연구

32번 연구 Livia Iacovino 호주, 법률기록: 사례연구

33번 연구 Margot Thomas, St. Lucia, 버던트섬(Verdent Isle) 국립기록보존소의 재건

34번 연구 Ann Pederson, 호주, 역사가 메리의 문서 수집

공공부문 기록관리
(*Managing Public Sector Records: MPSR*)의
사례연구에 관한 소개

공공부문 기록관리: 여기에 제시된 사례연구는 세계 각지에서 추출한 실례로 이론과 실제의 핵심 쟁점을 설명하여 MPSR 연구 프로그램의 기록 관리 방식을 보완해 준다. 34개의 사례연구는 호주, 캐나다, 피지, 가나, 자메이카, 말레이시아, 그리고 영국과 같은 나라의 상황을 설명해 주고 있고, 특별한 방식과 직접적으로 관련이 있어 쉽게 학습 자료로 이용할 수 있다. 사례연구의 전체 목록은 소개의 글에 포함되어 있으며, 자신이 필요로 하는 방식이나 그와 유사한 방식 한두 개는 찾을 수 있을 것이다. 사용자들은 사례연구 이용에 제한이 없지만, 여기에 포함된 유용한 정보를 이용할 수 있는 창조적인 방법을 찾아야 한다.

여기에 제시된 사례연구들은 저자들이 제출한 내용과 동일하다, 출판을 위해 편집된 약간의 것들 외에, 언어, 양식, 그리고 내용을 변경하지 않았다. 그래서 어떤 논문에서는 '기록보존제도'로 언급했지만 다른 논문에서는 '보존기록들'이나 '기록보존소'로 언급하고 있다. 어떤 것은 배울 점이 있시만 그렇지 않은 것도 있다. 어떤 사례는 과도한 부록이 붙어있는 경우도 있고 어떤 것은 부록이 매우 간략한 경우도 있다. 이 사례들의 편집자는 세계적으로 기록과 보존기록관리에 대한 다양성을 정확히 반영하기 위해 제시된 방법이나 용어의 다양함을 그대로 두는 것이 기본이라고 믿고 있다.

여기에 제시된 사례연구들을 이용하는 사람들은 각각의 사례에서 발견되는 지역적인 접근 방식을 인식해야 할 것이며, 자신들의 지역적·제도적 요구를 필히 적용해야 할 것이다.

사례연구의 이용과 저작에 관한 더 많은 정보는
"사례연구에 대한 저작" 즉 이 연구프로그램에
포함된 <사용법>을 보십시오

MPSR의 사례연구와 관련된 MPSR 연구프로그램의 모형

다음은 공공분야 기록 관리 연구 프로그램에 포함된 사례연구의 전체 일람표이다. 이 책은 본문 내용과 일치하는 사례연구를 담고 있다.

번호	저자	나라	연구제목	관련모형	관련모형
1	Candace Loewen	캐나다	캐나다 정부의 인적자원 관리기록의 평가 사례(일반 행정 기록의 평가)	기록 평가 체제의 구축	
2	Catherine Bailey	캐나다	거시적 평가: 소득 보장 프로그램분야의 사례	기록 평가 체제의 구축	
3	Rosemary Murray-Lachapelle	캐나다	IMOSA를 이용하는 사무실 시스템의 전자문서 관리	기록 정보 서비스 자동화	
4	Laura Millar/ Harry Akussah	가나	가나 국립기록보존소 관리시스템 자동화 개발 사례	기록보존소의 기록 관리	기록정보 서비스의 자동화
5	Victoria Lemieux/ Brian Spiers/ Nicolas Maftei	자메이카	UWI에서의 기록 보존소 및 기록관리 프로그램 자동화 사례	기록 정보 서비스 자동화	아카이브의 경영
6	Laura Millar	캐나다	시스템 붕괴 또는 조직의 이동 : 앤도버 대학 기록보존소의 자동화(가상 사례)	기록 정보 서비스 자동화	아카이브의 경영
7	Andrew Evborokhai	잠비아	잠비아 기록관리 프로그램의 개발	현용 기록의 조정과 조직화	기록 관리 기반 조성
8	Pitt Kuan Wah	싱가포르	싱가포르 국립기록보존소의 전자 기록 보존: 균형 있는 기록 보존 법률과 책임 소재	전자 기록의 관리	기록 보존
9	Roser Crieg	케이만	케이만군도 국립기록보존소의 재난 대비계획	비상계획	
10	Chris Seifried	캐나다	의사결정 관리와 팀워크 사례 연구	전략적 계획	자동화
11	Greg O'Shea	호주	전자 정부로의 전환 -기록 관리에 대한 도전	전자 기록의 관리	

12	Victoria Lemieux	자메이카	서인도제도대학 : 등록실의 업무개선 프로젝트: 기록 관리 환경에서의 총체적 질적 향상	업무시스템 분석	
13	Musila Musembi	케냐	캐냐 국립기록보존소의 보존 처리 시설의 조성과 사례연구	기록 보존	
14	Cassandra Findlay	호주	移民局의 신국제여행자 동향시스템 개발 및 실행	자동화	현용 기록의 형성과 개편
15	Pino Akotia	가나	재무 기록의 관리: 가나의 사례 연구	재무 기록의 관리	
16	Kathryn Patterson	뉴질랜드	국가기록관리기구와 공공부문 개혁: 뉴질랜드 국립기록보존 소의 사례	기록 관리 기반 조성	
17	Charles Gibson	벨리즈	조모라의 기록관리법률 개정	기록 관리 기반 조성	
18	Gail Saunders/ Elaine Toote	바하마	기록관리- 기록보존소 시설 채택과 구축: 바하마 기록보존소 의 사례	기록보존소에 서의 기록 관리	자원 관리
19	Henry Kemoni	캐냐	캐냐 의료 기록의 관리: Moi연 방정부와 Eldoret 의과대학의 사례연구	병원 기록의 관리	
20	Barbara Crieg	캐나다	중앙어린이병원의 합병과 기록보존소	병원 기록의 관리	
21	Setareki Tale	피지	Papakura의 기록 관리 및 저장 의 개선	자원 관리	현용기록의 조직화와 통세
22	Musila Musembi	케냐	법률기록의 관리	법률 기록의 관리	
23	Ann Pederson	호주	저장/보존에 관한 사례연구: 재난에 대한 효과적 대응	비상 계획	기록 보존
24	Ann Pederson	호주	호주 조선기술자협회(ASEA)의 기록 평가	보존기록의 관리	기록평가시스 템의 구축
25	Ann pederson	호주	호주 뉴사우스 웨일즈 산림위 원회 와가와가 지소의 기록 관 리계획	현용기록	기록 평가시스 템의 구축
26	Ann Pederson	호주	지방기록보존소의 정보서비스 시설과 서비스 구축 계획	보존기록의 관리	

27	Terry Cook/ Ed Dahl/ Ann Pederson	호주/ 캐나다	지구 최후의 날까지 양심지키기: 기록관리 전문가와 윤리적 문제	MPSR: 원칙과 맥락	자원 관리
28	Ann Pederson	호주	위젯 제조회사의 기록관리프로그램 개정: 경영 사례 연구	현용 기록	전략적 계획
29	Ann Pederson	호주	애드보커시(Adavocacy0에 대한 이해	전략적 계획	MPSR의 원칙과 맥락
30	Ann Pederson/ Trudy Pederson	호주/ 미국	기록관리에 대한 감독사례	보존 기록의 관리	
31	Babara Reed	호주	인사기록 ; 사례연구	인사 기록의 관리	
32	Livia Iacovina	호주	법률 기록 ; 사례연구	법률 기록의 관리	
33	Margot Thomas	세인트 루시아	버던트섬 국립기록보존소의 재건	기록 관리 기반 조성	
34	Ann Pederson	호주	역사가 메리의 문서 수집	보존 기록의 관리	

사례연구 : 뉴사우스 웨일즈 산림위원회 와가와가 지소의 기록관리 일정

Ann Pederson [1]

뉴사우스 웨일즈 산림위원회(New South Wales Forestry Commission, 이하 NSWFC)의 업무는 호주 뉴사우스 웨일즈(이하 NSW)의 관목 숲과 토종 나무들에 관한 연구를 지휘 감독하는 것이다. 이 업무를 수행하면서 NSWFC는 NSW의 전 지역에 7군데 지소를 설치하였다. 각 지소들은 두 가지 시설물을 같이 이용하고 있다. 하나는 토종 화초의 건강과 배포에 관한 연구를 수행하는 연구실로, 정해진 조건에 따라 식물을 채집하고, 식물 질병의 전염과 원인에 관한 중요한 연구를 오랫동안 수행하는 곳이다. 다른 곳은 묘목장으로 인간의 파괴나 재난으로 손상된 지역에 토종식물을 심고 호주 화초의 성장을 장려하기 위한 프로그램의 일환으로써 시민들에게 무상으로 배포하기 위한 토종식물을 키우는 곳이다. 지소의 행정사무처는 업무의 구심점으로 또는 협력자로서 기록관리 업무를 수행한다.

묘목장 업무는 특별히 많은 기록을 만들어 냈고 그 결과 사무소 내에 보관 공간이 필요하게 되었다. 첨부한 서류에 기술된 것처럼 지소의 기능을 유지시킬 수 있는 관리일정의 개발이 요구되었다. 필요하다면 킹스우드(Kingswood)에 있는 국립기록보존소가 이들 기록 보관에 필요한 장소를 제공할 수 있으나, 3년 정도 보관할 기록을 옮기는데 그렇게 많은 시간과 노력을 들일 필요가 없다는 것을 유의해야 할 것이다. 작업하는 동안 기록 관리와 복구체제에 내재된 수많은 비효율성에 주의를 기울여야 하고 다음해에 시작되는 전체적인 기록관리 체계를 업그레이드할 필요가 있다면 개선을 위한 제안서를 작성해야 한다.

---

1) 앤 페더슨은 호주 시드니에 소재한 New South Wales University의 '정보, 시스템, 기술, 경영 전공학부(the School of Information, System, Technology and Management)'에서 보존기록의 관리와 기록관리(Archives Administration and Records Management)에 관하여 강의하고 있다.

그녀는 미국에서 출생하여 미국에서 교육을 받았다. 학사와 석사과정에서는 역사학을 전공하였고, 중등학교 교사 자격을 취득하였다. 그는 10년 동안 조지아백화점 역사·기록보존소에서 유능한 직원으로 근무하였으며, 그 중 5년 동안은 동 기록보존소의 이사로 근무하면서 기록 관리를 총괄하였다. 그녀는 1987년 『보존기록의 관리』라는 책의 편집장을 역임하였으며, 1998년 아카이브와 기록관리에서 멀티미디어 통신수단 훈련 과정인 『사회의 문서화』의 주요 저자이다. 그녀는 호주에서 기록학 교육분야의 위원회와 국제아카이브협회(ICA)의 훈련과정의 대표직을 맡고 있으며, 미국 아키비스트협회(SAA)의 회원으로 호주 아키비스트협회(ASA)도 대표하고 있다.

당신은 기록정리 제안서를 써야만 한다: 양면 서식이 제공되면 (각 면은 한 가지 용도로 사용하고) 제안 내용은 연필로 쓰고, 6가지 조사 내용에 대해서 동료들과 의논하여 최종적으로 균형 있는 건의안을 도출해야한다.

1. "기록관리실" 즉 기록의 관리를 최종적으로 책임지는 사무소를 건립해야 한다.

2. 6가지 조사 내용에 대한 건의서는 분야별로 준비해야 한다.

3. 관리 계획을 설명하고 그 계획의 당위성도 인정을 받아야 한다.

4. 현용 기록에 대한 어떤 변화를 암시했다하더라도 기술해야 하며, 필요한 조건을 채운 이후라도 꼭 받아들여야할 수정된 정리안이 있다면 기술해야한다.

정리할 기록철: *6가지 (첨부되어 있는 간단한 설명들을 보시오)*

토종식물 수령 신청서들
(1952-) 28미터의 양

모종사업의 월별통계
(1976-) 2.5미터의 양

와가와가에서 이용할 수 있는
토종식물 목록(1928-) 20미터의 양

묘목 수령인 카드철
(1925-)20미터의 양

토종묘목 수령자 인명록
(1945-) 600권

와가와가 산림위원회 지소들에 대한
연례보고서들(1939-) 2미터의 양

주의사항: 만약 한 가지 기록철에 여러 복사본이 있거나 여러 형태의 문서로 구성되었다면, 각각의 기록철은 무엇이며 각각 어떤 일이 있었는가에 대해 반드시 설명해야 한다.

기록 정리 제안서: 정리 건의안의 내용 제시는 아래에 제시된 서식을 이용하시오 명확성, 일관성, 완성도를 갖추어야 좋은 정리 내용이라는 것을 유의하시오 건의안의 내용은 더 이상의 설명이 없어도 담당자들이 이해할 수 있어야 한다.

정리 지침의 기술은 다음의 서식을 이용하시오.

기록철의 종료_____ _____
　　　　　(어떻게/어떤 방법으로)　　　(기간/날짜)
서류를 작성한 사무실에서 _____동안 보관한다.
　　　　　　　(시간 간격, 주기)
_____까지　_____로 이관한다.
　　　(시간)　　　　　　(장소)
그 다음 _____
　　　(기록보존소로 이관한다 또는 폐기한다)

기록 정리 지침의 예 : *요청 서식(3가지 서식)*

원본 : 연말이 되면 기록철을 마감하고 새롭게 시작한다.
　　　이전에 생산한 문서는 1년 동안 문서를 생산한 사무실에서 보유(hold)한다
　　　그다음 폐기한다.

노란색 복사본 : 담당자(기록생산자)들의 업무 참고용으로 보관(retain)한다.
　　　기록철은 만들지 않는다.

분홍색 복사본 : 기록을 갱신할 때에는 폐기할 문서는 카톤 박스에 넣고, 나머지는 다시
　　　편철한다. 재편철의 완전함과 정확성을 위하여 원본 형식과 대조하여 검토한다.
　　　그 다음 폐기한다. 기록철은 만들지 않는다.

NSWFC 와가와가(Wagga Wagga) 지소의 기록 정리 일정 개요서

기록철에 관한 정보/정리 이유	정리 권고/지침
기록철 제목/작성기간 :	
중요한 특징들/요소/이유/보관에 영향을 주는 이유	현재까지 축적된 기록의 양과 앞으로 축적될 기록의 양(체도의 중체 적 변화가 없을 경우) 지정 "기록관리실" 지침: 다른 모든 사무실 지침:
본 기록철을 미래에 취급/관리할 때 요구될 변화를	권고한 제도적 변화를 편리하게 이용할 수 있는 새로운 지침들은 왼편에 기술 지정 "기록관리실" 지침: 다른 모든 사무실 지침:

취지/설명	정리 권고/지침
시리즈 1번 토종식물 수령 신청서. 1952(날짜)	
	현존하는 기록의 정리 지침:1952년 (날짜)
관리 이유 : 이름, 장소, 이용법, 식물이 필요한 이유 등은 모두 중요한 요소들인데, 이러한 정보를 가지고 있는 기록철은 이것이 유일하다. 식물이 배포된 지역과 이유를 아는 것은 오랫동안 식물의 질병과 숲의 유형을 연구하는데 유용한데 그것이 이 연구소의 중점과제이다.	기록관리 담당 사무소: 묘목장
	노란색 문서: 묘목과 함께 고객에게 부여
	분홍색 문서: 월례보고서 작성 시 기록철 마감; 연말보고서 작성 시 종료, 그 후 1년 간 작성한 사무소에서 보관: 이후 폐기
이관 이유 : 묘목 수령인 카드가 너무 많고 중복됨. 오랜 연구에서 도출된 실제적인 묘목 수령증은 문서화되지 않았음.	흰색 원본 문서: 지소 행정사무소로 이관
	기타 사무소: 지소 행정사무소
앞으로 보관 : 올해부터	흰색 원본 문서:
1. 정보의 연구적 가치는 높지만, 실용성은 식물의 공급과 시장화 과정을 형성하는 데에서 나타난다. 이 기록철과 묘목 수령증철을 통합하면 더욱 효과적이고, 통합된 기록은 새로운 묘목 공급을 위한 기초 자료나 정보로 이용하는데 효과적이다. 이 자료는 식물 배급에 관한 월례 또는 연례보고서의 기초 자료가 될 것이다.	1952-1995: 묘목수령증에 다음 사항 즉 자료의 정확성을 입증하고 입력하면 기록철을 마감; 새 연례보고서 작성 날짜에 맞춰 기록철 종료; 그 다음 주립기록보존소로 이관.(주의사항: 옛날 원칙으로 소급하는 이유를 찾을 필요가 있음, 연구 조사를 위해 매우 중요, 사무실에서 멀리 떨어진 곳 즉, 기록보존소에서도 동일하게 적용) 그래서 사무실의 보존공간은 여유롭게 확보해야 한다.
2. 승인받지 못한 문서도 선례 수립에 중요 두 개 기록철로 분철: 승인된 토종식물 수령 신청서, 승인받지 못한 토종식물 수령신청서	앞으로 축적될 기록
	a) 승인받지 못한 시리즈의 정리 지침을 읽어 두어야 한다.
	노란색 문서: 고객에게
승인받지 못한 기록철: 공급정책에 대한 선례를 세우는데 중요한 증거가 된다. 연구목적을 위하여 보관하는 것이 중요하다; 몇몇 요구사항들이 거부된 이유를 설명한다.	분홍색 문서: 폐기
	흰색 원본 문서: 월례보고서 작성 후 기록철 마감, 연례보고서 작성 후 종료함.
	1년간 보관하다가 기록보존소에 보관
승인된 기록철: 묘목장의 월례, 연례보고서에 들어있는 정보들을 검토한다. 수령자의 주소와 식물을 요구한 이유 그리고 묘목 배급 자료에 제안된 경작 지역에 관한 정보도 확인한다.	b) 승인된 시리즈
	노란색 문서: 식물과 함께 수급자에게 송부
	분홍색 문서: 월례보고서 작성 시 시리즈를 마감하고, 연례보고서를 작성할 때 종료한다.
	1년간 보관; 그 후 폐기한다.

	흰색 원본 문서: 지부 행정사무소로 이관 기타 사무소(All Other Offices): OAO: 흰색 원본 문서: (위에서와 같이) 새로운 묘목 배급 문서에 선택된 정보를 입력하고 문서를 마감한다. 데이터베이스는 새로운 연례보고서가 준비되면 중단된 자료를 검토, 확인한다. 1년간 보관하고 그 다음 폐기한다. (새롭게 전자화된 자료나 묘목수령자 카드철과 관련된 기록 관리의 유의점을 설명한 것이나 취지를 설명한 것이 있는지 살핀다)

시리즈 2번 와가와가 지소에서 이용할 수 있는 토종식물 목록. 1928-날짜

관리 이유:
문서의 다양성에 중요한 것은 식물 수령 조건과 기간 그리고 NSWFC가 공공의 목적으로 준비한 즉 공공기관의 자세나 자문의 변화를 보여주는 기사의 유형이다. 묘목장에서 지속적으로 이용하는 것은 배급기간과 새롭게 만들려는 목록의 형태와 내용으로, 이전 목록 중에서 재이용하기를 원하는 것이다. 또한 기록이나 보존기록의 구성은 본체와 관련된 모든 출판물을 안전하게 보관하기 위한 보관용 기록 한 벌 그리고 참고용 복사본 한 벌을 만들어 관리하는 것이 일반적인 기록관리 원칙이다. 그러므로 기록보존소로 보낼 기록과 담당 부서 참고용 기록을 한 벌로 완비하는 것이 중요하다.

이관의 이유
사본들은 매우 많다. 개별 문서의 축적이 끝나면 관련 정보도 적어진다. 모든 목록이 논의 대상이 되는 것은 아니다. 핵심문제는 교체된 목록의 많은 사본들을 보관할 대형문서고이므로, 과도한 사본은 조정을 거쳐야 한다.

변경 또는 유의점; 얼마나 많은 쟁점들이 표출되었는지를 구분할 필요가 있다. 각각에 대하여 최소한 3가지 사본이 있음을 확인할 수 있다. 잃어버린 사본 중에 '원하는' 목록을 찾을 필요가 있다면 이전 담당자나 고객들을 찾아다니면 얻을 수 있을 것이다. 작성과정을 포함하여 작성날짜 그리고 각각의 목록과 연관된 날짜 등을 확인해 본다. 사진 찍기와 스캔은 완전한 기록을 만드는 방법 중에 하나이다. 그러나 이런 방법의 시행을 생각한다면 충분한 연구가 요구된다. 일반적으로 기록을 마이크로필름으로 만드는 것은 기록보존소에서 수행하는 일이므로 지소에서는 담당자의 요약이 최선의 방법이며 지소 업무는 아니다. (연례보고서의 마이크로필름 만들기나 컴퓨터 복사들에 관한 유의사항을 보시오)

현재까지 누적된 기록에 대한 정리지침

기록관리 담당 사무소 : 묘목장

새로운 목록에 대한 기록 종료
1) 새로운 목록의 2개의 사본을 만들어 기록보존소로 송부함
2) 업무 참고를 위해 '원부' 한 벌을 담당사무실에서 보관함
3) 개별적 사본들은 대부분 1년이 지나면 일반적 정책에 따라 분류된다.

그러면 매년 모든 사본의 50%씩 폐기되어 5년이 지나면 모든 사본은 폐기된다.

기타 사무소들 : 교체하거나 참조의 필요가 없거나 5년이 지나면 폐기한다.

시리즈 3번 토종 묘목 수령부 1945-날짜	현재까지 누적된 기록의 정리 지침
관리 이유: 식물 배급 때 생산된 문서들. 묘목들을 무상으로 배급했다하더라도 업무는 재정적 의미를 가지고 있다(묘목을 기르고, 보살피고, 배급하는 데에 공적 자금을 지출함); 그러므로 재정 감사를 위해 3년 내지 7년 동안의 기록이 필요하다.	기록관리 담당사무소: 묘목장 원본 : 식물과 함께 고객에게 송부 사본철 : 각 권의 마지막에 종료. 완결된 기록권은 지소 행정사무소로 이관 기타 사무소: 지소 행정사무소
이관의 이유: 토종 식물의 수령신청서에 관한 정보들은 중첩되기도 한다. 수령증은 아주 많은데 특별함이 없는 일상적 기록들이다; 권위 있는 자료 즉 현금사용일지나 논문요약들을 훨씬 선호한다.	사본철 : 묘목 수령 카드철에서 선별한 정보를 기록하면 기록을 마감한다; 연말이 되면 사본철을 종료한다; 12개월 보관한다; 창고나 보관고로 이관한다; 6년간 보관하다가, 폐기한다.
변화들: 토종 식물 수령신청 서식의 수정으로 이 시리즈를 중단하고 실제로 공급한 식물의 양과 유형 그리고 가져간 날짜와 승인 부서 등을 기술한 서식을 사용한다. 앞으로는 동일한 문서를 사용하지 않으므로 새롭게 필요한 지시사항도 없다.	앞으로: 신청서 서식의 확립으로 토종 묘목 수령부 시리즈는 폐기한다.

시리즈 4번 묘목장 업무 월별통계(1976- 날짜)	현존하는 문서의 정리지침
관리 이유: 업무에 이용되는 자료에 관한 정보, 판매 가능한 식물의 생산 총량과 배급량, 직원들의 업무 분담, 문제나 쟁점에 대한 설명 등 모든 것이 관할 업무 파악에 가치 있는 것이다 : 소량의 기록철 근로자의 배상을 위해 오랫동안 중요할 수 있다. 즉, 살충제 살포는 직원의 직무를 보여준다. 보고서들은 미래 직원들의 업무를 할당하고 업무를 변경하는데 이용되며, 아마도 사본(또는 흰색 문서)이 오랫동안 보관되어 왔다면 - 유사한 문서가 다른 사람이 관리하는 기록에서는 발견되든 되지 않든 - 산림위원회의 인적자원 분야 기록으로 일반화되고 보관되어야 할 것이다.	기록관리 담당 사무소 : 묘목장 원본 : 지소 행정사무소로 이관한다. 사본: 새로운 연례보고서를 작성하는 시기에 기록을 중단한다, 5년 동안 묘목장에서 현용기록과 함께 보관한다, 그 다음 폐기한다. 다른 모든 사무소에서는 지소 행정사무소로 이관한다.
이관 이유: 지부의 연례보고서에는 상당한 양의 중첩된 정보가 들어있다, 기록보존원칙에서 정보는 일반적으로 가장 정확하게 관리되어야 한다, 즉 월례보고서를 대체하는 연례보고서에 중요한 정보가 들어있지 않다면 정보의 내용(연례보고서와 개별기록의 내용)을 대조 검토해야 하며, 월례보고서의 해설적인 부분 즉, 법적으로 중요한 자료는 필요시 이용할 수 있게 관리해야한다	원본: 와가와가 지소 연례보고서를 작성하는 시기에 기록을 마감한다. 그 후 작성한 사무실에서 1년간 보관하다가, 기록보존소로 이관한다, 그리고 75년간 보존하다가 폐기한다. 유의사항: 이것은 인사과가 위험한 요소를 포함한 업무에 대한 설명 정보가 담긴 더 나은 문서나 유사한 문서를 보관하지 않고 있다고 가정한 것이다.
변경사항: 1) 보관을 이유로 분홍색 문서는 지소 행정사무소로 이관하고, 원본은 이전대로 묘목장에서 관리한다. 2) 연례보고서에 들어있는 정보가 무엇인지 또는 개인기록에 들어있는 근로자들의 업무 정보가 무엇인지 알 수 있는 효과적 검토 체제의 형성과 동시에 본 기록들을 장기간 보유하지 않기 위해 좀더 좋은 관리 일정이 요구 된다.	

시리즈 5번 묘목 수령자 카드철. 1925-(날짜)	현존하는 기록에 대한 정리지침: 1925-날짜
관리 이유 : 1925년에 시작하여 1939년 이전의 활동을 유일하게 반영한 것임. 누가 어떤 나무를 언제 어디서 수령했는지를 알려주고, 식물의 질병, 자연 재해, 숲의 확대, 그리고 토종 식물 성장에 대한 평가 등을 추적하는데 필요하다. 본 카드철은 국가적으로 토종 화초와 식물들을 건강하게 번식시키려는 연구의 진행에 가장 중요한 것이다 본 카드 철에는 식물을 요구하는 이유가 명확하든 불명확하든 모두 기록되어 있고, 그래서 신청서 양식이 소개 된 1952년 이전 것들이 기록되어 있다. 만약 그 이유가 적혀있지 않았다면 1952년 이전 기록들은 카드 상에 이유를 기록해 오고 있는 그 이후 것들처럼 가치가 없었을 것이다. 그 이유가 카드에 적혀있지 않았다면, 완전한 기록을 얻기 위해 신청서철 관리는 필수적이었다	**기록관리 담당 사무소**: 지소 행정사무처 a. 식물의 유형에 따라 분류한 카드 철 1년이 끝날 때 카드 철을 종료하고 새로운 카드 철을 시작함, 작성한 사무실에서 2년간 관리하다가 주립기록보존소로 보냄 b. 수령자 이름에 따라 분류한 카드 철 1년이 끝나면 카드 철을 종료하고 새로운 카드 철을 시작함, 카드를 작성한 사무실에 보관한다. 그 이외의 기타 사무실의 기록들: 해당 없음
이관 이유 : 양적으로(매년 서가 2개의 분량). 중첩되는 두 가지 기록철이 있지만, 완전히 중첩되는 것은 아니다; 이 두가지는 모두 필요한 것이고 동등하게 이용되는가? 연구자들은 나무나 식물들의 건강에 관심이 있으므로, 식물에 관한 기록철은 가장 비중 있게 이용될 것이다. 수령자들이 죽었든 살아있든 관계없이 조직의 일원으로서 또는 사업을 위하여 많은 것을 요구하였고, 몇몇 식물들 특히 나무들은 그 수령자들보다 훨씬 오래 살아남아 있다.	*앞으로 축적될 기록*: *정리지침*: *다음에 열거한 기록들을 정리하는데 필요한 지침* 1) *토종 식물 묘목 배급 자료들/입력된 문서*: 원본과 사본들; 시리즈1(토종 식물 수령 신청서)로 변경되면서 만들어진 유의사항들을 보시오 2) *토종 식물 묘목 배급에 관한 기초 자료의 문서화*: '생생한' 자료의 보호로 만들어진 생명력 있는 기록이 요구하는 지침들은 기록의 안전성을 보장하는 관리기간과 어디에 저장할 것인가, 또 어떤 수단과 매체, 즉 마그네딕테이프나 광필름 또는 하드 디스켓이나 마이크로필름 중에서 어느 것에 저장할 것인지 등이다. 이 작업은 기록을 마감하는 효과가 있으므로 지침에는 어디서 언제 어떤 매체로 얼마 동안 등등을 다음에 열거한 문서 서식에 맞춰 기록해야 한다 : FR 보기
변경 사항 : 본 시리즈와 토종식물 수령신청서가 확보되었으므로, 재미있고 가치 있는 상당량의 데이터베이스를 자동으로 형성하게 되었다. 자동적으로 수령자들은 컴퓨터에 의해서 일반 자료로 정리될 것이고, 신청서 시리즈는 입력할 기본 자료를 제공할 것이다.	

만약 몇몇 변화가 새로운 묘목배급 데이터베이스를 만들게 한다면 그 영향을 받은 시리즈들은 이전의 모든 자료들을 조정해야 할 것이며, 새롭게 진행되는 계획들도 적절한 문서화를 수립하였는지 살펴야 할 것이다.

전자정보의 처리 양상과 기록관리 체제:
토종식물 묘목 배급 데이터베이스 - 여러 문서시리즈(신청서, 수령증)에 기반하거나 오래된 시리즈(카드기록철)에서 추출한 정보들을 조합하여 입력한다. 두 가지 작업은 소재를 밝히는 것이 필요: 1) 새로운 데이터베이스를 고안한다(옛 문서에서 필요한 자료를 추출한 것이나 이전에는 기록되지 않은 새 자료들에 기반한 것이나 앞으로의 연구를 향상시킬 수 있는 데이터베이스) 2) 카드철에서 추출한 구식 자료들도 데이터베이스로 만들어야 한다. 같은 자료를 고객과 식물에 관한 문서로 재편성한다고 한다면 이전 카드철 시리즈는 새로운 데이터베이스를 시작하는 연말이 되면 종료할 수 있을 것이다. 그리고 그들 중 하나는 참고용으로 여기 저기 돌아다니는 일 없이 전환 작업이 수행되는 조용한 곳으로 이전될 것이다.

a) 문서의 안전성 지원 : 묘목배급자료에 관한 전체 컴퓨터테이프들 : 각 테이프들은 최신판으로 갱신하여 안전성을 지원하고 그 후에 기록보존소로 이관한다. 각 자료들의 갱신을 검토한 후 기록보존소에서는 전체 테이프로 재편성하여 2벌을 만들고 그 후 폐기 또는 다시 이용
b) 다양한 포맷의 산출물: 연구에 이용되거나 월례 및 연례 보고서에 제공되기 위한 정기 혹은 비정기적 보고서를 데이터베이스로부터 재구성
c) 데이터베이스 편성 및 관리 메타데이터: 데이터베이스를 운영하고 축적하는데 필요한 모든 정보

시리즈 6번 와가와가 지소 연차 보고서. 1939-(날짜) 관리 이유 : 모든 공공사무소에 관한 법에 의거함. 부서업무를 가장 간결하고 함축적으로 요약하시오. 상대적으로 압축적인 문서는 중요사건에 관한 '색인'으로 기능할 수 있다. 즉, 기록보존소에 '기록 세트'를 보낼 때 기록관리 가이드라인이 될 수 있다.(카탈로그 지침을 보라) 아마 NSWFC의 본부가 지소의 연차보고서를 처분정리했을 것이다. 만약 본부가 모든 지소의 보고서를 소장하고 있다면 각 지소에서 지침을 만들기 보다는 본부로부터 받는 것이 '기록과 영구기록 세트'를 위해 더 효율적일 것이다. 이는 처분 일정표안에 구체화되어야 할 것이다. 이관 이유 : 최근 몇 년 동안 초과 사본이 너무 많이 존재하기 때문에 생산되는 전체 기록수를 재고할 필요가 있다. **향후 축적될 기록:** 주의사항: 마이크로필름화 하는 것은 가능하나, 단지 하나의 지소를 위한 것이 아니라 국가 전체에서 이용할 수 있도록 연구되어야 한다. 만약 완전한 문서(예: 완료된 보고서)가 불가능 하다면, 일부가 아니라 완료된 전체 릴이나 마이크로 피시를 필름화하기 위해 간격을 조정해야 한다.	현용 축적물에 대한 처분 지침 기록관리 담당 사무소: 지소 행정사무처 새로운 연차보고서를 발행에 따라 시리즈를 종료; 1) 기록보존소에 새 보고서의 사본을 각 2부 씩 보내시오. 2) 현 사무소에서 현용 참고를 위해 '마스터' 본으로 사본 한부를 보유하시오 3) 1년이 지나 요청되는 것 중 정책에 따라 일괄적으로 개별 사본을 배포하시오. 그리고 5년에 걸쳐, 매년 남아있는 모든 사본의 50%를 처분하시오; 5년 이상 된 기타 모든 사본을 폐기하시오. 기타 다른 사무소: 5년 뒤나 더 이상 참고되지 않아 교체되면 처분하시오.

와가와가 지소 기록 처분/보유 일정 평가 요청서 개요

시리즈1**

기록 보유 일정 요청서

지침 : 각각의 시리즈에 대하여 각각의 양식을 준비하시오 '기록 보유 서식 신청 완료 지침'이나 '기록 보유 일정 평가 안내서'라는 제목이 붙은 기록들을 살펴시오 요청서 최종 본은 검은색 활자체로 인쇄하시오

각 담당 기관의 이용을 위하여 :

기록 보존 책임자 : 에른(Erewhon) 국립기록보존소

요청서 수령일 : 10-11-98

요청서 관리 번호 : 99-1

완료일 : 12-01-99   승인일/시행일 :

1 요청 기관 : NSWFC 와가와가 지소 묘목장
2 담당자 : 짐 스톡스(Jim Stokes) 묘목장 관리자
　전화번호/ 팩스번호/ 전자메일주소
3 필요한 조치
　a [x] 보유 일정 수립 : 기록은 계속 쌓일 것이다
　b [ ] 현재 보유하고 있는 기록 처분. 다른 기록을 더 이상 추가하지 마시오
　c [ ] 요청 관리번호 ( ) 수정 :
　　　　한군데 체크 [ ] 변경　　[ ] 교체　　[ ] 폐기
4 기록 생산 기관/보관·관리 기관 :　　위와 같다
5 4번에 대한 업무 기관/ 인수 받은 후임 기관 : N/A 비적용
6 추천된 기록시리즈 제목 : 토종 식물 수령 신청서철
7 기록시리즈 작성 기간 : 1952년부터 최근까지
8 생산/ 보관·관리/ 사무실의 기능/기록과 관련된 업무활동
　NSWFC 와가와가 지소는 7개 지소 중 하나로 호주 토종 나무와 숲에 대한 연구를 주도

하고 있다. 이들 각각의 지소는 두 가지 시설을 공유하고 있다. 1) 일정 지역 토종 식물 배포와 건강 문제를 연구하고 규정된 조건하에서 식물을 채집하는 실험실이고, 그리고 2) 일반 시민들에게 호주 토종 식물 재배를 장려하기 위하여 무상으로 나누어줄 묘목이나, 재난이나 인간의 간섭으로 사라진 식물을 되살리기 위한 토종 묘목을 키우는 묘목장이다. 본 기록시리즈의 서식들은 묘목장 사무실에서 만들어졌다.

9 기록시리즈에 관한 기술 : *(명확하게 하려면 기록시리즈 샘플을 보기로 첨부함)*

a *관련기록* : 묘목장에서 자란 토종 식물의 무상배분을 위한 시민, 정원을 가꾸는 모임, 하부 직원들의 요청

b *소속 기록들*: FC101 양식(3부분으로 구성, 원본, 분홍색 복사본, 노란색 복사본)은 다음에 열거하는 정보를 담고 있는 16㎝×24㎝ 크기의 서식이다. 이 서식은 먼저 신청자들의 이름, 주소, 기관이나 조직적 제휴(이용할 수 있지만 이전에는 언급된 바 없는); 신청한 식물의 유형과 양; 신청 이유(미화사업/녹화사업, 재 조림이 필요한 이유를 첨부하거나 반드시 설명하도록 한 재 조림사업; 승인/비 승인된 신청. 다음으로 그 밖의 몇 가지 필요한 설명, 시행 기관, 시행 날짜 등에 관한 것들이 포함된 일람표가 여러 상자)가 포함되어 있다.

주의 사항: 묘목 수령 신청서들은 3가지로 분류할 수 있다. 노란색과 분홍색 복사본은 지시사항을 수행하기 위하여 묘목장으로 보내지고, 노란색 복사본은 묘목과 함께 신청자에게 보내지고 분홍색 복사본은 월별 통계 작성을 위해 묘목장 기록시리즈에 보관 한다. 흰색 원본은 와가와가 지소 행정사무처에 보내져 묘목수령자 카드와 연례 보고서에 자료를 제공한다.

c *대표적이거나 중요한 내용*:

d *기록시리즈 정리*: 연대순으로 번호를 매긴다.

10 관련 기록시리즈 : 토종 식물 묘목 수령장 묶음, 월별 통계에 포함되는 묘목장 활동, 묘목 수령자 카드철, 지소의 연례보고서 등이다.

11 월별 조회 정도 : 매달 조회되는 횟수는

6개월 자란 묘목 : 300

7개월에서 12개월 자란 묘목 : 150

13개월에서 24개월 자란 묘목 : 10

25개월 이상 자란 묘목 : 0

12 현재 보관하고 있는 기록의 양 : 28 s.m.

 a 기록을 활용하는 사무실에 : 총 28 S.M.

   서랍:(1M.)　　　　　　서가:(2)　　　　나머지(서술하시오)

 b 다른 보관 장소에 : 총 0 S.M.　　　　　　　　보관 위치

   서랍:(　　)　　　　　　서가:(　　)　　　　나머지(서술하시오);

13 매년 기록이 쌓이는 정도 : 총 2 S.M.

   서랍:(1M.)　　　　　　서가:(2)　　　　나머지(서술하시오)

기록 보유 일정 요청서

지침: 각각의 기록시리즈에 대하여 요청 양식을 준비하시오 '기록 보유 서식 신청 완료 지침'이나 '기록 보유 일정 평가 안내서'라는 제목이 달린 별도의 서식들을 읽어보시오. 요청서 최종본은 검은색 활자체로 인쇄해야 한다.

각 담당 기관들의 이용을 위하여:

기록 관리 책임자: 에른 국립 기록보존소

요청서 수령일: 14-11-98

요청서 관리번호: 99-2

심의일: 12-01-99   **승인일:**

1 **요청 기관 :** NSWFC 와가와가 지소

2 **담당자 :** 짐 스톡스 묘목장 관리자

  전화번호/ 팩스번호/ 전자메일주소

3 **필요한 조치**

  a 〔x〕 보유 일정 수립: 기록은 계속 쌓일 것이다

  b 〔 〕 현재 보유하고 있는 기록 정리. 다른 기록을 더 이상 추가하지 마시오

  c 〔 〕 요청 관리번호 (   ) 수정

      한군데 체크: 〔 〕 변경   〔 〕 교체   〔 〕 폐기

4 **기록 생산기관/보관 · 관리 기관 :**   위와 같다

5 **4번에 대한 전임 보관 기관/인수받을 후임 기관 :** N/A 비적용

6 **추천된 기록시리즈의 제목 :** 토종 식물 목록철

7 **기록시리즈 작성 기간 :** *가장 이른 것은 1928년부터 최근까지*

8 **생산/보관 · 관리/사무실의 기능/기록과 관련된 업무활동**

  NSWFC 와가와가 지소는 7개 지소 중 하나로 호주 토종 나무와 숲에 대한 연구를 주도하고 있다. 이들 각각의 지소는 두 가지 시설을 공유하고 있다. 1) 일정 지역의 토종 꽃식물 배포와 건강 문제를 연구하고 규정된 조건하에서 식물을 채집하는 실험실이고, 2) 일반 시민들에게 호주 토종 식물 재배를 장려하기 위하여 무상으로 나누어줄 묘목과 재난이나 인간의 간섭으로 사라진 식물을 되살리기 위한 토종 묘목을 키우는 묘목장이

다. 본 기록시리즈는 묘목장 사무실에서 보관하다가 이관된 것이다.

9 기록시리즈에 관한 기술 : *(명확하게 하려면 기록시리즈 양식을 보기로 첨부함)*

a 관련기록 : 일반에게 배포하기 위한 토종식물의 특성과 배포 량을 알리는 문서

b 소속 기록들 : 약간 두꺼운 종이 표지 왼쪽을 3개의 격쇠로 묶은 A4 크기의 인쇄된 소책자들. 책자들의 면수는 다양하다. 소책자에 들어있는 내용도 다양한데, 일반적으로 식물 배급 조건과 기간을 담고 있다. 와가와가 지소 묘목장에서는 고객들이 이용할 수 있는 식물의 특성과 배포 량을 기술하였다. 경우에 따라 특별한 식물들을 재배하고 돌보면서 나타난 양상들을 서술한 것도 있으며, 또한 지소에서 수행하고 있는 최근 활동에 관한 보고서도 있다. 목록들은 거의 매년 편찬하지만 편찬된 날짜를 모두 적은 것은 아니다.

　　주의사항: 이런 소책자들은 복사본들이 많으나 모든 분야에 관련된 복사본들이 존재하는지는 불확실하다.

c 대표적이거나 중요한 내용:

d 기록시리즈 정리: 출판연도 순서로 정리한다.

10 관련 기록시리즈 : 와가와가 지소의 연례보고서들이다.

11 월별 조회 정도 : 매달 조회되는 횟수는

　1개월에서 6개월 사이의 묘목 : <u>1000</u>

　7개월에서 12개월 사이의 묘목 : <u>200</u>

　13개월에서 24개월 사이의 묘목 : <u>0</u>

　25개월 이상 자란 묘목 : <u>0</u>

---

12 현재 보관하고 있는 기록의 양 : 50 s.m.

a 기록을 사용하는 사무실에 : 총 22 S.M.

　서랍( )　　　　　서가(17)　　　　　나머지(서술하시오)

b 다른 보관 장소 : 총 28 S.M.　보관위치: 사무실 옆 창고

　서랍( )　　　　　서가(20)　　　　　나머지(서술하시오);

13 매년 기록이 쌓이는 정도 : 총 9 S.M.

　서랍( )　　　　　서가(5)　　　　　나머지(서술하시오)

기록 보유 일정 요청서

지침: 각각의 기록시리즈에 대하여 요청 양식을 준비하시오 '기록 보유 서식 신청 완료 지침'이나 '기록 보유 일정 평가 안내서'라는 제목이 달린 별도의 서식들을 읽어보시오 요청서 최종본은 검은색 활자체로 인쇄해야 한다.

각 담당 기관들의 이용을 위하여:

기록 관리 책임자: 에른 국립 기록보존소

요청서 수령 날짜: 20-11-98

요청서 관리번호: 99-3

심의 날짜: 15-01-99   **승인 날짜:**

1 **요청 기관 :** NSWFC 와가와가 지소

2 **담당자 :** 짐 스톡스 묘목장 관리자

  전화번호/ 팩스번호/ 전자메일주소

3 **필요한 조치**

  a ［x］ 보유 일정 수립: 기록은 계속 쌓일 것이다

  b 〔 〕 현재 보유하고 있는 기록 정리. 다른 기록을 더 이상 추가하지 마시오

  c 〔 〕 요청 관리번호 ( ) 수정

      한군데 체크: 〔 〕변경   〔 〕교체   〔 〕폐기

4 **기록 생산기관/보관·관리 기관 :**   위와 같다

5 **4번에 대한 전입 보관 기관/인수 받을 후임 기관 :** N/A 비적용

6 **추천된 기록시리즈의 제목 :** 토종 식물 수령부

7 **기록시리즈 작성 기간 :** *가장 이른 것은 1945년부터 최근까지*

8 **생산/보관·관리/사무실의 기능/기록과 관련된 업무활동**

  NSWFC 와가와가 지소는 이 지역에 설립된 7개 지소의 하나로 호주 토종 나무와 숲에 대한 연구를 주도하고 있다. 이들 각각의 지소는 두 가지 시설을 공유하고 있다. 1) 일정 지역의 토종 식물 배포와 건강 문제를 연구하고 규정된 조건하에서 식물을 채집하는 실험실이고, 2)일반 시민들에게 호주 토종 식물 재배를 장려하기 위하여 무상으로 나누어줄 묘목과 재난이나 인간의 간섭으로 사라진 식물을 되살리기 위한 토종 묘목을 키우

는 묘목장이다. 본 기록시리즈는 묘목장 사무실에서 보관하다가 보내진 것이다.

9 기록시리즈에 관한 기술 : *(명확하게 하려면 기록시리즈 양식을 보기로 첨부함)*

   a 관련기록: 승인받은 신청자들이 실제로 선택한 식물에 대한 정책적인 자료

   b 소속 기록들: 서식 FC102로(묘목수령부에 두 가지 형태로 묶여있다) 크기는 9㎝×20㎝의 도입부와 3면부터는 A4 용지로 구성되었다. 들어있는 정보는 수령자 이름, 식물의 양과 유형, 수령인이 가져간 날짜, 묘목장에서 묘목을 관리한 사람의 이니셜 등이다. 권당 100페이지.

   주의사항: 완성된 책은 지소행정사무처로 보내져서 묘목수령자 카드철에 입력된다. 수령증에 적힌 정보를 요약해서 카드에 기록한다.

   c 대표적이거나 중요한 내용:

   d 기록시리즈 정리: 출판 연도 순서로 정리한다.

10 관련 기록시리즈 : 토종 식물 수령 신청서철, 묘목장 작업 월별 통계, 묘목 수령자 카드철, 지소 연례보고서 등이다.

11 월별 조회 정도 : 매달 조회되는 횟수는

   1개월에서 6개월 사이의 묘목 : <u>100</u>

   7개월에서 12개월 사이의 묘목 : <u>0</u>

   13개월에서 24개월 사이의 묘목 : <u>0</u>

   25개월 이상 자란 묘목 : <u>0</u>

---

12 현재 보관하고 있는 기록의 양 : 5 s.m.

   a 문서를 사용하는 사무실에 : 총 5 S. M.

     서랍:( )   서가:(3)   나머지(서술하시오): 600권

   b 다른 보관 장소에 : 0 S. M.   보관위치

     서랍:( )   서가:( )   나머지(서술하시오);

13 매년 기록이 쌓이는 정도 : 총 2 S. M.

     서랍:( )   서가:( )   나머지(서술하시오): 24권

기록 보유 일정 요청서

지침: 각각의 기록시리즈에 대하여 요청 양식을 준비하시오 '기록 보유 일정 신청 완료 지침'이나 '기록 보유 일정 평가 안내서'라는 제목이 달린 별도의 서식들을 읽어보시오 요청서 최종본은 검은색 활자체로 인쇄해야 한다.

각 담당 기관들의 이용을 위하여:

기록 관리 책임자: 에른 국립 기록보존소

요청서 수령일: 22-11-98

요청서 관리번호: 99-4

심의일: 15-01-99　　　　**승인일:**

1 요청 기관 : NSWFC 와가와가 지소 묘목장

2 담당자 : 짐 스톡스 묘목장 관리자

　전화번호/ 팩스번호/ 전자메일주소

3 필요한 조치

　a [x] 보유 일정 계획 수립 : 기록은 계속 쌓일 것이다

　b 〔 〕 현재 보유하고 있는 기록 정리. 다른 기록을 더 이상 추가하지 마시오

　c 〔 〕 요청 관리번호 ( ) 수정

　　　　한군데 체크: 〔 〕 변경　　〔 〕 교체　　〔 〕 폐기

4 기록 생산기관/보관 · 관리 기관 :　　위와 같다

5 4번에 대한 전임 보관 기관/인수받을 후임 기관 : N/A 비적용

6 추천된 기록시리즈의 제목 : 토종 식물 수령부

7 기록시리즈 작성 기간 : *가장 이른 것은 1976년부터 최근까지*

8 생산/보관 · 관리/사무실의 기능/기록과 관련된 업무활동

　　NSWFC 와가와가 지소는 이 지역에 설립된 7개 지소의 하나로 호주 토종 나무와 숲에 대한 연구를 주도하고 있다. 이들 각각의 지소는 두 가지 시설을 공유하고 있다. 1) 일정 지역의 토종 꽃식물 배포와 건강 문제를 연구하고 규정된 조건 아래서 식물을 채집하는 실험실이고, 2)일반 시민들에게 호주 토종 식물 재배를 장려하기 위하여 무상으로 나누어 줄 묘목과 재난이나 인간의 간섭으로 사라진 식물을 되살리기 위한 토종 묘목을 키우는

묘목장이다. 이 기록시리즈들은 묘목장 사무실에서 보관하다가 이관된 것이다.

9 기록시리즈에 관한 기술 : *(명확하게 하기 위하여 필요하다면 기록시리즈 양식을 보기로 첨부함)*

a 관련기록. 생산되고 배포된 토종식물의 종류와 물, 동력, 비료의 소비량; 그리고 직원의 근무 시간과 업무 활동 등에 들어있다

b 소속 기록들: 낱장 기록. A4용지에 인쇄된 서식 FC204로, 보고 날짜, 보고서 작성 자, 이미 다 자란 식물의 종류와 량, 배포한 식물의 종류와 량, 식물을 수령한 사람들 의 총수, 처음과 마지막 가스 계량계나 전기 계량계의 수치, 비료 사용량, 성분을 조정 한 비료의 특성과 량, 근무자와 퇴직자를 포함하여 고용된 직원의 수와 작업 시간 그리 고 담당 업무들의 통계자료들을 기록하고 있다.

주의사항: 본 보고서는 복사되어, 원본은 연례보고서를 작성하는 지소행정사무처로 보내진다. 복사본은 묘목장 관리소에 보관되어 참조용으로 쓰인다. 본 기록은 직원이 나 업무상 문제가 발생할 때 내용을 설명해주는 역할을 한다.

c 대표적이거나 중요한 내용:

d 기록시리즈 정리: 연도별, 월별 순으로 정리한다.

10 관련 기록시리즈 : 토종 식물 수령 신청서, 토종 식물 수령증 묶음, 묘목 수령자 카드철, 그리고 지소의 연례보고서 등이다.

11 월별 조회 정도 : 매달 조회되는 횟수는

1개월에서 6개월 사이의 묘목 : <u>6</u>

7개월에서 12개월 사이의 묘목 : <u>3</u>

13개월에서 24개월 사이의 묘목 : <u>0</u>

25개월 이상 자란 묘목 : <u>0</u>

---

12 현재 보관하고 있는 기록의 양 : 5 s.m.

a 기록을 사용하는 사무실에 : 총 5 S.M.

서랍:(1)　　　　　　서가:(3)　　　　　　나머지(서술하시오)

b 다른 보관 장소에 : 총 28 S. M.　　　보관위치 :

서랍( )　　　　　　서가( )　　　　　　나머지(서술하시오);

13 매년 기록이 쌓이는 정도 : 총 0.05 S.M.

서랍:(0.05)　　　　　　서가:( )　　　　　　나머지(서술하시오)

기록 보유 일정 요청서

지침: 각각의 기록시리즈에 대하여 요청 양식을 준비하시오 '기록 보유 일정 신청 완료 지침'이나 '기록 보유 일정 평가 안내서'라는 제목이 달린 별도의 서식들을 읽어보시오 요 청서 최종본은 검은색 활자체로 인쇄해야 한다.

각 담당 기관들의 이용을 위하여:

기록 관리 책임자: 에른 국립 기록보존소

요청서 수령 날짜: 20-12-98

요청서 관리번호: 99-5

심의 날짜: 18-01-99　　　　　　　**승인 날짜:**

1 요청 기관 : NSWFC 와가와가 지소 묘목장

2 담당자 : 짐 스톡스 묘목장 관리자
　전화번호/ 팩스번호/ 전자메일주소

3 필요한 조치
　a　[x]　보유 일정 계획 수립 : 기록은 계속 쌓일 것이다
　b　〔 〕　현재 보유하고 있는 기록 정리. 다른 기록을 더 이상 추가하지 마시오
　c　〔 〕　요청 관리번호 ( ) 수정
　　　　　한군데 체크: 〔 〕변경　　〔 〕교체　　〔 〕폐기

4 기록 생산기관/보관·관리 기관 : 　　위와 같다

5 4번에 대한 전입 보관 기관/인수 받을 후임 기관 : N/A 비적용

6 추천된 기록시리즈의 제목 : <u>묘목 수령자 카드 철</u>

7 기록시리즈 작성 기간 : *1925년부터 최근까지*

8 생산/ 보관 · 관리/ 사무실의 기능/ 기록과 관련된 업무활동

NSWFC 와가와가 지소는 전국적으로 설립된 7개 지소의 하나로 호주토종 나무와 숲에 대한 연구를 주도하고 있다. 이들 각각의 지소는 두 가지 시설을 공유하고 있다: 1) 일정 지역에 토종 꽃식물의 배포와 건강 문제에 관해 연구하고 규정된 조건 아래서 식물 채집을 지속하는 실험실이고, 2)일반 시민들에게 호주 토종식물 재배를 장려하기 위하여 무상으로 나누어줄 묘목과 재난이나 인간의 간섭으로 사라진 식물을 되살리기 위한 토종 묘목을 키우는 묘목장이다. 본 기록시리즈는 와가와가 지소 행정 사무처에서 관리하던 것이다.

9 기록시리즈에 관한 기술 : *(명확하게 하려면 기록시리즈 양식을 보기로 첨부함)*

a 관련기록 : 토종식물의 묘목을 공급받은 사람, 공공기관, 단체에 관한 기록에 들어있다

b 소속 기록들 : 수령자들의 이름과 주소, 공급된 식물의 특성과 양, 공급된 날짜 등등의 정보가 들어있는 8㎝×13㎝ 크기의 색인카드, 색인카드는 두 분야로 구성되어 있는데 첫째는 수령자의 이름을 기준으로 위에서 열거한 정보들을 도표화한 카드철이고, 둘째는 교차 참조용으로 배포된 식물의 특성을 기준으로 수령자의 이름과 공급된 날짜를 기초로 만든 카드 철이다.

주의사항 : 이미 고인이 된 수령자들의 카드를 정리한 적이 없다.

c 대표적이거나 중요한 내용:

d 기록시리즈 정리 : 카드철 1: 수령자 이름 전체를 알파벳순서로 정렬하고, 최근 수령자까지 공급받은 날짜 순서로 정렬하였다. 카드철 2: 식물 이름을 알파벳 순서로 정렬하고, 최근까지 들어온 날짜 순서로 정리하였다.

10 관련 기록시리즈 : 토종 식물 채집 신청서, 토종 식물 수령증 묶음, 묘목장 활동과 그에 관한 월별 통계, 와가와가 지소 연례보고서 등이다.

11 월별 조회 정도 : 매달 조회되는 횟수는

1개월에서 6개월 사이의 묘목 : <u>600</u>

7개월에서 12개월 사이의 묘목 : <u>450</u>

13개월에서 24개월 사이의 묘목 : <u>300</u>

25개월 이상 자란 묘목 : <u>150</u>

12 현재 보관하고 있는 기록의 양 : 20 s.m.

a 기록을 사용하는 사무실에 : 총 5 S.M.

서랍:(20)　　　　　서가:(　)　　　　　　　나머지(서술하시오)

b 다른 보관 장소에 : 총 0 S. M.　　　보관위치 :

서랍:(　)　　　　　서가:(　)　　　　　　　나머지(서술하시오);

13 매년 기록이 쌓이는 정도 : 총 0.5 S.M.

서랍:(0.5)　　　　　서가:(　)　　　　　　　나머지(서술하시오)

기록 보유 일정 요청서

지침: 각각의 기록시리즈에 대하여 요청 양식을 준비하시오. '기록 보유 일정 신청 완료 지침'이나 '기록 보유 일정 평가 안내서'라는 제목이 달린 별도의 서식들을 읽어보시오. 요청서 최종본은 검은색 활자체로 인쇄해야 한다.

각 담당 기관들의 이용을 위하여:

기록 관리 책임자: 에른 국립 기록보존소

요청서 수령일 : 1-01-98

요청서 관리번호 : 99-6

심의 날짜 : 22-01-99   **승인 날짜 :**

1 적용 기관 : NSWFC 와가와가 지소

2 담당자 : 짐 스톡스 묘목장 관리자
   전화번호/ 팩스번호/ 전자메일주소

3 필요한 조치

  a [x] 보유 일정 계획 수립 : 기록은 계속 쌓일 것이다

  b [ ] 현재 보유하고 있는 기록 정리하고, 다른 기록을 더 이상 추가하지 마시오

  c [ ] 요청 관리번호 ( ) 수정

        한군데 체크: [ ] 변경   [ ] 교체   [ ] 폐기

4 기록 생산기관/보관·관리 기관 :   위와 같다

5 4번에 대한 전임 보관 기관/인수받을 후임 기관 : N/A 비적용

6 추천된 기록시리즈의 제목 : 와가와가 지소 연례보고서

7 기록시리즈 작성 기간 : *1939년부터 최근까지*

8 생산/ 보관 · 관리/ 사무실의 기능/ 기록과 관련된 업무활동

NSWFC 와가와가 지소는 이 지역에 설립된 7개 지소의 하나로 호주 토종 나무와 숲에 대한 연구를 주도하고 있다. 이들 각각의 지소는 두 가지 시설을 공유하고 있다. 1) 일정 지역의 토종 꽃식물 배포와 건강 문제를 연구하고 규정된 조건하에서 식물을 채집하는 실험실이고, 그리고 2) 일반 시민들에게 호주 토종 식물재배를 장려하기 위하여 무상으로 나누어줄 묘목이나, 재난이나 인간의 간섭으로 사라진 식물을 되살리기 위한 토종 묘목을 키우는 묘목장이다.   와가와가 지소 행정사무처가 이 기록시리즈를 발행했다.

9 기록시리즈에 관한 기술 : *(명확하게 하려면 기록시리즈 양식을 보기로 첨부함)*

 a 관련기록 : 토종 식물 묘목의 연간 생산량과 배포량에 대한 보고, 지소 전체의 활동과 일반 사무 활동 그리고 연구소의 연구 업적과 실험에 관한 보고서 등에 들어있다

 b 소속 기록들 : A-4 용지에 인쇄된 특정 서식으로 만들어진 개인들의 연례보고서들(복사본들), 보고서의 면수는 매년 다르다. 보고서에 들어있는 정보도 다양하지만 업무를 수행한 직원들의 이름과 직위, 조직 구성의 통계표, 배포된 묘목의 유형과 생육된 묘목의 유형에 대한 차트들, 배포된 묘목의 분포지역이나 전염병 전파, 해충의 지역적 분포 등을 연구하는 프로젝트의 결과, 지역에 따라 배포를 요구하는 묘목의 특성, 묘목을 요구한 지역들이 소비하는 물, 비료, 살충제, 새롭게 개발된 특징 등등의 정보가 포함되어 있다. 이것들은 지소가 당면한 문제와 쟁점들이다.

주의사항: 이런 보고서들은 양이 대단히 많은데 이유는 법적으로 필요하며, 산림위원회 본부나 지부, 다른 정부기관 즉 임업 담당부서나 등기소 그리고 공공단체 등에 광범위하게 살포되었기 때문이다. 수많은 복사본을 정리하거나 정부의 다른 기관에서 보내온 연례보고서 복사본과 구분하여 정리하지 않았지만 와가와가 지소의 문서들과는 혼합되지 않았다

 c 대표적이거나 중요한 내용 :

 d 기록시리즈 정리 : 연대 순으로 정리

10 관련 기록시리즈 : 토종 식물 채집 신청서, 토종 식물 수령증 묶음, 묘목장 활동과 그에 관한 월별 통계, 묘목수령자 카드 철 등이다.

11 월별 조회 정도: 매달 조회되는 횟수는

 1개월에서 6개월 사이의 묘목 : <u>30</u>

7개월에서 12개월 사이의 묘목 : <u>30</u>

13개월에서 24개월 사이의 묘목 : <u>10</u>

25개월 이상 자란 묘목 : <u>10</u>

주의 사항 : 창고에 옛날 보고서의 복사본이 상당량 존재한다.

---

12 현재 보관하고 있는 기록의 양 : 21.5 s.m.

a 기록을 사용하는 사무실에 : 총 3.5 S.M.

서랍:(   )   서가:(2)   나머지(서술하시오)

b 다른 보관 장소에 : 총 18 S.M.   보관위치 : 사무실 근처의 창고

서랍:(   )   서가:(13)   나머지(서술하시오);

13 매년 기록이 쌓이는 정도 : 총 3 S.M.

서랍:(   )   서가:(2)   나머지(서술하시오)

*********************일정 수립을 위한 관련 기록시리즈 종료*********************

업무 기록의 보유/처분 일정 준비 단계

1) 최고 책임자에게 기록 처분 일정을 위한 계획과 시간표를 승인받은 다음 준비하시오

2) 기록을 생산하고 이용하는 업무 추진 상황을 이해하기 위하여 조직과 기록 생산 부서의 활동 그리고 그 구성에 관한 이면적인 연구를 수행해야 한다. 이런 작업은 조직표와 연례보고서, 그리고 핵심 간부와 기록관리자들과의 면담을 통하여 얻은 자료들을 수집하고 연구한 것을 포함하기도 한다.

3) 현존 기록에 대한 조사는 보관 창고에서 활용되지 않고 있는 것에서 부터 사무실에서 활용하고 있는 것에까지 이루어져야 한다. 조사 대상은 각각의 사무실에서 생산하고 활용하고 있는 다양한 문서들이다. 다음에 열거한 내용은 각각의 기록시리즈를 관리하기 위하여 수집하고 요약 정리해야 할 것들이다.

   * 자세한 특성, 조직, 기록의 내용과 보존 상태, 그리고 다른 색인이나 기록시리즈, 정리 계획과의 관계 여부 등의 세부사항

   * 복사본의 수, 다른 매체(컴퓨터, 마이크로필름 등)로 작성된 기록시리즈들의 세부사항들

   * 기록시리즈에 들어있는 정보들이 처음부터 복사되어 다른 기록시리즈에 들어 있는지의 여부 또는 정기적으로 출간되는 보고서에 이미 요약되어 실려 있는지의 여부

   * 매년 축적되는 기록시리즈의 양 또는 조회 빈도나 조회하는 사람에 관한 사항들

   * 설정된 문서 보관 기간에 적용되는 법적, 재정적, 행정적 규칙의 세부사항들

4) 앞에서 수행한 조사를 통해 얻은 정보는 각 기록시리즈를 작성한 기관에서 보관하는 기간, 경제적으로 중간 보관고로 옮기는 시기 등을 결정하는데 이용된다. 원본과 복사본이 어떤 매체이건 각 기록의 매체별 보관도 고려해야만 한다.

5) 각 기록시리즈는 평가 항목 표를 이용하여 보존 기록의 요건에 맞는가를 평가해야 한다.(생산되는 시리즈의 3-7% 정도만 대개 영구적 보존가치를 지닌다. 그 나머지는 4단계에서 처분 명령에 따라 적절하게 폐기되어야 한다.)

6) 각 기록시리즈의 처분 명령 초안을 만든다. 기록시리즈 정리는 각 기록시리즈를 언제 마감할 것인가, 기록시리즈를 생산한 사무실에서 얼마 동안 보관할 것인가, 언제 어디로 이관할 것인가, 그리고 최종적으로 영구보존할 것인가 폐기할 것인가 등에 관하여

서술해야 한다.

7) 처분지침 초안은 기록시리즈를 관리하고 이용하는 책임을 진 관리자와 행정 요원들의 의견을 담고 있는가를 살펴야하고, 법적으로 재정적으로 후원할 사람들의 견해도 포함해야 한다. 이들의 권고에 따라 구문을 수정하고 최종안에 대한 동의를 얻는다.

8) 최종적인 처분 일정을 준비하고 나면, 적절한 행정적 재정적 법적 형식의 승인을 받아야 한다.

9) 필요한 사무 관계자를 모아 처분 일정을 설명하고, 수행 계획을 개발한다. 처분 일정 수행을 위한 훈련기간도 필요할 것이다.

10) 처분 일정을 수행하기 위하여 지도하고 감독해야한다.

기록 처분/보유 일정 계획 신청서

*기록관리 담당 부서의 이름*_____

기록 처분 일정 신청서

지침: '기록 처분 일정 신청 완료 지침'이라는 제목이 붙은 낱장짜리 기록을 보시오 서식의 최종본은 검은색으로 인쇄하거나 타이핑해야만 한다. 자동화 시스템에서는 이 서식을 고객들이 사용할 수 있도록 전자통신으로 보낼 수 있어야 한다.

1. 이름/ 신청하는 기관의 주소　　**기록 관리 책임부서의 이용을 위하여**
　　　　　　　　　　　　　　　　수납일
　　　　　　　　　　　　　　　　신청 번호
　　　　　　　　　　　　　　　　완료 일자/ 승인날짜
　　　　　　　　　　　　　　　　정리 부서 코드/ 번호

2. 담당자　　　　　　　　　전화번호 :
　직위 :　　　　　　　　　　　팩스번호 :
　업무 장소 :　　　　　　　　전자우편 :

3. 필요한 조치
　　a 〔 〕 처분 일정 수립 : 기록은 계속 모일 것이다
　　b 〔 〕 현재까지 모은 기록의 처분 : 새로운 기록의 추가 금지
　　c 〔 〕 요청 관리번호 ( ) 수정
　　　　한군데 체크☑ : 〔 〕변경　　〔 〕교체　　〔 〕폐기

4. 기록을 생산하는 부서의 주소와 담당자 이름/ 보관하는 부서 또는 부서 단위

_____

5. 전임 관리부서 책임자 이름과 주소/ 후임 관리부서 책임자 이름과 주소

_____

6. 추천할 만한 기록시리즈의 제목

_____

7. 기록시리즈 작성기간　　　　　　(　　)부터 　　(　　)까지

8. 생산/관리/ 담당 부서의 기능/ 기록시리즈와 관련된 업무활동

_____

9. 기록시리즈에 대한 해설 : *(명확하게 보려면 기록시리즈의 샘플을 첨부하시오)*

　　a. 관련문서

　　b. 소속 기록

　　c. 대표적이거나 중요한 내용

　　d. 정리되어 있는 기록시리즈

_____

10. 관련 기록시리즈

_____

11. 월별 조회 횟수 : 기록의 월별 조회 횟수

　1개월에서 6개월까지_____　　7개월에서 12개월까지 _____
　13개월에서 24개월까지_____　　24개월 이상_____

_____

12. 현재 기록의 축적정도 : *l.m.* = 직선미터(*linear meters*)

현재 보관 부서: 총 *l.m.*	다른 보관 장소 총 *l.m.*
서랍( )	서랍( )
서가( )	서가( )
다른 장소(서술):	다른 장소(서술):

13. 매년 기록이 쌓이는 정도 : 총   *l.m.*

서랍(   )   서가(   )   다른 장소(서술)

이 서식의 평가서를 완성하여 첨부하시오 : 14번, 15번 항목을 완전하게 기술하려면 평가서에 들어있는 정보를 모으고 의논하시오

16번 항목을 기술하려면 서식을 고안한 사람이나 고안한 부서(담당재)와 협의하시오

14. 보유 요건 :   기록시리즈 보관을 위해 필요한 것들 :

a. 주 법률 ( )년	d. 감사기간 ( )년
b. 제한 법규 ( )년	e. 행정적 필요 ( )년
c. 연방 법률 ( ) 년	f. 처분 권한 ( )년
(기록 정리 부서의 의견서나 적용되는 법률과 규칙들의 복사본이나 발췌본을 첨부하시오 그리고 행징직 필요성노 설명하시오)	

15. 승인 받은 기록 처분 지침 : *최종 지침과 마무리를 확인하기 위해 필요한 모든 사항을 완수하고 ☑표시 하시오 이 기관은 다음과 같이 기존 폴더나 단위에 문서를 더 이상 첨부하지 말고 있는 그대로 편철할 것을 추천한다.*

보기:

_____

기록시리즈 종료_____

(방법과 종료 간격을 기재하시오. 보기를 들면 각 회계연도 말 또는 기록시리즈 두께가 6㎝ 정도 되었을 때)

시리즈 종결   시간표에 따라 분철된 단위로 기록을 보관한다.

_____

(즉 업무기간이 종료되었을 때, 새로 선거했을 때 정해진 3년마다, 기타 등등으로 설명하시오)

_____

그 다음 *[아래에서 한 가지 이상 해당되는 것에 ☑표시하시오]*

   현재 기록 생산 부서에서 _____년/달/ 일 동안 기록을 관리한다,
그리고
   지역보존고(Local holding area)에 이관하여 _____ 년 동안 _____에서
   보관한다.   *(장소 지정)*
그리고
   중간보존고(Intermediate Storage)로 이관하거나/ 기록관리센터(Record Center)로 이
   관하여; _____ 년 동안 보관한다.
      (보관소의 명칭과 주소)
그리고   폐기한다

또는
   기록보존소로 이관하여 영구 보존한다
   다른 방법이 있으면(특별 지침을 명기한다)

16. 접근 지침

기록 처분이나 접근에 관한 지침들은 이전에 생산된 시리즈나 이후에 생산될 시리즈 모두에 적용되어야 한다	
책임자/기안자	기록 관리 담당자
서명 날짜	서명 날짜

15번과 16번 항목의 권고사항 중 〔선택 사항에 ☑ 표시를 하시오〕	공공기록위원회 서명 날짜
승인된 날짜	재정책임자

거부된 날짜:
    (만약 승인 받지 못하고 거부되었다면
      그에 관한 설명을 첨부하시오)
	법률책임자

	행정책임자
	회계책임자
	기록보존책임자

기록 처분/보유 일정 서식 요청서 완료 지침

A. 번호를 붙이지 않는 항목들

기록관리 부서 또는 보관고 : 기록관리 부서 또는 보관고의 이름을 가지고 있는 곳은 기록에 대한 법적 관할권을 가지는 곳이고, 필요하다면 계획된 기록을 수령하거나 처분할 권한도 가지는 곳이다.

기록 관리에 요구되는 것들: 기록 관리 전문가는 작성이 완료된 신청서를 전체 기록 관리 체제에 맞추어 편성하고, 신청서가 기록관리 체제에 편입된 날짜를 신청서 수령 날짜로 삼는다. 신청서가 완성되었다고 생각하면 담당 부서의 책임자에게 송부하고, 기록위원회에도 송부하여 승인을 받아야 한다. 준비한 관리 계획이 최종적으로 승인되면 그 때부터 실행에 들어간다.

B. 번호를 붙인 항목들

1. **신청 부서** - 담당부서의 이름, 감독자 순서, 부서 단위, 분야 업무로 구분하여 일람표를 만드시오 그리고 사무실의 주소와 방의 호수 등도 일람표로 만드시오

2. **담당자** - 기록시리즈의 용도와 내용 그리고 중요성에 관해서 가장 광범위하게 잘 알고 있는 사람의 이름, 직위 그리고 개인 전화번호를 알아야 한다.

3. **필요한 조치** - 적정 보관함인지 검토하시오 매년 계속적으로 보관해야할 기록철이라면 3a항목을 검토하시오 기록의 첨부를 중단할 시리즈면 3b항목을 검토하고, 승인된 기록 관리 계획을 수정하기로 결정된 시리즈라면 3c항목을 검토하시오

4. **생산/관리부서** - 경우에 따라 사무실들은 인수 또는 그 밖의 방법에 의해 다른 부서의 기록이나 관련 없는 기록을 가지고 있는 것을 발견할 수도 있다. 관련 없는 기록을 보관하고 있을 경우 실제로 기록을 생산하고 이용하는 부서나 사무실의 이름을 쓰시오 만약 1번에 해당하는 신청부서 자체가 작성하였다면 "1번과 같은 것"이라고 명기하시오

5. 4번에 대한 전임 담당자/후임 인수 부서(들) - 기록관리 전문가를 도와 문서화의 계통을 찾으려면 동일한 시리즈를 생산하고 수령하고 사용한 담당자나 부서의 전후 명칭 그리고 이전 다른 시기에 동일한 시리즈를 생산하고 수령하고 사용한 부서나 사무실의 이름을 목록으로 만드시오

6. 추천된 시리즈의 제목 - 시리즈의 좋은 제목은 기록의 기능과 업무활동에 기반을 두고 기능과 업무를 간략하게 잘 묘사한 경우이다. 만약 붙여진 제목이 부정확하고 설명이 부족하다면 그리고 시리즈에 익숙한 몇몇 사람들만 이해하고 있다면, 공식적으로 새롭게 만들어야 할 것이다. 사무실에서 사용하는 시리즈의 제목과 공식적인 시리즈의 제목 그리고 새롭게 추천된 제목들이 나란히 제시되어야 한다. 정확한 제목에 대한 평가 기술은 기록위원회로 하여금 부서의 기능과 연관하여 또는 시리즈의 내용이나 중요성과 연관하여 관리계획 신청서를 제대로 평가하게 할 것이다.

7. 시리즈가 생산된 기간의 처음과 마지막 날짜 - 포괄적인 날짜를 제시하시오 시리즈의 일부가 어디로 이동되었든지, 가장 처음에 적힌 날짜가 가장 오래된 서류의 날짜이다. 만약 시리즈가 하나인데 계속 보관하려고 한다면, 앞으로도 계속 보관할 수 있도록 "언제부터"라는 용어를 기재하시오 만약 시리즈가 종료되었으면 더 이상 누적되지 않으므로, 가장 최근에 생산된 서류의 날짜를 기재하시오

보기 : 1949년부터 관리하는 기록철; 종료된 기록철 1949-1981

8. 기록을 생산/관리하는 부서의 기능/업무활동 - 4번 내용에 부응하는 부서들의 업무활동 으로 생산, 수령, 사용하는 시리즈의 주요 목적, 기능들/프로그램들, 그리고 업무활동들 을 기술하시오 특별히 문제의 시리즈와 관련된 모든 업무활동은 일람표로 만드시오 그러나 업무 수행 방법에 관해서는 자세하게 서술할 필요는 없다. 당신의 목적은 작업의 대상이 되는 시리즈가 연관된 업무나 장소에 대하여 정확하고 객관적이고 대표적인 설명을 제공하게 만드는 것이다.

9. 시리즈에 관한 기술 - 기술의 내용은 아래 문장(a-d)에 들어있는 정보를 제공해야한다.
   a) 사무실 업무와의 관련성을 서술하시오, 즉 '병든 가축의 주인에 대한 보상과 연관된 문서들'이나, '고가도로 건설과 연관된 문서들'과 같이 기록이 지원하는 특별한 업

무 처리나 활동들을 기술하시오

b) 소속 문서들 : 기록의 매체에 따라, 그 속에 포함된 정보의 유형에 따라, 서식의 번호와 제목에 따라 목록을 만드시오 여기에는 편지, 회의록, 계약서, 지원서, 보고서, 송장, 수령증, 현금일지 등등 여러 유형의 기록들이 포함될 수 있다. 일례로 자동차 경주면허증을 신청할 때 사용하는 자동차 경주 면허 신청서(203번 서식)는 경주 면허신청자의 이름과 주소, 운전면허 번호, 운전면허 등급, 생년월일, 안경사용 여부, 면허유효기간, 면허 요금 납부 총액, 장기 이식 동의서, 지원자 서명, 자동차 등록지 등 지원 서식이 들어 있음을 볼 수 있다. 만약 이 시리즈가 한 가지 이상의 문서로 구성 되었다면, 맨 처음 모든 문서의 목록을 만들어야한다 즉 첫째 문서의 유형과 내용, 그 다음 문서의 유형과 내용, 그 다음 문서 등과 같이. 몇몇 문서들의 내용은 잘 알려져서 자세하게 서술할 필요가 없을 때가 있는데, 편지들이 좋은 보기이다.

c) *대표적이거나 중요한 내용* : 편지의 답장이나 의사록 같은 긴 이야기체의 기록들에 대해서는 기록에 반영된 대표적인 업무나 거래(매매) 등을 기술한다. 앞에서 언급한 신청서와 같은 기록들은 목록을 만들 필요가 없다.

d) *정리된 문서들* : 기록시리즈 속에 들어있는 기록철들이 알파벳 순서로, 번호 순서로, 아니면 연대기 순서 등으로 정리된 방법들에 대하여 기술하시오, 예를 들면 피고용인들은 성(性)의 알파벳 순서로 정리하지만 가끔 한 가지 이상의 기준으로 기록을 정리하기도 한다. 즉 국가 이름의 알파벳 순, 그 이하는 초등학교나 중등학교 등의 등급별로, 그 이하는 학교 이름의 알파벳 순서로 정리한다. 서류를 정확하게 검색하기 위해 필요한 모든 기준을 보기와 같이 3단계로 기술해야 한다.

시리즈가 색인을 가지고 있다면 언제부터 시리즈에 포함되었는지 표시한다.(예를 들면 의사록의 맨 앞장에) 만약 색인이 물리적으로 분리되어 있다면 '별도의 색인'을 보시오 그리고 아래에 언급한 10번과 같이 관련된 문서 항목에 색인을 기재하시오

10. 관련된 기록시리즈 - 개인 기록들은 가문의 기록(족보)이나 특별한 업무활동을 지원하는 상호 독립적인 문서들의 일부분인 경우가 가끔 있다. 예를 들면 관리 문서로 알려진 색인과 같은 기록들은 수발신 시리즈 검색의 기본이 되기도 한다. 그래서 수발신 시리즈는 관리해야 할 기록철로 알려져 있다. 회계시리즈는 서로 관련이 많아 같은 정보가 다른 회계문서에도 중복적으로 들어있다. 조정을 거치거나 관련 문서들의 제

목과도 조정을 거친 모든 시리즈의 제목들은 이 부분에 기술해야 한다.

이런 소개서들은 아키비스트로 하여금 보존기록으로 평가할 때 하나의 그룹으로 평가하게 할 것이다.

11. **월별 참조 횟수** - 참조 횟수는 사무실 직원들이 1개월-6개월 동안 참조하는 횟수; 7개월-12개월 동안 참조하는 횟수, 13개월-24개월 동안 참조하는 횟수, 25개월 이상 참조하는 횟수를 살펴본다. 월별 참조 횟수 평균을 산정하는 가장 정확한 방법은 정해진 기간 동안 그 문서가 참조되는 횟수를 문서관리자가 기록하는 것이다. 말하자면 5일 동안 사무실의 일상업무에 참조되었다면 여기에 4.4를 곱하면 일반적인 월별 참조횟수가 된다.

12. **기록의 현재 보관량** - 기록의 전체 크기는 지금 사무실에 비치되어 있는 양과 다른 보관고에 들어있는 기록의 양을 모두 의미한다.
   * 업무부서 - 업무를 수행하고 있는 사무실에서 기록철 서랍 선반 또는 종이상자 등에 기록을 보관하고 있다면 모든 보관 용기를 조사하시오 서랍이나 선반 또는 상자들의 용량과 개수를 계산하시오 만약 서랍이나 선반 그리고 상자들의 크기가 다양하다면 전체량을 추산하기 위해 평균 크기를 계산하시오 선반의 전체 길이를 계산하기 위해서 선반의 길이와 중복되는 횟수를 계산하시오 보기를 들면 서류 캐비닛의 크기 (0.65m×0.25m:선반 하나의 넓이)×4(선반의 개수)=0.65×4=2.6 s.m.처럼 계산하시오
   * 다른 보관소 : 이전 기록이 보관된 모든 보관소를 조사하시오 보관소 선반의 전체 길이를 조사하시오 보관된 장소와 관련 장소의 주소, 보관고의 평균 크기와 포함된 보관고의 개수도 같이 기재하시오 기록의 상황을 알려 줄 수 있는 관련 정보나 특별한 정보도 기재하시오

13. **기록철이 1년 동안 쌓이는 정도** - 최근 몇 년 동안 축적된 양의 평균을 이용하여 1년에 축적될 기록의 총량을 추산하시오 유형과 크기 그리고 보관 번호들도 표시하시오 이러한 내용들은 특별히 앞으로 준비할 장비와 장소의 크기를 추산하는데 중요한 참고사항이 될 것이다.

주의 사항: 기록평가서를 첨부하시오: 14번 15번 항목을 기재하기 위한 기본 정보를 획

득하려면 기록들의 유형과 복사본들에 관한 정보를 평가서의 항목에 따라 기재하시오 완성된 평가서는 '처분/보유 일정 서식 신청서'에 꼭 첨부되어야 한다.

14. **보관 요건** - 각각의 시리즈가 정해진 요건을 충족시키는데 필요한 횟수를 기재하시오 모든 항목을 기재하시오 보유할 필요가 없다면 그 항목에 'O'를 기재하시오 지시된 보관기간에 관한 지침이나 규칙의 사본을 첨부하거나 내용을 기술하시오 행정적 필요로 만든 보유기간 목록이 필요한 이유를 간단히 설명하시오

15. **승인된 정리 지침** - 본 시리즈의 원본이나 여러 매체의 복사본들의 관리에 맞는 각각의 지침이 필요하다. 현용 기록철을 담당부서의 의견에 따라 종료한다는 것은 시리즈에서 기록철을 중단하거나 서류를 마감하거나 보존을 위해 분철하여 기록을 종료하는 것을 의미한다. 담당부서에서 시리즈 보유기간에 따라 보유하고, 그 다음 중간고나 지역보관소에 보관하다가 폐기할 것인지 또는 보존할 것인지를 표시한다. 보관을 권고하는 내용들은 기록 생산 부서의 요구를 모두 반영해야 하며, 다른 부서들의 요구도 반영해야한다. 만약 서로 다른 부서의 요구들이 갈등을 일으키면 갈등 요소는 기록관리 일정표에 반드시 기록해야 한다. 기본적인 시리즈 정리 이외에도 컴퓨터 프린터물이나 마이크로필름 등과 같이 동일계 보조 기록철의 정리도 수행해야만 한다. 될 수 있는 한 많은 기록을 보관하기 위하여 기록은 보관비용이 적게 드는 형태로 변환해야 한다.

16. **검색** - 각각의 장소에 보관되어 있는 동안 기록을 검색하려면 필요한 조건들을 고려해야 한다. 기록의 생산부서나 중간고, 그 외의 보관 장소 또는 아카이브 등이다. 해당 기록이 생명력이 있는지 어떤지 또는 어떻게 보관되었는지도 기재하시오

책임자의 서명: 제안서에 대한 담당 부서의 승인을 얻었다면 다음은 행정적·법적·재정적 책임을 가진 최고 책임자를 만나 그 자리에서 '기록관리 신청서'의 승인을 얻어야 한다.

기록시리즈 평가 서식과 지침

관련 처분/보유 일정 신청 번호   (   )의 (   )부분

업무 서류철 평가 서식[2]

본 서식은 기록관리전문가가 사용할 목적으로 제공된 것이다. 이것은 기록 처분/보유 일정 신청서식과 관련 서류에 첨부되어야 한다. 이것은 개별 시리즈의 관리 일정을 준비하도록 도와 줄 것이다. 기록보관자가 본 서식의 문의 사항을 모두 만족시켰다면, 그는 시리즈 관리와 평가에 필요한 조사를 아마도 완료했을 것이다. 본 서식은 다음에 열거한 분야로 분류된다.

- a. 시리즈 확인
- b. 행정적 용도
- c. 재정적 용도
- d. 법률적 용도
- e. 역사 연구의 가능성
- f. 정리 지침

시리즈의 확인

기록시리즈는 통합된 형태로 정리될 수 있는 기록이나 문서를 의미하며, 외형적으로도 유사하며, 유사한 기능과 활동에 관한 문서나 기록을 의미한다. 기록시리즈의 처분/보유 일정 서식의 도입부에 항목 번호를 언급해야 한다.

---

[2] 이 검토 목록은 앤 페더슨(Ann Pederson)이 바바라 리드(Barbara Reed)와 지그리드 맥커즐랑(Sigrid McCausland)의 자문을 받아 미국 조지아주 아틀란타의 '조지아 기록과 역사부'의 로날드(Ronald E. Raven)가 1974년 준비한 것을 토대로 호주에서 사용할 수 있도록 수정한 비(非)정부 기록이다. 검토 목록의 원본은 로날드의 '평가를 위한 검토 목록 : 기록 관리자들을 위한 도구', *계간 기록관리* (1976년 10월), 26-27쪽, 30-32쪽 이다.

1. 기록 생산자나 업무 담당 부서 그리고 하위 부서의 이름:

2. 기록시리즈 제목 :

3. 작성 기간 :

4. **문서의 중복** : 시리즈의 원본이나 복사본이 작성된 사무실이나 다른 사무실 또는 대리
점에 있는지? 마이크로필름으로 만들어졌는지? 컴퓨터에 입력되었거나 또는 프린트로
출력한 것이 있는지?
   (a) *만약 있다면* : 동일한 기록시리즈에 속한 모든 매체와 모든 복사본은 한 번에 정리한
   다. 이것들은 동일 과정에서 처리한다. 하지만 다른 기록시리즈의 서식이나 매체는
   개별적인 평가서를 만들어야 한다.
   (b) *만약 있다면* : 각 복사본이나 다른 매체로 된 기록에 대하여 기술해야하며, 그것이
   보관된 장소와 보관된 기간도 기재해야 한다.
   복사본의 형태/매체   보관 장소   보관 기간

5. 본 기록시리즈에 들어있는 정보가 요약되거나 출판된 적이 있는가? *만약 있다면* 제목
과 출판 사항을 기재하고, 관련 부분의 복사본을 첨부하시오

행정적 용도

업무 수행용
1. 본 기록시리즈는 어떤 형태의 단위 업무와 업무 활동을 문서화하거나 지원하는지? *(9번
의 a 항목을 참조하시오)*

2. 본 기록시리즈가 단위 업무나 업무활동에 기본적인 것인지? 아니면 기록시리즈가 없어
   져도 업무 활동이 가능한지?

   a) 가능하다면 주어진 업무 활동이나 업무 처리가 업무부서의 기본 기능에 근본적으로
   어떻게 작용하는지 설명하시오

b) 불가능하다면 다른 자료에서 얻은 정보로 작업이 이루어질 수 있는가? 정보를 얻을 수 있다면 그 자료는 무엇이며, 재구성하는데 걸리는 시간과 노력에 관하여 기술해야한다.

c) 정보 획득이 불가능하다면 '필수 기록 보호'를 위해 보호기간 추산과 정보 갱신 기간(필름이나 컴퓨터의 보증기간) 등을 포함하여 어떤 관리 방법을 제안할 것인가?

3. 본 기록시리즈가 정책 개발이나 프로그램의 효율성 증진이나, 새로운 것을 개발하는 연구에 사용될 수 있는지? 있다면 어느 것이 그러한지 또는 앞으로 얼마나 유효한지? 기술하시오

4. 본 기록시리즈가 연구조사에 원천자료를 제공할 수 있는지? 제공할 수 있다면 어떤 종류의 기획물에 이용할 수 있는지, 또는 언제 가능한지를 기술하시오

5. 본 기록시리즈의 보관이나 이용에 대한 명령이나 행정 규칙이 쟁점이 된 적이 있는가? 있었다면 어떤 종류의 문제가 누구에 의해서 쟁점화 되었는지 상세히 기술하시오 어떻게 보관해야 하는지도 기술하시오

참고활동

6. 본 기록시리즈를 마감하는 주기가 얼마인지, 즉 언제 직원들이 이 기록시리즈를 마감하였는지, 또한 현용 기록시리즈에 새로운 정보가 있는지? 새로운 정보 때문에 기록시리즈 이용이 정지되었는지?

□ 회계연도별   □ 연도별   □ 월별   □ 감사연도별

□ 결과별 또는 일어난 사건별(상술하시오)

□ 기타 방법(상술하시오)

어떻게 마감 업무를 수행하였는지도 서술하시오

7. 담당부서 직원이 본 기록시리즈에 대하여 언급하는 횟수
   (11번 항목을 참조하시오)

   올해부터 _____동안에 _____번

   작년부터 _____동안에 _____번

   2년 전 부터 _____동안에 _____번

   3년 전 부터 _____동안에 _____번

8. 기록철 참조 횟수가 정점을 이룬 것이 얼마 만인지?

   몇 년 만에_____   몇 달 만에_____

9. 담당 부서의 일상적 업무를 위하여 담당 부서에서 기록시리즈를 보관하는 기간?

10. 기록철 참조 횟수가 갑자기 줄어든 경우가 있는가?
    (a) 만약 있다면, 갑자기 참조 횟수가 줄어든 당시 그 기록을 보관한 기간이 얼마나 되었는가?

    (b) 기록 참조가 중단된 적이 있는가? 중단되었다면 중단된 당시 기록을 보관한 기간이 얼마나 되었는가?

행정적 이유로 보관해야할 기간
11. 행정적 용도로 본 기록시리즈가 필요한 기간은 얼마인가?

   _____년/ 개월

기록철들이 다음과 같은 항목별로 종료되어야 한다.:
   (6번 질문을 참조하여 적당한 보관 기간을 산정하시오)

〔 〕회계연도별   〔 〕년도별   〔 〕월별   〔 〕감사기간별   〔 〕기타(상술하시오)

기록철을 어디에 보관하는가?(이용할 만한 모든 곳을 언급하시오)

사무실에(9번 질문과 같이) (   )년/ (   )개월 보관한다 ; 그 다음에

중간 기록센터(Intermediate Records Centre)에 (   )년/ (   )개월 보관한다 ; 그 다음에 폐기한다.

(   )에 (   )년/ (   )개월 보관하다가 그 다음에 폐기한다.

무기한으로 기록보존소에 보존한다.

폐기한다.

재정적 용도

업무상 필요
1. 본 기록시리즈를 발생 과정별, 경비 종류별, 기금 이동별로 문서화하고 관리하였는가?

만약 그렇다면

(a) 어떤 조직체의 기금인지?

(b) 어떤 공공기관의 기금인지? 또는 어떤 정부기구의 기금인지?

2. 본 기록시리즈가

(a) 조직에 부과된 세금에 관한 문서인가?
    기술하시오 _____

(b) 조직의 계약에 관한 문서인가?

　　기술하시오 _____

(c) 채권에 관한 문서인가?

　　기술하시오 _____

3. 본 기금을 관리하는데 기록시리즈가 필요한 기간이 얼마인가?

4. 기금을 공급하는 조직체가 요구하는 감사 내용은 무엇인가?

보유
5. **요건** : 감사 기록의 보유에 필요한 규정이 만들어진 적이 있는가? *있다면,*
　　누가 어떤 규정을 만들었는가?
　　무엇을 보유하는가?

6. 만약 감사를 행하지 않았다면 본 기록의 보유에 관련된 규정을 만든 적이 있는가? 만약
　　있다면 어떤 규정을 누가 만들었는가?

　　무엇을 보유하는가?

재정적 이유로 보관해야 할 기간
7. 본 기록들이 재정적 결산을 모두 통과하는데 걸리는 기간은 얼마인가?
　　총(　　　　　　　　)년/(　　　　)개월

법률적 용도

업무상 필요
1. 본 기록시리즈의 생산을 요구한 다른 법적 기구나 법규사항이 있는가? *만약 있다면,*
　　설명하고 그 내용을 기술하시오

2. 위에서 기술한 기구나 법규사항이 본 기록시리즈의 보관기간을 규정하였는가?

    만약 하였다면 그 보유기간은 얼마인가?

3. 본 기록이 주관 단체의 설립이나 법적 관리를 문서화한 것이 있는지? 설명하시오 문서
   화한 것이 있다면 어떤 외곽 단체가(즉 협동 업무, 과세에 대해) 동일한 기록을 가지고
   있는가? 그들은 서명 날인된 원본을 가지고 있는가 아니면 복사본을 가지고 있는가?

4. 이들 기록이 중요한 법적 정보나 기록에 접하는 방법을 제공하는가? 제공한다면 그
   내용을 기술하시오

5. 본 기록들이 허가장이나 다른 상업적 특권을 문서화하였는지를 설명하시오

    만약 문서화 하였다면 허가장이나 상업적 특권의 유효기간이 얼마인가?

6. 이 기록들이 주관 단체의 자산에 대한 권리를 명시하였는가? 기술하시오

    만약 명시하였다면 이것이 가장 좋은 기록인가?

    만약 명시하지 않았다면 무엇이 가장 좋은 기록인가? 또는 어디에 보관하는가?

7. 본 기록철들이 그 조직의 업무를 수행하는데 필요한가? 기술하시오

    만약 필요하다면 한계는 무엇인가?

8. 본 기록들이 어떤 행위에 대해 조직을 방어하는데 필요한가? 기술하시오

    만약 필요하다면 기간은 얼마인가?

9. 본 기록들이 개인의 권리를 보호하는데 필요한가? 기술하시오

만약 필요하다면 기간은 얼마인가?

법적 이용을 목적으로 보유해야 할 기간
10. 본 기록시리즈가 법적으로 요구된 모든 보유기간을 거치는데 필요한 기간은?

총(   )년/ (   )개월

역사적 연구의 가능성

조직 내적으로
1. 본 기록이 조직의 중요한 프로그램을 문서화하였는지 여부를 기술하시오

만약 문서화하였다면, 본 기록 안에 본 내용을 더욱 잘 설명한 기록이 있는가?

본 기록이 이전 정책으로부터 도출된 것인지 아니면 유일한 새로운 프로그램인지?

본 프로그램이 시민들의 생활에 장기간의 영향을 미칠 것인지를 기술하시오

2. 본 기록이 해당 조직 주요 간부들의 활동을 문서화하였는가? 기술하시오

3. 본 기록철들이 본 조직의 정책 형성을 문서화하였는가? 기술하시오

좀더 많은 조직을 위해
4. 본 기록시리즈가 적절한 시점에 맞추어 시간안에 본 조직의 상황 즉 고용인, 고객들에 관하여 자세하게 기술하였는지 기술하시오

5. 본 기록시리즈가 특별히 중요한 인물에 관하여 문서화하였는가? 기술하시오

6. 본 기록시리즈가 시민들의 운동이나 경향을 문서화하였는가? 기술하시오

7. 본 기록철들이 중대한 사건들을 문서화하였는가? 기술하시오

다른 자료들

8. 본 기록에 들어있는 정보가 어디에서나 이용할 수 있는 것인가? 만약 이용할 수 있다면 좀 더 좋은 역사적 자료는 어디에서 수집할 수 있는가? 똑같은 자료를 출판된 매체로 이용할 수 있는가? 만약 출판된 매체를 이용할 수 있다 면 출판 정보를 자세하게 기술하고 복사본이나 관련 부분을 첨부하시오

9. 본 기록들이 현재 문서화하고 있는 활동과 동일한 것인가? 기술하시오

   만약 동일하다면 본 기록들은 공인된 것인가?

조사 연구를 목적으로 보관해야 할 기간

10. 본 기록철들이 역사적 연구의 가능성을 내포한 정보를 가지고 있다면(1번에서 8번까지의 질문에 '예'라고 답하였다면) 필요한 보유기간을 표시하시오

   총(   )년

정리 지침

모든 분야(행정, 재정, 법률, 역사)에 필요한 정보를 기입시오

행정 분야   (처음 작성한 시기부터 종료한 시기까지의 일반적 작성 기간)

          (종료 이후 적극적으로 이용하기 위해 작성자가 필요로 하는 기간)

          (어디서든지 행정적으로 이용하기 위해 필요한 총 보관 기간)

재정 분야   (필요한 총 보유 기간)

법적 분야   (필요한 총 보유 기간)

역사 분야   (있다면; 무기한/ 영구적)

             (없다면)

1. 행정적 용도에 필요한 보유 기간과 종료 방법을 선택해야 한다.

2. 행정적 용도로 명시된 기록을 작성한 부서에서 보유한다; 그 다음에는

3. 빠른 결정을 위하여 네 가지 이유로 결정된 보유기간 중에서 가장 긴 기간을 보유기간으로 정한다.

4. 총 보유 기간에서 생산 부서에서 보관하는 기간은 제외하고, 중간보존고나 아카이브 또는 그 이외의 적당한 장소에서 보유하는 기간은 균형 있게 배분하시오 **아래와 같이 표준화된 서식에 맞추어 정보를 입력하시오.**

정리 지침 표준 서식

표준화된 정리 지침을 작성하는 것은 매우 유익하며, 합리적인 양식을 가진 담당자라면 누구든지 그것을 관리할 수 있을 것이다. 정리 지침의 모델을 다음에 열거하였다.

기존 폴더에 서류를 더 이상 첨부하지 않고 기록철을 종료(close)한다.

(회계연도 말이나 기록철이 6cm정도 쌓였을 때와 같이 기록철의 종료 주기나 방법을 기술)

몇 가지 구분을 두어 기록철 축적을 종결(cut off)한다.
(재임기간 말, 새로운 선거를 치를 때, 또는 3년이 지난 후 어떻게 되었는지를 기술)

그 다음은 아래에 열거한 것과 같이 적용할 만한 방법에 표시(∨)한다.

        작성기관에서 (   )년/(   )개월 보관
        그 다음 지역 보관 장소로 이관하여 (   )에서 (   )년 동안
보관한다.

                                     (장소를 특기한다)
        중간보존고/기록센터(Record centre)로 이전한다
(   )에서 (   )년 정도 보관하시오
        (보관 장소의 이류와 주소를 명기)

        그 다음 폐기한다.

        아니면 영구 보존을 위하여 아카이브로 이관한다.

주의사항 : 만약 기록 생산부서가 특정 기록시리즈에 대한 요구가 불필요하게 길다고 느낀다면 생산 부서로 하여금 필요로 하는 최대한의 기간을 선택하도록 하고, 쟁점 사항은 기록 처분/보유 일정서에 기술해야 한다.

지방 기록보존소의 정보서비스(Reference) 시설과 서비스 구축계획

Ann Pederson[1]

초록

기록물의 정보서비스를 위한 시설 및 서비스 구축 계획은 책임정부의 공공부문 기록 관리에서 가장 핵심적인 사안이다. 무엇보다도 정부 기록 관리의 가장 중요한 목적은 시민에게 질 높은 정부의 서비스를 제공해주고 또한 법에 명시되어 있듯이 그들의 권리를 행사할 수 있게 보장해 주는 것이다. 시설을 설계하는 것은 시민과 공무원들에게 모든 기록물관리전문가들이 알아야 하는 전문적인 지식과 기술이 요구되는 영구기록물에 대해 즉각적이고 효율적인 접근을 가능하게 해주어야 한다.

케이스 시나리오(The Case Scenario)

당신은 퀸스랜드(Queensland) 주기록보존소 산하에 새로 설립된 카프리콘 연안(Capricon Coast) 기록보존소의 정보서비스 아키비스트이다. 당신의 기관은 새 기록보존소를 계획 하는 과정이며 당신은 효율적인 정보서비스 프로그램을 위해 '무엇이 필요한지'에 관한 계획을 바로 준비해야 한다. 당신의 요구조건이 터무니없이 비용이 많이 들지만 않는다면 적절한 수준의 자금조달은 이뤄질 것이다.

카프리콘 연안 아카이브즈는 예뽄(Yeppoon)에 위치하고 있지만 전 지역, 특히 성인노동계층을 대상으로 한다. 기록보존소 이용자들은 지역 정부기관 직원들, 카프리코니아 대학의

---

1) 앤 페더슨(Ann Pederson)은 호주 시드니 뉴사우스웨일즈 대학에서 정보, 시스템, 기술&관리학부에서 아카이브즈 운영과 기록관리(Archives Administration and Records Management) 선임강사를 맡고 있다. 미국에서 태어나 교육받았으며 역사학으로 석사학위와 박사학위를 취득했고 중등교사 자격이 있다. 그녀는 5년간 모든 기록학적 기능들을 책임지는 아카이브즈 부서의 장을 포함해 10년간 조지아 주의 아카이브즈와 역사부서(Georgia Department of Archives and History)에서 근무했다.
그녀의 업적으로는 1987년에 발행된 *Keeping Archives*가 있으며 1998년 잘 알려진 *Documenting Society*가 있고 아카이브즈/기록관리 내의 멀티미디어 트레이닝 코스/훈련과정이 있다. 그녀는 ICA(International Coucil on Archives)의 기록학 연구와 훈련 부서(SAE; Steering Committee of the Section on Archival Education and Training)의 호주 대표일 뿐만 아니라 SAA(Society of American Archivist) 회원이며 호주 아키비스트 협회 (ASA; Australian Society of Archivist)수상자이기도 하다.

학생과 교직원, 회사기관, 시민그룹과 대부분 은퇴한 사람들과 아마추어 역사가들일 것이다.

또한 당신은 영구기록물을 이용한 지역사 프로젝트 개발에 관심이 있는 지역학교 선생님들로부터 연락을 받게 될 것이다. 매일 5-15명의 연구자들이 당신의 기관을 방문/이용할 것으로 예상된다.

당신이 소장하고 있는 기록물들은 지역의 행정기록물과 개인, 기업의 컬렉션 그리고 기관기록물로 구성되어있다. 당신은 지도, 건축설계도, 사진, 음성기록물, 비디오 그리고 다른 기관으로부터 마이크로필름에 수록된 지역과 관련 있는 자료들을 지니고 있다. 몇몇 주요 참고도구들은 CD-롬에 수록되어 있다.

전체적으로 건물설계는 정보서비스 기능을 염두에 두어 계획되었다. (열람실 및 서비스와 관련되어 있거나 서비스를 지원하는 모든 것. 주요 기록보존소와 다른 기록학적 기능/서비스들은 다른 층에 위치한다.)

일층 전체크기는 20x30미터로 이곳에는 반드시 주출입구, 안내소, 화장실, 비상구 그리고 기록물들이 입수되는 하역소, 모든 보존소 기능을 수행하기 위한 기기와 물품들이 구비되어 있어야 한다. 또한 아키비스트 장(長)은 설계에 있어 세미나/회의, 그리고 상설 전시회를 할 수 있는 적당한 공간 제공을 원한다. 그녀는 또한 이용자들이 특히 도서관에서 정보를 전시적으로 접근하는 것에 익숙해지고 있다는 것을 고려하여, 당신의 제안서에 이러한 (접근) 가능성을 포함해 줄 것을 요청한다.

케이스의 문제점(The Case Problem)

정보서비스 프로그램 개발에 있어 다음과 같은 요소를 포함한다.

1. 20x30미터 면적의 **평면도**에는 당신이 놓고자 원하는 시설과 이 시설들에 대한 최선의 배치를 나타낸다. 업무 수행을 위해 직원들이 필요로 하는 공간과 기구들을 빠트려서는 안 된다. 공간과 특징을 정확하고 명확하게 나타낼 수 있게 A4 그래프용지 한 장을 사용해 도안을 작성하라. 그 다음 장에는 이 공간을 설명하기 위해 범례(legend)를 넣으시오.

2. 당신이 제공하는 **서비스 목록**에는 각 서비스에 대한 간략한 설명, 서비스 목적, 그리고 이용자가 준수해야 하는 법에 의해 명시된 조건들과 제약사항들이 제공되어야 한다. 이 리스트는 기본(BASIC)과 최신(LATER ON)의 두 부분으로 나뉜다. 기본은 시작단계를 의미하고 최신은 이미 개발된 프로그램을 향상시키기 위한 서비스를 뜻한다. 당신은 반드시 계획전반에 걸쳐 전자적 접근을 고려해야 한다.

이 두 부분의 공존은 내용을 읽기 쉽게 해주며 한눈에 이해하기 쉽게 도와준다. 목록 작성시 완전한 문장을 이용하기보다는 요점형식을 이용할 것을 권장한다.

3* 카프리콘 연안(Capricon Coast)기록보존소의 열람 **정책문**은 한 장으로 작성할 것을 권고한다.

　　주의사항; 일반 공공기록물 접근 요건에 관한 내용을 기술해준다. 주/지역 정부 법률 또는 조례의 광범위한 연구는 포함하지 않는다.

4* **열람카드 신청서**(**An Application for a Reader's Ticket**)(두 장으로 작성할 것)

5* **열람 규정 카드** (두 장으로 작성할 것)

6. 타당성 연구 (두 장으로 작성할 것)

영구기록에 대한 적절한 전자적 접근을 평가하는 것으로서 잠재적인 이점들과 제한점들을 고려해 처음 전자적으로 수신될 때 선택되어야 하는 몇몇 권장 서비스에 대한 목록이다.

*표가 있는 아이템들은 공공 기록보존소에 배치되어야 하므로 초안이 아닌 잘 정리되고 디자인된 형태의 문서로 작성되어야 한다. **하지만 그래픽 디자인에 너무 많은 시간을 투자하지 말아야 한다.** 이것은 예술 또는 출판 기술에 관한 것이 아니기 때문이다.

· 사례연구에 유용한 참고문헌

Conway, Paul *Partners in Research: Improving Access to the Nation's Archive*. Report No.21.Pittsburgh, PA: Archives & Museum Information, 1994

Davidson, Jenni and Donna McRostie 'Webbed Feet: Navigating the Net' *Archives & Manuscripts* 24/2 (November, 1996):330-351

Duchein, Michel *Obstacles to the Access, Use and Transfer of Information from Archives*; A RAMP Study. Paris: UNESCO, 1983

Ellis, Judith, ed. *Keeping Archives*. 2nd Edition. Port Melbourne, VIC:D.W. Thorpe, 1993. See chapters by Schwirtlich, Smith and McCausland.

National Archives and Records Administration (NARA). *The Electronic Access Project*, 1996-1999. URL: http://www.nara.gov/nara/vision/eapover.html

Pederson Ann E., ed. *Keeping Archives*. Sydney: Australian Society of Archivists, Inc., 1987. See chapter by Schwirtlich, McCausland and Hinchey.

Pugh, Mary Jo. *Providing Reference Services for Archives and Manuscripts*. Chicago, IL: Society of American Archivists, 1992

United States National Archives and Records Administration (NARA). Government information Locator Service (GILS) URL: http://www.nara.gov/gils/gils.html

United States National Archives and Records Administration (NARA) Online and Electronic Services From The National Archives and Records Administration (General Information Leaflet Number 65). http://www.nara.gov/nara/gil65.html

Wallace, David 'Archival Repositories on the World Wide Web: A Preliminary Survey and Analysis' *Archives & Museum Informatics* 9/2 (1995): 150-169. 리뷰 논문은 실제 접근가능한 기록과 검색도구를 구할 수 있는 사이트를 제시하고 있다. 컴퓨터상으로 접근하면 검색도구를 이용할 수 있는지를 살펴보고, 보다 나은 사이트를 방문하는게 바람직하다. 또한 네트워크에 대한 검토의견을 제시할 수도 있다.

지침서

학습목표

이 사례 연구를 통하여 학습자들을 다음 요소들에 대해 익숙해 질 것이다.

- 기록과 영구기록에 대한 접근시 효율적인 운영에 관한 적절한 절차와 정책을 수립하는 데 있어서 문제점, 고려사항 및 결정
- 정보서비스와 시설 구축에 있어서 가장 중요하게 고려되어야 할 요소
- 열람실 운영에 사용하는 문서와 제안서에 관련된 업무

정보서비스의 주의사항(Reference Problem Notes)

다음 예들은 문제해결을 위해 일반적인 관점에서 선생님이 학생들에게 피드백을 주기 위한 것들이다.

일반

강의를 통해 아이디어의 소스를 제공해 주고 배경적인 읽을거리에서 필요한 것들을 '조립'하도록 하라. 시간과 노력을 낭비할 필요가 없으며, 단지 그것을 향상시키면 된다. 또 다른 일반적인 목적은 이러한 정보를 친밀하고 명확하게 학생들에게 전달해 주는 것이다. 한 가지 알아야 할 것은 무엇이 얘기되고 행해졌는지, 그리고 또 다른 하나는 실제로 어떻게 계획하고 실행되었는지에 대해 알아야 한다.

평면도(THE FLOOR PLAN):

학생들이 다음 아래 고심한 흔적들을 찾아보시오

1. 공간이 할당되면 *최대한 논리적이고 효과적인 워크플로우*를 수행하고 가구와 기기들을 선택/배치한다. 정보서비스의 질문에 따라 적절한 자료를 선택하고 스스로 적응할 수 있게 하기 위해 논리적인 단계를 통해 정보서비스 직원 그리고/또는 연구자는 고심해야 한다.

이 사례연구의 목적은 자료와 기기가 업무흐름을 방해하기 보다는 보완해 주는 것을 검토하는 것이다. 무엇보다도 정보서비스 직원들이 열람실의 모든 활동범위를 한 눈에

볼 수 있어야 하며 최소한의 노력으로 도움을 주거나 개입할 수 있어야 한다.

2. *정보자료들*(사인, 공고, 팜플릿/리플렛, 음성서비스, 오디오비주얼(A/V) 프리젠테이션, 포스터)은 다양한 형태로 배치되어 있어야 하며 이들은 연구자들로 하여금 적절한 자료들을 스스로 찾을 수 있게 논리적으로 이끌어준다.

   메시지가 전달되기 위해 다양한 매체를 이용하시오 하나의 매체에 의존하지 마시오 준비 작업은 이용자가 문을 들어서기 전에 시작되어야 하며 그들이 들어온 후에는 더 강렬하게 서비스를 느낄 수 있도록 해줘야 한다는 것을 명심하시오

3. *전시관, 다과실, 화장실, 휴대품보관쇼/락커 그리고 관련된 시설들*은 관리 영역 내에 위치해야 한다. 직원은 안내원, 보안관, 출판물 판매자 등 다양한 역할을 수행할 수 있어야 한다. 이 구역의 한 부분에는 방문객을 맞고 처음 방문한 사람들을 잘 적응할 수 있게 해주기 위한 장비를 갖춰야 한다. 여기에 또한 열람카드 신청서(reader's ticket application) 작성을 위한 탁자, 리플릿, 꽂이, 이용자가 실행할 수 있는 슬라이드 쇼 또는 비디오와 헤드폰이 구비되어 있어야 한다.

4. *회의실*에는 30명 정도 좌석을 배치하는 편이 좋다. 혹시 가능하다면 이동식 벽을 설치함으로써 필요시 두 개의 작은 방으로 나눌 수 있게 한다. 회의실은 3에서 설명된 구역 가까이 위치해야 하며 열람실을 통과하지 않고도 출입할 수 있게 설계됨으로써 업무시간 외 또는 연구자들을 방해하지 않고 이용할 수 있어야 한다. 또한 몇몇 식음료 편의시설과 프로젝션 설비를 갖추는 것 또한 매우 바람직하다.

열람실

1. 공간, 가구, 기기들을 배치/할당할 때 아래 2가지 중요한 요소들을 고려해야 한다.

   a) 특히 원본과 희귀본을 이용하는 곳을 포함해 열람 구역을 이용하는 모든 사람들이 *명확하게 보여야 한다.* 항상 관리가 요구되는 아이템들의 정독을 위해 물리적으로 제한 영역을 따로 배치하는 것이 바람직하다.

   b) *최소한의 인력과 노력*으로 요청서비스를 수행해야 한다. 이러한 일에 관해 다양한 서비스 제공 또는 셀프서비스를 시도해야 한다. 관련 기능과 연관지어 가깝게 공간을 배치함으로서 이동시간을 최소화한다. 예를 들어, 사진복사기가 정보서비스대에 가까이 위치함으로서 직원은 짧은 시간내에 복사물 요청을 수행할 수 있으며 검색도구가 가까이 있음으로 해서 또한 기록물요청 신청서식을 작성하기 전에 그들이 원하는 정확한 정보를 검색할 수 있다.

2. 특정 조항/규정을 필요로 하는 활동 유형

    a) *마이크로 폼은* 일반적인 열람 조명에 비해 약간 어두운 구역을 필요로 한다. 모든 마이크로 폼 설비와 기기에는 카탈로그, 검색도구, 색인, 필름 저장 캐비닛이 포함된다. 왜냐하면 마이크로 폼은 원래 복사본이기 때문에 이용에 있어 원본과 동일한 정도의 보안과 감시가 필요하지 않다. 그러므로 마이크로필름은 필름을 재파일화하는 때를 제외하고 복사를 포함해 주로 셀프서비스로 이용된다. 모든 복사들은 셀프서비스든 아니든 반드시 복사요청 신청서를 작성해야 한다. 열람실 안내원은 일반적으로 필름을 어떻게 거는지 그리고 어떻게 복사하는지에 관한 질문들을 처리할 수 있어야 하며 재편철 업무도 할 수 있어야 한다.

    b) *원본, 희귀본, 프린트, 사진 이용을 위한 특정/특별 구역은* 일반 열람 구역으로부터 물리적으로 분리되어야 하지만 꼭 벽으로 막을 필요는 없다. 이 구역의 접근은 제한되어야 하며 연구자들이 들어올 때는 소지품들을 검사해야 한다. 구역은 항상 감독되어야 한다. 자료들은 큰 상자를 열어볼만한 탁자 또는 선반을 지닌 안내원이 가지고 오며 연구자들은 각 상자들을 훑어볼 수 있으며 더 자세히 보고자 할 때 자신의 책상에서 폴더를 선택할 수 있다. 안내원들은 또한 연구자들이 작성한 복사 주문 요청서를 받아 서가서비스 안내원이 취합해서 창고 업무 부서에 가져가 복사할 수 있도록 기록과 주문서를 보관한다.

    c) *오디오비주얼(A/V), 컴퓨터 사용, 구술사, 장기 연구, 소그룹 스터디 등을 위한 특수 용도실이* 계획되어야 하는데, 이는 단일 목적으로 설계된 공간들이 종종 비어있을 수 있기 때문에 가능한 모든 기능들을 포괄할 수 있는 다목적 공간으로 설계되어야 한다. 주(主) 검색 룸에는 유리 파티션을 치는 것이 바람직하지만 그것이 방 사이에 위치해서는 안 된다. 융통성있게 이용하기 위해 이동 가능한 파티션을 설치하는 편이 더 낫다. 헤드폰은 음량을 조절할 때 사용되며 방음장치를 설치하는 것보다 훨씬 저렴하다. 방들은 예약이 가능해야 하며 이용 시각이 적힌 기기는 전자적 접근이나 자료를 합리적으로 사용할 수 있게 기술 감독 및 보조를 맡은 직원들의 작업 환경에 근접한 곳에 위치시키는 것이 유용할 것이다.

    d) 비록 같은 층에 있지 않을지라도 *다음날 이용되거나 오랫동안 지속적으로 이용될 원문, 희귀 아이템들을 소장하고 있는 구역의 보안이* 필요하다.

3. 참고도서관은 기록보존소를 지원해주는 중요한 도구이며 기본 검색수단과 도구, 중요한 문서의 시리즈, 지역사, 가족사 등의 2차적 연구와 연관되고 학문적이며 인기 있는 역사적 간행물을 소장해야 한다. 덜 인기 있는 간행물의 복사본 묶음들은 검색요청을

위해 서가에 보관될지라도 이용자들이 이용할 수 있도록 해야 한다.

어떤 특정 주제 파일을 포함해서, 이 자료들에 대한 접근은 카드 카탈로그 또는 자동화에 의해 행해지며 검색은 일반적으로 재파일을 취급하는 직원과 함께 셀프 서비스로 행해진다. 출판물의 복사를 셀프 서비스화 하는 것에 대해 고려할 수 있다. 복사기는 참고봉사데스크와 가까이 위치함으로서 감독/감시와 더불어 부주의한 자료의 취급을 예방할 수 있다.

4. 직원들을 임시 저장소, 하역소로 이어지는 리프트와 통로에 잘 접근 할 수 있도록 배치함으로써 검색 또는 재편철 그리고 이동 서비스를 최대한 효율적으로 수행할 수 있게 해준다. 검색 또는 재편철은 전문 아키비스트가 하는 것보다 서가 안내원을 고용하는 편이 낫다. 간단한 물리적 일에 전문가가 나설 필요는 없다. 또한 서가에 접근 제한을 둠으로써 통제와 설명책임성을 보장할 수 있게 한다.

5. *직원근무구역* - 다시 말해 메일 질의, 복사 주문 등의 비교적 조용한 업무를 수행할 수 있는 공간으로 정보서비스대(reference desk) 뒤에 위치한다. 또한 직원들을 위한 편의 시설이 필요하다.

6. *정보서비스 아키비스트 사무실*은 소박하지만 잘 설계되어야 하며 직원 근무 구역 그리고 이용자 또는 직원과의 기밀 회의나 인터뷰를 위해 열람실에 대한 접근/출입이 용이해야 한다.

7. *훑어보기 또는 검사/열람 구역.* 검색도구가 연구자가 원하는 특정 파일 또는 문서들을 찾아내지 못할 때 탁자를 서비스데스크 옆에 위치시킴으로써 그 위에서 연구자들이 기록 상자/박스를 검사하고 그 다음 좀 더 세밀한 조사를 위해 특정 파일을 선택할 수 있도록 하는 것이 바람직하다. 이러한 방법으로 이용자는 방대한 양의 자료를 재조사할 수 있고 또한 심도 있는 연구를 위해 아이템에 표시를 할 수 있으며 이는 모든 컨테이너들에 대한 요청 신청서를 작성하기보다 오직 원하는 아이템만을 위해 구체적으로 요청신청서를 작성할 수 있도록 해준다.

8. *재편철 그리고/또는 재사용을 위해 대기하는 자료들에 대한 소장물 구역*
재편철 또는 재사용을 위해 대기 중인 자료들을 보관하는 소장물 구역을 서비스 데스크 뒤쪽에 위치시킴으로써 '왔다갔다' 하는 비능률적인 활동을 감소시켜 준다.
이 구역은 만약 자료들을 밤새 보관해야 할 때는 적당한 보안을 요한다. 이 구역의 주요 목적은 자료가 서고로 이동하는 것을 차단해주고 재편철하기 전에 자료와 관련된 문서작업을 점검할 수 있는 공간을 제공해주는 것이다. 매번 근무 마감시간에는 자료들을 체크하고 종료되기 전에 더 이상 재편철이 이뤄지면 안 된다.

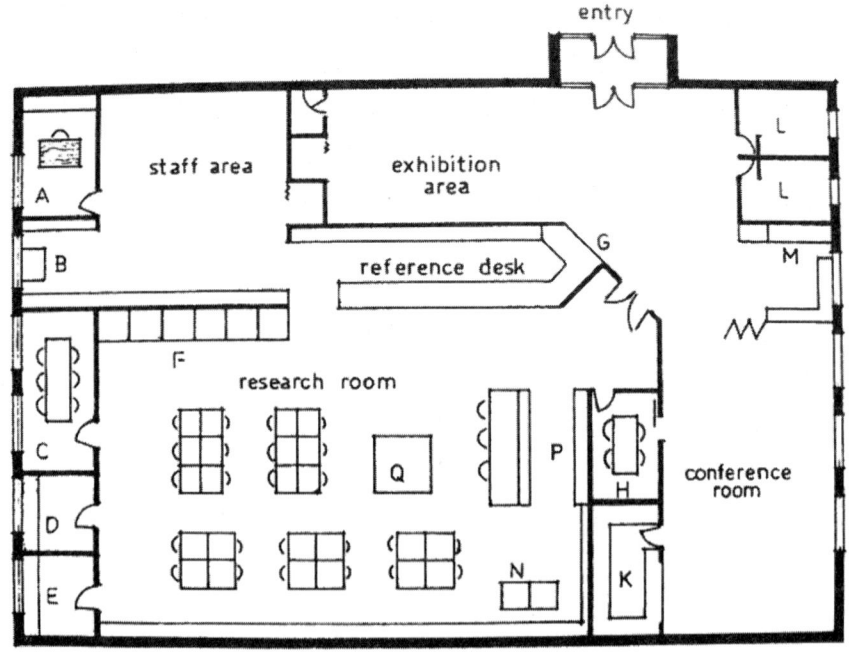

그림4 기록보존소의 공공서비스구역

A 아키비스트 장

B 사진복사기 담당 직원

C 회의실

D 방등실

E 연구실

F 마이크로필름 & 마이크로피시 리더기들

G 안내데스크

H 다용도실

K 부엌

L 화장실

M 락커

N 사진복사기

P 검색도구와 카탈로그 이용 데스크

Q 회수/반환 테이블

척도 5mm = 1000mm

제공되는 정보서비스 : 학생들은 기기 또는 도구보다 그들에게 제공되는 서비스에 더 많은 관심을 갖는다. 그들은 다음 사항들을 고려할 것이다.

- **우편요청/연구서비스**
  논의가 필요한 제한사항에는 우편 서비스가 가능한 사람은 누구인지(주(州)내에서, 주(州)사이, 외국, 도심, 무자격자, 학자, 몇몇 이름) ; 시간규정 또는 질문 개수의 제한 그리고 점검되어야 하는 자료의 유형이 무엇인지 또는 하루/일주일/한 달간 오는 편지 개수 또는 편지 하나 당 질문의 개수를 포함한 논의가 필요하다.

- **전화문의/연구서비스**
  업무시간, 소장물, 특정 책, 기록물과 같은 질문들에 한정한다. 색인 참고와 같이 참고부서에 적합한 색인 자료를 열람하는 것과 관계된 것이 아닌 이상 구체적인 연구 질문은 제시되지 않는다.

- **대면(對面)참고 보조/서비스**
  개인당 시간 제약은? 서로 다른 유형의 연구자들을 차별화하고 있는가? - 만약 그렇다면 이 서비스의 제한사항 즉 다시 말해서 어떻게 검색도구를 이용하는지, 어떻게 자료를 선별할 지에 대해 설명해 주어야 한다. 광범위한 질문들에 대해 예를 들어 그/그녀에게 가족사, 지역사, 등등과 같이 일반적 유형의 연구를 위한 조언을 위해 출처에 관한 체크리스트를 제공해 준다.

- **더 구체적이고 프로젝트 중심의 연구서비스**
  여기에는 잠재적 위험이 있다. 일반적으로 다음과 같은 가이드라인을 제시한다.
  정보서비스 아키비스트의 책임은 기록을 획득, 보존, 정리, 기술하고 기록을 이용가능하게 하고, 적절하게 접근할 수 있도록 하는 것이다. 이러한 책임에는 사람들이 정확하게 열람, 이용할 수 있게 적절하고 관련 있는 자료를 찾도록 도와주는 검색도구와 그밖에 다른 검색 메커니즘을 이용할 수 있게 준비하고 도와주는 일도 포함된다. 정보가 적절한 것인지를 조사하고, 선택하고, 해석하는 것은 아키비스트의 임무가 아니라 연구자의 임무라는 것을 명심해야 한다. 만약 그렇지 않다면 아키비스트는 하루 종일 조사만을 하게 되고 아키비스트의 책무인 기록의 획득과 보존, 그리고 정리와 기술업무를 수행할 수 없게 될 것이다.
  대부분의 고객들은 기록보존소의 다른 기능들을 잘 인식하지 못하기 때문에 연구자들은 아키비스트들이 그들의 연구를 도와주길 기대하거나 또는 그렇게 해주도록 요청한다. 연구자들은 적절하게 정보를 제공받게 되면 하급직원을 보내고 그렇지 않은 경우 실제 연구를 수행할 연구원을 고용한다. 이러한 방문연구 또는 프로젝트는 기록보존소와 기록업무에 대한 진가를 일반사회에 널리 알리는데 좋은 기회이다.

대부분의 아키비스트는 그 자체가 즐겁기 때문에 요청된 것보다 훨씬 더 많은 도움을 연구자들에게 제공해 준다. 비록 그들이 실질적으로 관련된 사항에 대해 설명하지 않고 이런저런 변명을 하는 경우에도 그러하다. 어쨌든 연구는 동일하게 중요한 수많은 다른 기록 업무에 비해 훨씬 흥미롭고 재미있는 일이다. 하지만 이것이 아키비스트의 최우선 업무라는 뜻은 아니다.

한편으로, 수수료를 받고 연구 서비스를 제공하는 것도 가능하다. 이것은 독립경영을 가능하도록 하는 수익활동이다. 그러나 이것은 독자적인 계약에 의해 일하는 전문 연구원들과 경쟁을 유발할 수 있다. 이런 연구서비스는 모든 방문객들에게 집중 서비스를 도저히 제공할 수 없기 때문에 이런 연구서비스 제공은 본질적으로 차별성을 지닌다는 것을 알아야 한다.

직원이 아닌 계약연구원/자문연구원을 두는 것이 더 나을 것이다. 정보 서비스의 한계를 넘어서는(너무 막연하거나, 등록이나 색인이 되지 않는 기록들의 조사) 요구를 지닌 고객을 위해 수수료를 받고 업무를 처리할 수 있는 연구자들의 리스트(이름, 주소, 전화번호)를 보유하라. 이 연구자들은 반드시 매년 리스트에 등재될 수 있도록 지원해야 하고 윤리강령에 서명해야 한다. 두 가지 이상 불만사항이 제기되면 연구자 이름이 리스트에서 삭제될 수 있다. 수수료를 받는 연구서비스에 관한 사항을 보시오

연구자 인터페이스 서비스의 일환으로 연구진행(Research in Progress) 파일을 개발해라. 가족사나 그와 유사한 주제에 관해 연구하는 연구자들을 대하는 가장 좋은 방법은 그들을 초대해서 그들의 연구 주제와 이름, 주소를 등록하게 함으로써 다른 사람들과 정보를 주고받을 수 있게 해주는 것이다. 마찬가지로 메일을 통해 연구자들에게 참가를 받을 수 있다. 파일은 주제나 성별 또는 데이터를 알파벳순으로 배열한 카드형식으로 이뤄진다. 연구자들은 그들 스스로에 대한 정보를 담은 카드를 작성한다. 이러한 방식으로 아키비스트는 유사하거나 동일한 연구주제를 쉽게 확인할 수 있고 연구자들끼리 서로 연락이 가능하도록 도와준다.

- **복사서비스** : 기관 내에서 복사할 수 있는 자료들의 유형과 외부업체와 계약하는 다른 포맷의 경우, 요금은 미리 지불되어야 한다.

저작권자로부터 허가를 받고자 하는 그리고/또는 복사 신청서를 작성한 이용자들에 관해 예를 들어 모든 복사는 직원에 의해 하도록 할 것인가 아니면 사용자 스스로 사진복사기를 사용하도록 할 것인가? 복사비 외에 출판 요금을 부과할 것인가? 등과 같은 다른 규정들에 대해 논의한다.

- **기록물 대출 서비스** : 개인과 직접 대면해서 하기보다는 도서관간의 대출 프로그램을 통해서 복사본만 대출 가능하도록 할 것을 제안한다. 등록부 복사본, 색인, 그리고

다른 검색도구는 인터넷을 통해 배포될 수 있고, 시골에 거주하는 아카이브즈 고객들에게 서비스 이용을 용이하게 하고자 외곽 지역의 도서관에 판매할 수도 있게 한다. 전시를 위해 원본들을 다른 아카이브즈에 대여할 수 있을 것인지?

- **지역사회 수업/세미나 혹은 교육적 서비스** : 단지 기관 내에서만? 조건이 되는 외부에만? 예비과정만으로 제한? 요금은? 또는 열람안내는? 학교나 직장을 대상으로 하는가? 지정된 시간에 일주일에 서너 번 30분짜리 연구자 '오리엔테이션' 강의를 하는 것을 고려해보시오

열람시설이나 특히 인기있는 연구형태를 이용하는 것으로 초점을 맞출 수 있으며 자원봉사자가 행할 수 있다. 다양한 주제에 대한 짧은 슬라이드/테이프나 비디오를 제작하고 그것을 셀프서비스로 이용가능하게 하는 것도 대안이다. 그러한 프로그램들은 참여를 목적으로 한다. 어쨌든, 궁극적 목적은 연구자들이 충만된 자부심을 느끼게 만드는 것이다. 그렇지 아니한가?

최신 서비스('LATER ON' SERVICES) : 이것은 실현가능한 서비스와 요소들의 혼합이다.

- **전시서비스** : 기관 내에서만 하는가? 일 년에 몇 번을? 얼마나 자주 변화를 줄 것인가? 카탈로그는 있는가? 비디오, 슬라이드 쇼, 개막행사는? 요금은 있는가? 모든 것을 볼 수 있도록 개방했는가 아니면 열람권을 소지해야만 하는가?
- **출판 서비스** : 기록보존소는 소장물 이용을 촉진시키기 위해 안내서, 출판목록, 색인 등을 출판하기도 하지만 정리와 기술을 확장시킬 것을 고려해야 한다. 팸플릿, 뉴스책자 그리고 정보책자를 제작할 수 있지만, 이러한 것들은 교육 차원의 서비스나 공공 관련서비스의 일부이다. 다시 말하면, 출판물들은 순수한 서비스가 아니라 생산품이다.
- **전자적 접근 서비스** : 학생들은 당신이 이 매체를 통해 제공하려는 서비스와 설비 유형에 대한 전반적 개괄이 전제된 상태에서 전자적 접근의 가능성을 논하기를 원한다. 다음 정보에 대해 전자적 접근을 제공함으로써 이와 관련된 장·단점을 고려해야 한다.
- 기록보존소가 무엇인지/ 일반적으로 어떤 역할을 하는지
- 기록보존소의 위치, 운영/업무시간 그리고/또는 서비스
- 기록보존소 프로그램의 역사적 배경 정보
- 기록보존소 모기관에 대한 역사적 배경정보
- 대중적인 유형들을 포함하여 기록보존소에서 어떻게 연구를 수행하는지에 관한 일반적인 정보

- 기록보존소가 소장하고 있는 자료들에 관한 개요 정보
- 전화, 메일, 인터넷 또는 직접 대면에 의한 연구요청 방법
- 특정 검색도구 또는 지침 이용
- 현재 이용되는 검색도구 또는 지침
- 현재 이용되는 기록
- 판매중인 출판물들과 다른 품목들/아이템들
- 지역공동체와 기록보존소에서 '기록'과 관련된 특정 이벤트와 활동들, 기관에서는 웹과 또는 이메일을 통한 쌍방향 접근이 가능
- 아키비스트의 전문적 지식과 자문 마련
- 연구기술과 연구 활동을 지원해주는 도구/메커니즘의 사용 훈련을 받을 것.
- 현재 실제로 이용되는 검색도구와 지침의 사용
- 현재 실제로 이용되는 기록물의 사용
- 복사, 출판물, 회의등록부, 서비스 계약 주문 등
- 연구자의 이름으로 교차조회되는 자체 연구주제등록부는 연구진행 등록부를 참고하거나 스스로 참여할 것.
- 문서들에는 '보관소가 제공하는 모든 서비스는 연방법, 주법, 규정과 보관소 제한 규정 그리고 기록학 실무를 제한하는 사항들을 준수한다'라는 내용이 포함되어야 한다. 이 것은 접근정책 문서와 열람권(Reader's Ticket) 신청서에 일부분으로 들어가야 한다. 모든 내용들은 영어로 명확하고 이해하기 쉽게 위협적인 말투가 아니라 온정적이고 유익한 말투로 쓰여야 한다. 영구보존 기록 이용을 위한 규정과 규칙에는 자료기록들이 단 하나뿐이라는 것에 대한 이해가 부족하기 때문에 이용자들은 혼란스러울 것이다. 정책문에서 몇몇 단어의 사용으로 인해 '강압' 대 '설명'의 분위기 차이를 만든다.

a) 접근 정책 : 이 정책문은 컬렉션 성격, 공평한 접근 등 공공에 대한 의무에 관한 일반적인 개괄로 시작해서 공공 영역에서의 사용, 연구 기기들의 사용, 연구자료 사용, 복사와 출판과 같이 구체적인 항목으로 진전된다. 몇몇 권리에 관한 내용으로는 기기, 행위, 서비스 복사에 대한 적절한 요금책정을 포함하고 있으며 몇몇 내용들은 이에 대해 동의하지 않거나 준수하지 않을 때 일어날 수 있는 일들에 대해 설명해주고 있다. 부록2에 정책문서에 포함해야 하는 요건들이 제시되어 있다.

b) 규칙과 규정들 : 열람실에서 허용되는 행위와 해서는 안 되는 행위들을 부주제어 아래 관련된 주제끼리 묶어 논리정연하게 보여주는 것이 좋다. 또한 여기에는 하나

밖에 없는 자료의 보존과 열람간의 균형을 잡기 위한 내용을 1~2문장으로 소개하는 것이 바람직하며 그럼으로써 이용자들이 규칙이 제정된 맥락을 이해할 수 있게 한다.

이 부분에서 당신은 열람권을 신청할 때 동의하고 이해할 수 있도록 유인물을 제작해야 한다. 비록 이것이 추후 참조(reference)용으로 관리할 때 이용자와 분리될 수 있지만 이러한 문서는 열람신청서의 일부가 된다.

c) **열람신청서 양식(reader's ticket)** : 신청서 양식에는 열람권이 발행된 날짜 그리고 관련된 파일이 몇 개인지와 함께 '공적인 용도로만 사용한다'는 서명난과 승인/불승인 난이 들어가야 한다. 위임받은 사람 이름과 연구 주제 역시 지원자에 관한 정보(이름, 정보, 자격증명 등)만큼이나 중요하게 포함되어야 한다.

● **열람실 설계/계획안**
이 계획안은 검정 잉크 또는 연필로 깔끔하게 작성되어야 하고 장비 및 설비 또는 사용 유형을 나타내는 코드[A, B, C, 1, 2, 3]에 대한 설명과 함께 명확하게 기술되어야 한다.

정보서비스와 접근 정책

출처 McCausland, sigrid and Sandra Hinchey, 'Reference and Access' in Pederson, Ann E.,ed., *keeping Archives*. First edition. Sydney; Australian of Archivists, Inc.,1987.pp.190-197

각각의 기록보존소는 컬렉션이 포함하고 있는 정보와 아카이브즈 프로그램의 목적과 자원을 설명해줄 수 있는 성문화된 접근정책을 지녀야 한다. 연구자들이 이용할 수 있도록 아키비스트는 기록의 열람을 관리할 수 있는 틀을 확립한다. 열람정책은 각 아카이브즈의 특별한 요건에 부합하도록 고안되어야 한다. 기록보존소를 주관하는 기관에서 정책을 승인하고 발행해야 한다.

열람정책 개발하기

열람정책은 기관의 요구에 부합해야 하며 반드시 다음 요소들을 고려해서 설계되어야 한다.

1. **이용자 :** 정책문서에서는 아카이브즈 프로그램이 제공되는 이용자 또는 이용자 집단을 정의해야 한다. 이 결정은 주로 기록보존소의 목적, 소장물의 구성 그리고 관할 영역 내의 자원에 따라 정해진다. 공공 기록보존소의 경우 법률에 의해 이용자 대상이 정해지기도 하며 보통 정부 부처와 정치인들이 포함될 것이다. 예를 들어 뉴사우스 웨일즈 주 기록보존소는 주 정부와 뉴사우스 웨일즈 주민을 위해 봉사하며 지방 정부기관의 조력 기구로 인정된다. 업무 또는 개인 기관의 기록을 관리하는 조직 내 기록보존소에서는 모 회사와 계약을 맺은 개인 또는 직원들에게만 열람을 허용해 준다. 추가적 제한 요건은 나이, 멤버십, 제휴 또는 관심 연구에 기반해 정해질 것이다. 예를 들어 열람권은 아이들에게 발급되지 않는다. 서비스 영역밖에 거주하는 사람들, 즉 다시 말하면 주외(州外)또는 국외에 거주하는 사람들에게는 별도의 비용이 청구될 수 있다.

2. **기록의 민감성 또는 기밀성 :** 기관 또는 개인이 생산한 기록에는 그들의 사적 또는 개인적 업무와 관련된 정보를 포함하고 있기 때문에 만약 연구를 위해 이 기록들이 이용 가능해지면 문제를 야기하거나 재정적 손실을 가져올 수 있다. 이런 성격의 기록들은 보관소에 의해 기록에 부여된 규정에 따라 그들의 컬렉션 중 몇몇 기록에 대해 제한된 열람이 요구되기도 한다. 또한 입수된 기록이 보관자 이외의 다른 사람에 관한 사적인 정보나 비방 내지 중상하는 정보를 지닌 기록일 때 제한된 열람이 요구된다.

3. **프라이버시 보호 :** 생존하고 있는 개인에 관한 자세한 정보는 그 개인의 허락이 있기 까지는 연구자들에게 공개되어서는 안된다. 법에 규정된 요건에 부합하기 위해서나 특정 이득을 취하기 위한 목적으로 정보가 제공될 수 있지만, 연구자들이 이용가능하게 해서는 안된다. 그러나 특정 개인의 신원을 밝혀낼 수 있는 이름 또는 정의 가능한 정보가 기록되어 있지 않으면 이 기록의 정보는 통계 목적을 위해 사용될 수도 있다. 명예 훼손에 관한 법률과 프라이버시에 관한 권리는 존중받아야 하며, 아키비스트 역시 이에 따라 기록 접근을 제한해야 한다.

4. **보관소에서 기록에 부여하는 제한 규정들 :** 아키비스트가 기증자에 의해 기록을 제공받을 때 기록과 관련된 접근에 관한 사항들은 명확하게 명시해야 한다. 아키비스트는 반드시 기록들을 컬렉션 안으로 입수 또는 이관 받기 전에 기록에 함축된 제약의 의미를 고려해야 한다.

5. **접근수준 :** 이용자 범위가 정해지면 아키비스트는 반드시 접근 수준을 정해야 하는데 연구자들은 보통 열람실에서 특정 문서를 사용하거나 복사(출판 및 재생산)할 수 있는 범위까지 접근이 가능하다. 접근 정책문에는 반드시 다음 사항들에 대한 접근 조건들이 포함되어야 한다.
- 열람실과 검색도구
- 특정 컬렉션 또는 영구기록 그룹의 열람
- 개별 시리즈 검사/검수
- 시리즈 안의 문서
- 개별 문서 또는 개인 연구를 위한 사진 복사
- 문서 일부 인용
- 문서, 사진 그리고 다른 기록학적 자료들의 추가적 재생산 및 출판

6. 소장물에 대한 관리 정도 : 기록자료의 열람은 적절한 문서가 검색되고 요청될 수 있도록 위치가 확인되고 기술되는 것에 따라 결정된다. 몇몇 유형의 기록들은 다른 기록에 비해 더 폭넓은 관리가 요구된다. 예를 들어, 느슨하게 상자 안에 들어있는 문서들은 각각의 상자마다 관리가 요구되는 반면 권으로 묶인 문서에는 이러한 관리가 요구되지 않는다. 사진은 주제가 복잡하기 때문에 기술(記述)에 더 많은 주의가 요구된다. 대부분의 아카이브즈는 상자 또는 컨테이너 수준/단계에서 기록을 통제하는데 이것은 검색도구가 어느 특정 상자에 어떤 기록 유형이 있는지를 나타내는 것이지, 특정 문서 또는 정보가 존재한다는 것을 나타내는 것은 아니다. 기록학적 자료에 익숙하지 않은 연구자들은 아키비스트가 즉시 특정 문서에 대한 접근 또는 정보의 일부를 제공할 수 없다는데 실망할 수도 있으며, 그들의 감시 아래 그들이 찾고자 하는 것을 찾기 위해 찾는다는 보장 없이 여러 박스를 조사해야 한다는 것을 알게 되면 억울해 할 수도 있다. 접근 정책이 연구자들에게 검색도구와 이를 사용하기 위한 방법을 제공해주는 데는 유용하지만 기록을 찾고 연구를 해야 하는 것은 연구자 스스로의 몫이다. 정책은 또한 정리와 기술을 통한 관리가 이뤄지지 않은 기록들은 이용가능하지 않다고 제시해야 한다.

7. 기록의 물리적 상태 : 만약 기록 상태가 나쁘거나 또는 물리적으로 손상이 있을 때 아키비스트는 이 기록들이 복원 전문가에 의해 복원되기 전까지 접근을 보류해야 한다. 손상이 심해 접근이 가능하지 않은 기록들의 대안으로 기록의 복사본과 같은 대체물로 연구자에게 제공할 수 있다. (사진 복사물 또는 마이크로필름 복사와 같이) 이 대안은 많은 연구자에게 이용할 수 없을 때 불편함을 가지고 올만한 이용 빈도가 높은 기록에 사용되는 것이 효과적이다. 만약 컬렉션 안의 대부분 기록의 상태가 나쁘다면 복원 또는 재생산 되기까지 전체 컬렉션에 대한 접근이 제한될 수 있다. 만약 지속적인 열람이 기록의 손상을 야기시킨다고 인정되면 기록을 연구자들이 이용하게 해서는 안된다.

8. 기록의 보안 : 기록 자료들은 유일무이하며 대부분의 기록들은 법적·재정적 책임의 증거로서 중요한 역할을 한다. 그러므로 접근 조항은 반드시 연구 목적으로 이용되는 기간 동안 만이 아니라 보관소에 있는 동안 기록의 손실, 훼손, 편철오류나 변경으로부터 기록을 보호해야 한다. 모 기관 연구자나 공무원 할 것 없이 모든 기록 보존 영역에 접근할 수 없어야 한다. 자료의 검색 또는 재편철은 허가 받은 몇몇 소수의 직원에게 제한되어야 한다. 이렇게 하는 이유는 재편철 오류로 인해 기록에 미칠 손실 또는 훼손 등의 위험을 최소화하고 설명책임성을 확보하기 위해서이다. 연구를 위해 기록이 요청될 때는 정해

진 양식에 의해 요청되어야 하며 요청 양식의 사본은 기록이 반환, 검수 그리고 다시 기록의 위치로 재편철되기까지 유지되어야 한다. 또한 직원은 반드시 이용되는 기록을 통제하고, 기록 보호를 위한 보안 수칙을 제정하며 위반행위를 발견하고, 개인의 의무를 준수하게 하기 위해 배치되어야 한다. 아래 '보안수칙' 점검리스트에서는 권장되는 예방책을 제시해준다.

주요 보안 조항들과 실행방법론

출입제한: 직원, 방문객 그리고 상인들이 건물 또는 기록보존소 영역으로 출입하는 것을 제한하고 특히 지정된 문과 출입구 통로를 이용하게 한다.

신분증: 직원을 포함한 모든 방문객들은 기록보존소와 열람실에 들어가기에 앞서 신분증을 제시해야 한다.

등록: 모든 방문객들은 매번 도착해서 들어온 시간, 업무 성격, 주소, 이름을 등록부에 기재해야 한다. 직원은 방문객이 기록보존소를 떠날 때 동일한 등록부에 아카이브즈를 떠난 시간을 기재해야 한다.

비공공구역: 종종 기록보존소의 비공공구역을 드나드는 모든 방문객들은 방문객 배지 또는 신분 증명 카드를 부착하거나 눈에 잘 띄도록 가지고 다녀야 한다. 방문객들은 제한 구역에 있을 때 항상 직원과 동행해야 한다. 신분증명 카드와 배지는 아카이브즈를 떠날 때 돌려주어야 한다.

수하물 금지: 연구자들이 열람실 안으로 코트, 서류가방, 가방 또는 봉함용기를 가지고 들어오게 해서는 안 된다. 연구자들이 업무를 마칠 때 까지 임시보관소나 소품들을 맡길 수 있는 공간을 제공해 주어야 한다. 연구자들이 열람실을 나오자마자 이용된 연구 자료들을 점검해야 한다.

신청서: 모든 원본 기록에 대한 기록 신청서를 구비해야 한다. 이용자들에게 한번에 3개 용기 이상 또는 동량의 상자에 해당되는 포장되지 않은 자료들(권(volume), 폴더, 묶음)은 허가되지 않는다. 연구자는 한번에 하나의 권 또는 폴더만을 살펴볼 수 있다. 원본 기록은 반드시 직접적 감독 아래 이용되어야 한다.

재배치/재편철: 연구자들이 기록을 재배치하거나 또는 재편철해서는 안 된다. 기록보존소 직원만이 이 기능을 수행해야 하는데 이는 기록을 잘못 다루거나 편철 오류의 위험을 최소화하기 위해서이다.

복사: 기록을 조심스럽게 다루기 위해서 복사는 직원이 해야 한다.

성문화된 규칙: 간결하지만 완전한 형식을 지닌 성문화된 규정을 연구자들에게 제공해주

고 이것을 연구자들이 이해하고 따를 수 있도록 해야 한다.

비상조치 : 신체적 또는 정신적으로 아프거나 의심되는 사람들을 대처하기 위해 명확하고 법적으로 타당한 절차를 개발해야 하며 그들에게 모든 직원들이 준비 중이라는 것을 확신할 수 있게 해야 한다. 또한 재난, 비상 또는 위험의 경우 건물 대피를 위한 규율 절차를 개발해야 하며 모든 직원들이 이를 자각하고 준수하고 있다는 것을 확신할 수 있어야 한다.

보존구역 : 보존구역에 직원의 접근을 제한하고 원본기록 검색을 위해 최소한 직원 몇 명을 배치시켜야 한다.

9. **법률 :** 공공기록과 정부 기록에 대한 접근수준은 이미 의회 조례와 법령에 의해 정해졌다. 연방, 주내의 기관들 또는 지방정부 부처들은 그들이 생산하고 유지하는 기록에 적용되는 모든 조례와 법령, 규율에 대해 인지하고 있어야 한다. 법률은 아키비스트가 연구자에게 제공할 수 있는 서비스에 영향을 미치는 접근 정도를 정할 수 있다. 몇몇 정부 기록보존소는 '정보자유법'에 영향을 받기도 한다.

위의 기준들은 아키비스트가 특히 모 기관 또는 자금을 제공해주는 기관의 요건과 요구에 부합하는 접근 정책을 계획하고 구축할 수 있게 해준다. 기록보존소는 대중에게 제공하는 서비스와 이것이 모 기관과 자금을 제공해주는 기관에 미칠 영향, 그리고 직원, 시간과 돈과 같은 기록보존소 운영을 위한 자료의 할당을 파악하고 있어야 한다.

정책문

기록보존소의 접근 정책문은 기록보존소를 담당하는 기관 또는 모 기관으로부터 승인되어야 한다. 아키비스트는 승인을 받은 뒤 운영을 위한 가이드라인과 그들이 담당하고 있는 영구보존기록의 접근 조항을 정의하게 된다.

접근정책에 포함되어야 하는 핵심요건들

---

1. 기록보존소의 목적과 소장물의 이용에 관한 일반 설명

2. 이용자

이용자가 나이, 관계, 연구유형에 따라 직면할 수 있는 어떤 한계나 조건 등을 포함해, 누가 기록보존소를 이용하는지에 관한 일반적인 설명. 일반 서비스 분야 외의 이용자 서비스에 관한 설명. 개인이 기록보존소에 신청하고 허가를 받아야 한다는 설명이 내용에 들어가야 한다.

3. 소장기록물에 관한 접근 권한에 관한 일반적 설명

일반적으로 정책문에서 권한을 부여받은 이용자는 법, 규정, 기증자 동의 아래 소장물에 대한 접근이 가능하다고 말하고 있다. 일반적인 접근 권한은 검색도구를 열람하는 것과 사적 연구를 위해 적정량의 자료를 복사하는 것을 포함한다.

4. 열람 행정

기증자에 대한 기록보존소의 법적 의무 때문에 영구보존기록물 컬렉션에 대한 접근은 반드시 감시되어야 하는데 왜냐하면 소장물들은 유일하며 대치될 수 없기 때문이다. 이 부분에서는 기록의 손실, 훼손으로부터 보호하기 위한 사용 요건 또는 제한점들과 기록에 영향을 미치는 법, 규정 그리고 기증자 동의를 준수해야 한다는 사실을 설명해 주어야 한다. 주요 사항들이 다음과 같이 명시될 것이다.

a) *미발행 기록*

  원본 기록과 다른 기록 자료들은 반드시 기록보존소 관할 내에서 이용되어야 한다고 명시하시오 기증자 또는 다른 기록학 관련 기관들을 위해 기록을 대여 또는 복사하는 상황에서 대여, 복사 비용은 요청자와 합의되어야 한다.

b) *감독하의 기록 이용*

  모든 기록 자료들은 기록보존소 직원의 감독 아래 이용되어야 한다고 명시하시오

c) *기록보존소 규정 준수*

'기록보존소는 기관과 기관이 소장하고 있는 자료를 보호하기 위한 목적으로 다음과 같은 규정을 제정할 수 있으며 이 규정은 모든 개인, 이용자, 방문객, 직원들에게 동등하게 적용될 것이다'라고 명시하시오 연구자들은 반드시 접근 조건을 준수해야 하며 규정 기록보존소 설비 사용과 컬렉션에 관한 내용들이 포함되어야 한다. 아키비스트는 이러한 규정을 강화할 수 있는 권한을 가지며 규정을 준수하지 않거나 거부하는 연구자들에게 접근을 거절 또는 취소할 수 있다.

d) 기록 접근 제한

법규나 기증자 동의에 의해 요구될 때 아키비스트는 전체 또는 일부 기록 자료의 접근을 거절 또는 철회할 수 있는 권한이 있다고 명시하시오 아키비스트는 또한 중상이나 비방적인 내용을 담고 있거나 증거가 없는 내용으로서 생존하는 개인의 프라이버시를 해칠만한 자료와 정리되지 않아 훼손되기 쉬운 환경에 놓인 자료에 대해서 접근 제한을 둘 수 있다. 자료들이 접근 제한되면 아키비스트는 정기적으로 제한 사항들을 재평가하고 가능한 빨리 이용하기 위해 기록의 보존용 복사본과 같은 방법을 강구해야 한다.

e) 기록에 대한 접근의 평등

기록보존소에서 정보서비스는 선입견 없이 제공되어야 하며 법규나 기증자 동의에 의해 규정되지 않는 한 특권적인 자료의 사용이 행해져서는 안된다고 명시하시오

f) 기록의 인용

1968년 기록보존소의 저작권법 조항에 의거해 적절한 방법으로 문서 본문에 대한 인용 허가를 받아야 한다고 설명하시오 모든 기록 자료의 참조는 반드시 기록물이 적절하게 식별되고 기록보존소의 존재를 인정하는 인용서식으로 승인되어야 한다.

g) 기록의 복사

개인 연구를 위해 기록 자료를 복사하는 것은 오직 올바른 저작권 사용 아래 이뤄질 수 있다. 기록을 복사한 것들은 판매나 기록보존소와 저작권 소유자의 동의없이 재생산 또는 출판될 수 없으며 일반적으로 다른 기관들이 그렇게 하도록 승인을 해주지 않는 한 다른 기록보존소와 도서관으로부터 획득된 기록 자료를 기록보존소에서 복사해줄 수 없다. 그러한 자료의 복사는 원본을 지닌 보관소의 규정을 따른다.

b) 저작권 소유자의 승인과 아카이브즈의 추후 기록물의 복사 또는 출판에 관한 요구

연구자가 배포 또는 판매를 위해 기록 자료를 복사 또는 출판하고자 할 때 반드시 먼저 기록보존소와 기록 자료의 저작권자로부터 승인을 받아야 한다. 출판 승인이 나지 않은 저작권 자료는 연구자들에게 복사될 수 없다. 특정 목적이나 경우에 대해 자료의 출판이나 추가적 재생산에 관한 승인은 허가될 수 있지만 이는 요청한 사람에게 원 기록물의 저작권이 이동되거나 전이되는 것을 뜻하는 것은 아니다. 비록 이것이 출판을 허가해주기 위한 필요 조건은 아닐지라도, 기록보존소의 참고 도서관과 소장물을 이용한 연구일 때, 이 연구의 사본을 기증하도록 장려해야 한다.

l) 요금

아카이브즈는 기기 또는 서비스 사용에 대한 요금을 책정하고 법 또는 행정법규에 따라 요구되는 복사비에 관한 조항을 마련해야 한다고 명시하시오

지구 최후의 날까지 양심 지키기 : 기록관리전문가와 윤리 문제[2]

Terry Cook, Ed Dahl and Ann Pederson

윤리는 '도덕 원리를 근간으로 한 행위 규범'으로 정의할 수 있다. 아키비스트에게는 기록을 수호하는 공복으로서 스스로의 역할과 책무를 수행하는데 따르게 되는 윤리가 존재한다.[3] 뒤의 가상 시나리오에 제시된 바와 같이, 기록관리 업무 수행 중 아카비스트는 예기치 못한 윤리상의 딜레마에 종종 빠지곤 한다. 그러한 경우 통상적인 대책은 '의도적인 악행은 삼가며 항상 바른 생활을 지향한다'라는 추상적인 마음가짐뿐이다.

이러한 문제에 대처하기 위해서는 다음과 같은 사항들을 신중히 고려해야 한다.

- 기록관리의 근저가 되는 업무 수행 및 윤리상의 원리를 이해한다.
- 딜레마가 발생하게 된 업무 수행상의 문제 및 관련 윤리적 이슈를 파악한다.
- 업무 수행 및 윤리상의 원리를 연구한다.
- 합리적이고 타당한 해결책을 강구한다.
- 위와 같은 문제 및 해결책을 그룹 내에서 공유한다.

아래에서는 천천히 숙고해 보아야 할 가상적 상황들을 제시해 보았다. 각각의 시나리오를 읽으면서, 그 안에 내포된 함의가 무엇인지 파악한 다음 본 장의 말미에 첨부된 아키비스트 윤리강령 및 소속기관의 실무지침을 면밀히 분석해 보고, 각자의 입장에서 해결책을 도출해 보자. 여기서 주의할 점은, 가상 시나리오에서 제시하는 문제들을 너무 협소하게 생각하거나 법적 측면에서 접근하지 말고, 가급적 모든 가능한 요소 및 결과를 상정해 보아야 한다는 점이다. '내 상관에게 물어보지요'라는 응답 역시 하지 말도록 한다.

---

2) 본고는 1990년 9월 2일 일요일 오전 8~11시 미국 워싱턴 및 시애틀에서 개최된 미국아키브스트협회 제54회 연례회의에서, Ed Dahl과 Terry Cook이 발표한 글의 일부이다. 아울러 저자들의 허락 하에 Ann Pederson이 설명 해설 부분을 추가시켰음을 밝힌다.

3) Uhr, John(1994), 'Professional Ethics: Promises and Pitfalls', Yorke, Stephen, Anne-Marie Schwirtlich, Laurine Teakle, editors, Ethics Lies and Archives, Canberra: Australian Society of Archivists, Inc.[ACT Branch], 1994, pp. 7~16.

1. 뉴우기니와 호주 북부 연안 사이의 해협에 위치한 어느 작은 섬은 호주 영토로 인식되어 왔다. 하지만 파푸아 뉴우기니 정부는 원유 운반탱크를 위한 항구로서 훌륭한 입지조건을 지닌 그 섬의 영유권을 주장할 만한 하나의 단서를 발견하게 되었다. 이에 양국 정부에서 는 기록보존소에 연구자들을 급파하였는데, 호주 연구자들은 파푸아 뉴우기니 정부의 주 장을 입증할 지도를 발견하게 되었다. 만약 그 지도를 파푸아 뉴우기니측 연구자들에게 알려주어서는 안된다고 지시가 내려오면, 당신은 이 지시에 응하겠는가?

2. 인사기록 파일은 개인 정보의 누출 방지를 위해 공개해서는 안된다는 조건 하에 기록보존 소에 이관되곤 한다. 당신은 한 원주민 종족과 관련된 파일에 대한 열람허가 결정권한을 지니고 있다. 이 경우 만약 원주민 종족 내의 근친상간에 대해 선정적 기사를 쓰고 싶어하 는 한 프리랜서 작가가 열람을 요청해오면 당신은 해당 파일 열람을 용인하겠는가? 또한 관련 학술지에 원주민 종족 내의 근친상간 발생률에 대한 통계분석 논문을 준비하는 저명 한 대학 교수가 열람을 요청해오면 어떻게 하겠는가? 그리고 근친상간에 따른 정신적 후 유증을 치유하길 원하는 근친상간 피해자가 직접 요청한다면 이 경우에는 어떻게 하겠는 가? 이 파일 중의 하나는 지금 저명 인사가 된 젊은 여성과 관련된 내용이 포함되어 있다.

3. 한 민간 기록보존소에서는 목재 산업과 관련된 기록을 전문적으로 수집해왔다. 이 기록보 존소는 어느 목재회사와 관련된 기록 대부분을 보관하고 있다. 그런데 그 회사와 관련된 또 다른 기록이 경매시장에 나오게 되었다. 아키비스트로서 당신은 그 기록에 관심이 많 아 수집할 필요성을 느꼈지만, 기록보존소 소장은 경매 입찰시 그 회사보다 높은 가격을 제시하지 말라고 지시를 내렸다. 즉 사실상 경매를 포기하라는 이야기였다. 하지만 그 회 사는 기록관리를 형편없이 행하고 있으며, 경매에 나온 기록을 가져가더라도 이를 제대로 관리, 보존할 시설도 능력도 없음을 당신은 알고 있다. 특히 경매에 나온 기록 가운데 포 함된 사진 및 필름들의 보존처리는 손에도 못댈 지경이었다. 이러한 상황 속에서, 과연 당신은 경매에 적극적으로 참여하여 그 기록들을 수집하겠는가?

4. 당신은 어느 사회복지기관의 케이스파일 내에 있는 입양과 관련된 한 정보를 지니게 되었 다. 의료정보를 포함하고 있는 이 정보는 어느 친부모로부터 입수한 것인데, 자녀들에게 는 절대 누설해서는 안된다는 조건 하에 받은 것이었다. 30년이 흘러, 친부모의 한 딸은 그녀의 친부모에 대한 케이스파일을 열람하길 원하였다. 이 경우 당신은 열람 청구에 응 하겠는가? 만일 그 딸이 중병에 걸렸는데, 그 케이스파일 안에는 병 치유에 필요한 병력

정보가 포함되어 있다면, 이 경우에는 어떻게 하겠는가?

5. 어느 외국 정부에서는 악명 높은 전범의 소재 파악에 단서가 되는 정보에 막대한 사례금을 내걸었다. 그런데 당신은 비공개 기록철 가운데에서 그 정보를 우연히 발견하게 되었다. 이 경우 당신은 어떻게 하겠는가?

6. 당신의 직원 중 한명은 새로 수집된 컬렉션에서 나온 포스터·광고지·사진 등의 중복본으로 자신의 업무공간을 장식하는 취미가 있었다. 또한 그는 폐기대상 기록 중 오래된 우표나 팜플릿 등을 모아 개인 소장품으로 삼으려 하였다. 이런 경우 당신은 부하 직원의 행동에 대해 어떠한 조치를 취하겠는가?

7. 어느 외국 정부는 당신이 근무하는 기록보존소 소장 기록 중 자기 나라와 관계된 귀중한 희귀문서들이 있다는 사실을 알고 자국으로 되돌려 줄 것을 요청하였다. 이 요청에 대해 당신은 정부 당국에 어떻게 설명할 것인가?

8. 소장 지도 중 하나는 한쪽 부분이 훼손되어 알아볼 수 없었다. 복원처리 전문가는 훼손된 부분의 내용 복원은 불가능하다는 전제 하에, 그 지도의 복원처리를 하겠다고 말하였다. 당신은 이 지도를 전시하고 카탈로그 형식으로 제작하기로 계획하고 있었을 경우, 복원처리 전문가의 제안을 받아들이겠는가? 그리고 만약 이 지도의 훼손이 자연적으로 발생한 것이 아닌 고의적인 실수(몇 년 전 헌법선언문에 고의로 붉은 잉크를 쏟은 캐나다의 경우와 같이)였다면, 당신의 결정은 바뀌겠는가?

9. 당신은 지금 한 논문을 작성 중에 있으며, 소속 기록보존소에 소장 중인 어느 기록군에 대한 상세 정보를 파악하였다. 그런데 한 연구자가 당신에게 열람을 신청하였는데, 그것은 당신이 오랜 기간 연구해 온 기록들에 관한 것이었다. 그 기록들은 당신이 작성 중인 논문의 핵심 부분을 구성하는 것이었으며, 향후 이 기록을 토대로 몇 년간 더 연구해야 현재 작성 중인 논문이 완성될 수 있었다. 이 기록들은 역사 연구사적 관점에서 볼 때 중요 부분을 새롭게 밝힐 수 있는 단서를 제공하는 것이었다. 하지만 열람을 요청한 학자가 이 사실을 알게 된다면, 요청한 기록들을 즉시 사료집으로 발간할 것이며, 그렇게 된다면 당신의 논문은 학술적인 의미를 잃게 될 것이다. 이러한 상황이라면, 당신은 그 학자에게 당신이 발견한 기록에 대한 정보를 제공하겠는가?

10. 당신이 학문적으로 존경해 온 친분 있는 어느 학자는 자신의 연구와 관련하여, 당신이 근무하는 기록보존소 소장 기록에 대한 상세 목록을 요청해왔다. 하지만 기록보존소 측에서는 현재의 과중한 업무상 그처럼 세부적인 목록을 새로이 작성할 여유가 없는 관계상, 이를 거절하기로 하였다. 그런데 그 학자는 당신이 그 기록보존소에 근무하는 것을 알고 있으며, 자신의 연구에 필요한 상세 기록 목록 파악에 당신이 적임자라고 생각하고 있었다. 또한 그 학자는 풍부한 연구비를 확보하고 있었고, 이 연구비 중 상세목록 작성을 위해 당신에게 충분한 사례비를 지급할 뜻도 있었다. 아울러 당신이 근무하는 기록보존소에서는 사례비의 수령을 엄격히 금지시키고 있었다(하지만 당신은 기록관리 전문가 연례회의에 참석하기 위해 지금 돈이 필요한 상황이었다). 이 경우 당신은 어떻게 하겠는가?

11. 당신은 현재 사회에서 명망을 쌓아 온 한 인사의 기록 수집을 위해 예비적으로 그 기록을 정리하고 있다. 그런데 당신은 이 인사의 개인 기록을 정리하던 중 어느 여류작가와 주고받은 연애편지와 함께, 공직에 있는 동안 뇌물을 수수한 증거를 발견하게 되었다. 하지만 그 인사의 미망인은 이 사실을 전혀 모르고 있었는데, 만일 이 사실을 알게 된다면 자신의 남편 명예를 손상시킬 그 기록들을 없애버리려 할 것은 자명한 일이었다. 이러한 경우 당신은 그 미망인에게 남편이 행한 위와 같은 사실을 알려주겠는가? 또 미망인이 남편의 명예를 실추시킬 기록들을 없애버려야 한다고 주장한다면, 미망인 몰래 사본을 만든 후 그녀가 작고한 다음 이들 기록들을 수집하는 편법을 취하겠는가?

12. 당신은 고인이 된 어느 여성 정치인의 개인기록 수집을 위해 그녀의 남편과 협상 중에 있다. 자고한 여성 정치인은 매우 중요한 인물이었기 때문에, 그녀가 남긴 기록들의 시장 가치는 최소 12,000달러 이상에 달할 것으로 예상되었다. 하지만 그녀의 남편은 이러한 시장가치를 모르고 있었으며, 오히려 자신의 아내 기록에 큰 관심을 지닌 당신에게 고마움까지 느끼고 있었다. 홀로 남은 남편은 현재 경제적으로 매우 어려운 상황이었다. 만일 당신이 이 기록의 시장가치를 알려주지 않고 협상을 마무리한다면, 당신은 적은 비용으로 이 기록들을 수집할 수 있게 된다. 이 경우 당신은 어떻게 하겠는가?

13. 세계대전 후 유럽에서 호주로의 노예 이민에 관해 오랫동안 연구해 온 한 연구자가 있었다. 당신 역시 이민 기록에 관한 전문가로서 이 학자와 교분이 두터웠고, 이 연구자는 당신이 그동안 알지 못했던 연구상의 놀라운 사항들을 당신에게 이야기해 주었다. 이

학자가 찾아낸 관련 기록들은 검색도구 상에서는 나타나지 않는 것들이며, 몇 개월간 일일이 기록 전체를 손수 찾아 발견한 것들이었다. 이후 동일한 주제로 박사학위 논문을 준비 중인 어느 여성학자가 당신을 찾아왔는데, 그녀는 자신의 주제에 대해 연구하는 다른 학자가 있는지, 만약 있다면 이름과 주소를 알려달라고 물어왔다. 또한 그녀는 인벤토리나 검색도구에 나타나지 않는, 자신의 주제와 관련된 기록들이 존재하는지도 물어보았다. 이 경우 당신은 첫 번째 학자가 손수 찾은 기록들에 대한 정보를 그녀에게 알려주겠는가?

14. 당신은 소속기관의 기록 구매업무를 당당하고 있다. 그런데 구매 대상 기록 가운데 개인적으로 너무 욕심나는 문서가 있었다. 아울러 그 문서는 여러 측면(중복본, 기관의 수집 목표, 보존처리 문제 등)에서 볼 때 기관의 수집 대상으로 적절치 않은 것이었다. 이럴 경우, 당신은 기록보존소의 수집 대상에서 제외해 버리고, 개인 컬렉션에 소장할 목적으로 이 문서를 구입하겠는가?

교수자를 위한 활동 및 토론 진행 정보

학생들에게 앞서 살펴본 상황 시나리오를 배분해 준다. 각 학생들에게 한가지씩 배정해도 좋고, 또는 팀워크를 통한 공동 의견 도출을 원한다면 두 개 정도의 팀으로 나누어 배분해도 좋을 것이다. 아무튼 이를 통해 다음의 사항들을 수행하게 한다.

- 각 상황 시나리오에 포함된 윤리적·직업적 이슈들을 확인케 한다.
- 뒤 부분에 첨부된 윤리강령들을 활용하여 이러한 상황에 부합하는 윤리적·직업적 원리 및 지침들을 연구케 한다.
- 기록관리적 측면에서 적법하면서도 합리적인 해결방안을 모색토록 한다.
- 각 상황 시나리오별 문제의 핵심 사항 및 이에 대한 해결책을 제시토록 한다.

만일 학생들이 팀을 이루어 수행할 경우, 의견일치를 위해 시간을 낭비하는 지나친 논쟁은 삼가는 것이 좋다. 각각의 학생들이 생각하는 점들을 발표하게 하여, 공통된 방향으로 의견 수렴을 유도하는 편이 낫다.

미리 학생들에게 각 상황 시나리오를 분석하고 문제 해결을 위해 연구할 시간을 주면 논의는 순조롭게 이루어질 것이다. 토론 수업에 앞서 학생들에게 상황 시나리오 및 윤리강령, 관련 논문들을 미리 제공할 필요가 있다. 최선의 결론 도출을 위한 연구 및 해결방안 모색에 학생들은 최소한 1시간 이상씩을 투자해야 할 것이다.

수업시간에 전체 토론을 하는 경우에는 각 시나리오당 10~15분 정도씩을 배정하면 된다. 교수자는 상황 시나리오에 내재되어 있는 핵심 이슈 및 문제 해결 방안을 유도하기 위해, 되도록 기록관리 윤리와는 반대되는 방향으로 의견을 제시하는 '악역'을 수행할 필요도 있다.

윤리 딜레마와 논점

1. 특정 기록에 대한 정보의 경쟁국 제공 금지 지시

   뉴우기니와 호주 북부 연안 사이의 해협에 위치한 어느 작은 섬은 호주 영토로 인식되어 왔다. 하지만 파푸아 뉴우기니 정부는 원유 운반탱크를 위한 항구로서 훌륭한 입지조건을 지닌 그 섬의 영유권을 주장할 만한 하나의 단서를 발견하게 되었다. 이에 양국 정부에서는 기록보존소에 연구자들을 급파하였는데, 호주 연구자들은 파푸아 뉴우기니 정부의 주장을 입증할 지도를 발견하게 되었다. 만약 그 지도를 파푸아 뉴우기니측 연구자들에게 알려주어서는 안된다고 지시가 내려오면, 당신은 이 지시에 응하겠는가?

핵심 사안 확인 및 심화 질문

이 시나리오에 적용될 수 있는 윤리강령상의 조항들은 무엇인가? 원유운반 탱크를 위한 항구로서의 입지조건은 당신의 결정에 영향을 미치는가? 그리고 그 섬에 그동안 멸종된 것으로 알려진 희귀종 새가 서식한다는 사실과 더불어, 신성시 되어온 무덤 및 문화재들이 남아 있다는 점은 어떠한가? 만약 그 섬에 유명한 리조트 시설이 있다면? 양국 정부에서는 막대한 달러가 투입되는 항구 개발 대신, 이러한 천연 생물 및 문화재들을 보호할 것이라고 보장할 수 있는가? 그 지도를 보여주어서는 안된다고 당신에게 지시하는 자가 있는가? 지시자 지위의 높고 낮음이 당신의 결정에 영향을 미치는가?

2. 개인정보의 열람 청구에 대한 승인 판단

인사기록 파일은 개인 정보의 누출 방지를 위해 공개해서는 안된다는 조건 하에 기록보존소에 이관되곤 한다. 당신은 한 원주민 종족과 관련된 파일들에 대한 열람허가 결정 권한을 지니고 있다. 이 경우 만약 원주민 종족 내의 근친상간에 대해 선정적 기사를 쓰고 싶어 하는 한 프리랜서 작가가 열람을 요청해오면 당신은 해당 파일 열람을 용인하겠는가? 또한 관련 학술지에 원주민 종족 내의 근친상간 발생률에 대한 통계분석 논문을 준비하는 저명한 대학 교수가 열람을 요청해오면 어떻게 하겠는가? 그리고 근친상간에 따른 정신적 후유증을 치유하길 원하는 근친상간 피해자가 직접 요청한다면 이 경우에는 어떻게 하겠는가? 이 파일들 중의 하나는 지금 저명 인사가 된 젊은 여성과 관련된 내용이 포함되어 있다.

핵심 사안 확인 및 심화 질문

윤리강령들에서는 이 문제와 관련하여 어떠한 지침들을 제시하고 있는가? 근친상간에 대한 인식은 사회마다 다양하다. 한 사회에서는 이 문제를 죄악시 하는 반면, 어떤 사회에서는 성인이 되기 위한 통과의례로 간주하기도 한다. 발간매체의 성격 및 평판(학술지인지 악명 높은 타블로드판 잡지인지 여부)은 열람청구 승인에 얼마나 영향을 미치는가? 그 정보에 대한 열람청구상의 '선한 의도'(개인 사생활의 문제 해결 및 정보의 책임성있는 활용)와 '나쁜 의도'(선정성 기사 작성)를 판별할 수 있는가? 열람요청에 대한 승인시

문화적으로 도덕적으로 판정할 수 있는 준칙은 존재하는가? 원주민이나 연구자는 원주민 자체의 승인 없이 제3자가 의해 생산 수집된 자신들의 정보들을 볼 수 있는 권리를 지녀야 하는가?

3. 수준 이하 상대와의 입찰 경쟁

한 민간 기록보존소에서는 목재 산업과 관련된 기록을 전문적으로 수집해왔다. 이 기록보존소는 어느 목재회사와 관련된 기록 대부분을 보관하고 있다. 그런데 그 회사와 관련된 또 다른 기록이 경매시장에 나오게 되었다. 아키비스트로서 당신은 그 기록에 관심이 많아 수집할 필요성을 느꼈지만, 기록보존소 소장은 경매 입찰시 그 회사보다 높은 가격을 제시하지 말라고 지시를 내렸다. 즉 사실상 경매를 포기하라는 이야기였다. 하지만 그 회사는 기록관리를 형편없이 행하고 있으며, 경매에 나온 기록을 가져가더라도 이를 제대로 관리, 보존할 시설도 능력도 없음을 당신은 알고 있다. 특히 경매에 나온 기록 가운데 포함된 사진 및 필름들의 보존처리는 손에도 못댈 지경이었다. 이러한 상황 속에서, 과연 당신은 경매에 적극적으로 참여하여 그 기록들을 수집하겠는가?

핵심 사안 확인 및 심화 질문
이 문제와 관련된 윤리강령상의 조항은 어떠한 것들이 있는가? 일단 당신은 경매에 참여할 돈과 명분 모두 지니고 있다고 가정해보고, 윤리적 문제 외에 당신의 결정에 영향을 미칠 또 다른 요소가 있는지 생각해 보도록 하자. 수준 이하의 기록관리를 수행하는 입찰 경쟁자에게 보다 진전된 기록관리를 수행하게 할 수 있는 여지는 남아 있는가? 만약 그렇다면 그 방책은 무엇인가? 당신의 입찰 경쟁자는 스스로의 기록관리 수준을 잘 알고 있으며 또한 향후 선문석인 기록관리 훈련과정을 이수할 생각도 있지만, 한편으로 보다 나은 기록관리 수행을 위해 자신의 상관을 설득시킬 목적에서라도 경매에 나온 컬렉션을 수집할 필요가 있다고 한다면, 당신의 결정은 변하겠는가?

4. 의학적 필요성과 비밀 유지

당신은 어느 사회복지기관의 케이스파일 내에 있는 입양과 관련된 한 정보를 지니게 되었다. 의료정보를 포함하고 있는 이 정보는 어느 친부모로부터 입수한 것인데, 자녀들에게는 절대 누설해서는 안된다는 조건 하에 받은 것이었다. 30년이 흘러, 친부모의 한 딸은 그녀의 친부모에 대한 케이스파일을 열람하길 원하였다. 이 경우 당신은 열람 청구에 응하겠는가?

이 문제에 적용될 수 있는 윤리강령상의 조항들은 어떤 것들이 있는가? 해당 기록의 공개에 아무런 법적 제약이 없으며, 전적으로 당신의 재량에 달려 있다고 가정해보자. 이러한 경우, 만약 그 딸이 중병으로 고통을 받고 있고, 병 치유를 위해서는 기록 내에 있는 어머니의 과거 병력 정보가 필요하다면, 당신의 결정에는 변화가 있겠는가? 또한 기록 열람 요청이 딸의 병을 치료하는 의사나 딸을 입양해 키운 사회복지기관에서 한 것이라면 당신은 어떻게 결정하겠는가?

5. 전범 정보제공에 대한 보상금

어느 외국 정부에서는 악명 높은 전범의 소재 파악에 단서가 되는 정보에 막대한 사례금을 내걸었다. 그런데 당신은 비공개 기록철 가운데에서 그 정보를 우연히 발견하게 되었다. 이 경우 당신은 어떻게 하겠는가?

핵심 사안 확인 및 심화 질문

이 문제에 적용될 수 있는 윤리강령상의 조항들은 무엇인가? 당신은 비공개 상태인 이 기록을 어떻게 발견할 수 있었으며, 이 기록에는 어떠한 접근제한 조치가 부여되어 있는 상태인가? 가령 이 기록은 어떠한 자도 열람할 수 없으며 비공개 상태인 채로 폐기될 예정에 있다면? 만약 해당 전범이 매우 연로하고 노환에 걸린 상태라면? 그리고 그 전범의 죄상이 너무 악질이어서 이 기록의 공개에 윤리적인 문제가 더욱 가중되게 된다면? 정보 제공에 대한 보상금이 매우 많아 소속 기록보존소에 실질적인 도움을 줄 수 있다면, 이 문제를 숙고하기에 앞서 당신이 체크해야 할 사항은 무엇이 있는가? 예를 들어, 기록보존소는 법규상 보상금을 받을 수 있는지, 당신이 발견한 정보는 정확하고 신뢰할 수 있는 것인지, 그리고 해당 정보가 세상에 알려질 경우 당신이나 기록보존소에 위협이 되는 요소는 없는지 등 말이다. 이 경우 해당 정보 공개에 대한 결정은 정보 공개 후에 발생하게 될 일련의 결과들과는 상관없이 이루어질 수 있는가?

6. 폐기 대상 중복본 기록의 개인 장식품화

당신의 직원 중 한명은 새로 수집된 컬렉션에서 나온 포스터·광고지·사진 등의 중복본으로 자신의 업무공간을 장식하는 취미가 있었다. 또한 그는 폐기대상 기록 중 오래된 우표나 팜플릿 등을 모아 개인 소장품으로 삼으려 하였다. 이런 경우 당신은 부하 직원의 행동에 대해 어떠한 조치를 취하겠는가?

이 문제에 적용될 수 있는 윤리강령상의 조항들은 무엇인가? 이러한 부하 직원의 행위와 관련하여 취해질 수 있는 소속 기관의 정책은 존재하는가? 이 사례는 개인적 목적을 위해 자신의 권한을 사용하여 그러한 기록을 비용 지불 없이 사용했다는 점이 문제의 본질인가? 기록보존소 소속 직원은 관심있는 전시품목이나 불필요한 기록 소장을 위해 자신의 직책을 사용할 수는 없는 것인가? 기록보존소는 폐기대상 기록들을 경매시장에 내놓아 경제적 이득을 취해서는 안되는 것인가? 이 직원의 행위에서 문제가 되는 부분은 무엇인가?

7. 문화유산의 반환 요청

어느 외국 정부는 당신이 근무하는 기록보존소 소장 기록 중 자기 나라와 관계된 귀중한 희귀 문서들이 있다는 사실을 알고 자국으로 되돌려 줄 것을 요청하였다. 이 요청에 대해 당신은 정부 당국에 어떻게 설명할 것인가?

핵심 사안 확인 및 심화 질문

이 문제와 연관된 윤리강령상의 조항들은 어떠한 것이 있는가? 우선 당신은 그 문서들에 대한 상대국의 소유권 주장이 맞다는 사실을 알고 있다고 상정해보자. 해당 문서들이 자국으로 유입되었던 시기, 상대국의 공식적인 절차에 따라 이루어져야 했지만 이는 무시되었다. 또한 사실상 문화유산의 상당수가 이 기간동안 자국으로 불법적으로 들어왔다. 그렇다면 이 문서들을 상대국에 반환할 수 있는 방책은 있는가? 이러한 점을 염두에 두며 이 사례의 핵심 사안을 논의해 보도록 하자.

8. 훼손 부분의 복원

소장 지도 중 하나는 한쪽 부분이 훼손되어 알아볼 수 없었다. 복원처리 전문가는 훼손된 부분의 내용 복원은 불가능하다는 전제 하에, 그 지도의 복원처리를 하겠다고 말하였다. 당신은 이 지도를 전시하고 카탈로그 형식으로 제작하기로 계획하고 있었을 경우, 복원처리 전문가의 제안을 받아들이겠는가?

핵심 사안 확인 및 심화 질문

이 문제와 연관된 윤리강령상의 조항들은 어떠한 것이 있는가? 또한 이러한 상황에 적용될 수 있는 보존처리 전문가들의 실무강령은 무엇인가? 만약 이 지도의 훼손이 자연적으

로 생겨난 것이 아닌, 고의적인 실수(몇 년전 헌법선언문에 붉은 색 잉크를 고의로 쏟은 캐나다의 경우처럼)였다면, 당신의 결정은 바뀌겠는가? 당신은 그 훼손 부분을 원상 복원시킬 능력이 있는가?

9. 개인적 연구를 위해 확보한 정보의 공유 문제

당신은 지금 한 논문을 작성 중에 있으며, 소속 기록보존소에 소장 중인 어느 기록군에 대한 상세 정보를 파악하였다. 그런데 한 연구자가 당신에게 열람을 신청하였는데, 그것은 당신이 오랜 기간 연구해 온 기록들에 관한 것이었다. 그 기록들은 당신이 작성 중인 논문의 핵심 부분을 구성하는 것이었으며, 향후 이 기록을 토대로 몇 년간 더 연구해야 현재 작성 중인 논문이 완성될 수 있었다. 이 기록들은 역사 연구사적 관점에서 볼 때 중요 부분을 새롭게 밝힐 수 있는 단서를 제공하는 것이었다. 하지만 열람을 요청한 학자가 이 사실을 알게 된다면, 요청한 기록들을 즉시 사료집으로 발간할 것이며, 그렇게 된다면 당신의 논문은 학술적인 의미를 잃게 될 것이다. 이러한 상황이라면, 당신은 그 학자에게 당신이 발견한 기록에 대한 정보를 제공하겠는가?

핵심 사안 확인 및 심화 질문

이 문제와 연관된 윤리강령상의 조항들은 무엇인가? 당신은 오랜 시간을 들여 개인적으로 파악한 정보를 제공할 의무는 있는가? 만약 그렇다면 왜 그래야 하며, 그렇지 않다면 그 이유는 무엇인가? 만일 그 연구자가 당신의 논문을 완성할 때까지 자료집을 발간하지 않을 것이라면, 당신의 결정은 바뀌겠는가? 그리고 그 학자가 아닌 그 밖의 다른 사람들이 요청할 경우 당신의 입장은 바뀌겠는가? 만일 당신의 직속 상관이나 동료 등 요청자의 지위는 당신의 결정에 영향을 미치는가?

10. 개인적 부탁과 사례금

당신이 학문적으로 존경해 온 친분 있는 어느 학자는 자신의 연구와 관련하여, 당신이 근무하는 기록보존소 소장 기록에 대한 상세 목록을 요청해왔다. 하지만 기록보존소 측에서는 현재의 과중한 업무상 그처럼 세부적인 목록을 새로이 작성할 여유가 없는 관계상, 이를 거절하기로 하였다. 그런데 그 학자는 당신이 그 기록보존소에 근무하는 것을 알고 있으며, 자신의 연구에 필요한 상세 기록 목록 파악에 당신이 적임자라고 생각하고 있었다. 또한 그 학자는 풍부한 연구비를 확보하고 있었고, 이 연구비 중 상세목록 작성을 위해 당신에게 충분한 사례비를 지급할 뜻도 있었다. 아울러 당신이 근무하는 기록보존소에서는 사례비의 수령을 엄격히 금지시키고 있었다(하지만 당신은 기록관리전문가 연례회의를 참석하기 위해 지금 돈이 필요한 상황이었다). 이 경우 당신은 어떻게 하겠는가?

핵심 사안 확인 및 심화 질문

이 문제와 연관된 윤리강령상의 조항은 어떠한 것들이 있는가? 사례금의 수수가 기록관리전문가 회의에 참석키 위함이라는 명분은 당신의 결정에 영향을 미치는가? 만약 이 목적을 위해서는 사례금을 받을 수 있다고 결정했다면, 그 판단의 근거는 무엇인가? 그 학자가 요구하는 것을 당신이 수행해야만 하는 이유는 무엇인가? 그리고 그 학자가 요구한 바를 수행하는 것에는 전례상 어떠한 문제가 뒤따르는가?

11. 수집대상 컬렉션 중 문제의 소지를 지닌 기록

당신은 현재 사회에서 명망을 쌓아 온 한 인사의 기록 수집을 위해 예비적으로 그 기록을 정리하고 있다. 그런데 당신은 이 인사의 개인 기록을 정리하던 중 어느 여류작가와 주고받은 연애편지와 함께, 공직에 있는 동안 뇌물을 수수한 증거를 발견하게 되었다. 이러한 경우 당신은 그 미망인에게 남편이 행한 위와 같은 사실을 알려주겠는가?

핵심 사안 확인 및 심화 질문

이 문제와 연관된 윤리강령상의 조항들은 무엇인가? 현재 수집 예정 컬렉션 중 자신의 남편 명예를 실추시킬 기록이 있다는 사실을 미망인이 안다면, 그 미망인은 분명 해당 기록들을 폐기시켜 버릴 것이 뻔한 상황이다. 만약 그 미망인이 그 기록들을 폐기해 버려야 한다고 강력히 요구한다면, 이들 기록을 그녀 몰래 복사해 놓은 다음 그녀의 사후 원본을 가져오면 안되는가?

12. 저렴한 가격으로의 기록 구매

당신은 고인이 된 어느 여성 정치인의 개인기록 수집을 위해 그녀의 남편과 협상 중에 있다. 작고한 여성 정치인은 매우 중요한 인물이었기 때문에, 그녀가 남긴 기록들의 시장가치는 최소 12,000달러 이상에 달할 것으로 예상되었다. 하지만 그녀의 남편은 이러한 시장가치를 모르고 있었으며, 오히려 자신의 아내 기록에 큰 관심을 지닌 당신에게 고마움까지 느끼고 있었다. 홀로 남은 남편은 현재 경제적으로 매우 어려운 상황이었다. 만일 당신이 이 기록의 시장가치를 알려주지 않고 협상을 마무리한다면, 당신은 적은 비용으로 이 기록들을 수집할 수 있게 된다. 이 경우 당신은 어떻게 하겠는가?

핵심 사안 확인 및 심화 질문

이 문제와 연관된 윤리강령상의 조항들은 무엇인가? 만약 여성 정치인의 남편이 부자라면 당신의 결정은 어떻게 달라지며 또한 기록 입수를 위해 어떠한 방식을 취하겠는가? 당신이 속한 기록보존소에서는 수집예산으로 12,000달러 정도만을 가지고 있고 또 올해 몇 번의 기록 수집계획이 잡혀 있다면? 기증자에게 정당한 보상을 해 줄 기록보존소 차원의 좋은 다른 방안은 없는가?

13. 한 연구자가 지대한 노력을 기울여 얻은 정보를 타 연구자에게 제공하는 행위

세계대전 후 유럽에서 호주로의 노예 이민에 관해 오랫동안 연구해 온 한 연구자가 있었다. 당신 역시 이민 기록에 관한 전문가로서 이 학자와 교분이 두터웠고, 이 연구자는 당신이 그동안 알지 못했던 연구상의 놀라운 사항들을 당신에게 이야기해 주었다. 이 학자가 찾아낸 관련 기록들은 검색도구 상에서는 나타나지 않는 것들이며, 몇 개월간 일일이 기록 전체를 손수 찾아 발견한 것들이었다. 이후 동일한 주제로 박사학위 논문을 준비 중인 어느 여성학자가 당신을 찾아왔는데, 그녀는 자신의 주제에 대해 연구하는 다른 학자가 있는지, 만약 있다면 이름과 주소를 알려달라고 물어왔다. 또한 그녀는 인벤토리나 검색도구에 나타나지 않는, 자신의 주제와 관련된 기록들이 존재하는지도 물어보았다. 이 경우 당신은 첫 번째 학자가 손수 찾은 기록들에 대한 정보를 그녀에게 알려주겠는가?

핵심 사안 확인 및 심화 질문

이 문제와 연관된 윤리강령상의 조항들은 무엇인가? 만약 오랜 시간을 들여 손수 해당 정보를 얻은 학자보다 나중에 물어 본 학자가 훨씬 가치 있는 연구를 수행하고 있다면? 그리고 만일 손수 기록을 찾은 학자가 조만간 자신이 찾은 기록들을 학계의 공유를 위해 간행하려고 한다면? 만일 그 정보를 나중의 학자에게 제공한다면 어떠한 문제가 발생하게 되는가?

14. 기관에 소용없을 것 같은 기록의 개인적 구매

당신은 소속 기관의 기록 구매업무를 담당하고 있다. 그런데 구매 대상 기록 가운데 개인적으로 너무 욕심나는 문서가 있었다. 아울러 그 문서는 여러 측면(중복본, 기관의 수집 목표, 보존처리 문제 등)에서 볼 때 기관의 수집대상으로 적절치 않은 것이었다. 이럴 경우, 당신은 기록보존소의 수집 대상에서 제외해 버리고, 개인 컬렉션에 소장할 목적으로 이 문서를 구입하겠는가?

핵심 사안 확인 및 심화 질문

이 문제와 연관된 윤리강령상의 조항들은 무엇인가? 만일 당신이 속한 기록보존소 소장은 당신이 활발한 개인 수집가임을 알고 있고 또한 개인적인 목적을 위해 기록을 수집, 구매하는 행위를 소속 기관에서 정책적으로 금지시키고 있다면, 당신의 결정은 변하겠는가? 만약 당신이 자문위원으로 있는 타 기관에 기증할 목적으로 해당 기록을 구매한다면? 후자의 상황에서는 어떤 추가적인 문제들이 발생하게 되는가?

지침서

1. 사전 학습

뒤에 나온 각종 윤리강령들을 우선적으로 정독해 보자. 지금까지 살펴 본 이 장의 목적은 다양한 윤리상의 문제 및 여기에 수반되는 책임을 간접적으로나마 경험해보고, 이것들이 전문적인 기록관리 현장에서의 의사결정에 어떻게 영향을 미치게 되는지를 이해하기 위함이다. 또한 각 상황과 관련된 윤리 및 법률 관련 논문을 1편 이상씩 읽어야 하며, 당신이 내린 결정과 반대되는 입장에서도 충분히 숙고해 보도록 하자.

2. 가상의 윤리 시나리오 숙독

자신이 배정받은 것만이 아니라 모든 윤리 시나리오들을 정독해 보도록 하자. 그리고 각각의 시나리오에 대한 개요 설명과 함께 주요 논점 한두 가지씩을 도출해 보자.

3. 토론을 위한 의견 작성

자신이 맡은 윤리 시나리오에 대해 수업 중 5분 이내로 발표할 수 있게 스스로의 의견을 작성하도록 하자. 만일 하나의 윤리 시나리오를 두 명의 학생이 배정받았다면, 서로 협조하여 어떻게 서로의 의견을 분담하여 발표할 것인지 논의해야 할 것이다. 이렇게 해야만 전체 학생이 그 사례에 대한 의견 발표를 듣고 체계적으로 토론에 참여할 수 있게 된다.

▪ 주요 참고자료

Association of Canadian Archivists, *Code of Ethics,* 1992.
<http://www.archives.ca/aca/publicat/general/code.htm>

International Council on Archives, *Code of Ethics,* 1996.
<http://www.archives.ca/ica>

Society of American Archivists, *Code of Ethics* and *Commentaries,* 1993.
<http://www.archivists.org/vision/ethics.html>

Cox, Richard J., "Professionalism and Archivists in the United States", *American Archivist* 49(3), 1986, pp. 229~247.

Uhr, John, "Professional Ethics: Promises and Pitfalls", Yorke, Stephen, Anne-Marie Schwirtlich and Laurine Teakle editors, *Ethics, Lies and Archives,* Canberra : Australian Society of Archivists, Inc. [ACT Branch], 1994, pp. 7~16.

부록 1

ICA 윤리강령(International Council on Archives: Code of Ethics)

1996년 9월 6일 ICA 제13차 북경 총회에서 채택

윤리강령 전문

A. 아키비스트 윤리강령은 기록관리 전문직에 적합한 최선의 행위규범을 정립해 주어야 한다. 또한 윤리강령은 신규 기록관리 전문직에게는 전문가로서 준수해야 할 행위규범을 안내해 주어야 하고, 경력이 풍부한 아키비스트에게는 전문직으로서의 책임을 상기시켜 주어야 하며, 아울러 기록관리 전문직에 대한 국민적 신뢰를 제고시킬 수 있어야 한다.

B. 본 강령에서 아키비스트라 함은 영구기록의 통제 및 보호, 보존, 기록보존소의 운영과 관련된 모든 자들을 망라한다.

C. 아키비스트를 채용한 기관 및 기록보존소는 본 강령의 실행을 촉진시킬 수 있는 정책 및 실무방침을 수립토록 해야 한다.

D. 본 강령은 기록관리 전문직에게 윤리적 규범을 제공코자 마련된 것으로, 특정 문제에 대한 해결책 제공을 목적으로 한 것은 아니다.

E. 본 아키비스트 윤리강령은 윤리상의 원칙과 함께 이에 대한 주석으로 구성되어 있다.

F. 본 윤리강령은 기록보존기관 및 관련 전문단체의 실천 의지에 달려 있다. 즉 본 윤리강령의 준수를 위해서는 교육훈련과 더불어, 강령에 대한 세부적인 안내를 제공하고 비윤리적 행위를 조사하며, 필요시 일정 제제를 가하는 장치를 수립할 수 있다.

아키비스트 윤리강령

1. **아키비스트는 기록의 무결성을 보호해야 하며, 이를 통해 과거에 대한 신뢰할만한 증거로서 유지될 수 있도록 한다.**

   아키비스트의 본원적 임무는 자신의 보존책임 하에 있는 기록의 무결성을 유지시키는 것이다. 이러한 의무를 달성하기 위해 아키비스트는 고용주, 소유권자, 자료의 대상자 및 이용자의 과거・현재・미래를 아우르는 합법적인 권리와 이익을 존중해야 한다. 객관성(Objectivity) 및 공평성(Impartiality)은 전문직으로서의 자격을 가늠하는 척도라 할 수 있다. 아키비스트는 사실을 은폐하거나 왜곡시키기 위해 증거를 조작하려는 어떠한 외압에도 흔들림 없어야 한다.

2. **아키비스트는 행정적, 법률적, 역사적 맥락에서 기록을 평가・선별・보존해야 한다. 물론 이를 수행할 시 출처의 원칙을 준수함과 아울러, 기록들간의 본원적 상관관계를 유지시켜야 한다.**

   아키비스트는 널리 인정되는 기록관리 원리 및 방법론에 따라 업무를 수행해야 한다. 아키비스트는 현용 및 준현용기록의 생산・유지・처분, 영구기록의 선별・수집・보존・보존처리, 그리고 기록의 활용성 제고를 위한 정리 및 기술・편찬 업무 수행시, 전문적인 기록관리의 제 원리에 따라 스스로의 의무와 직능을 수행토록 해야 한다. 아키비스트는 소속기관의 목표 및 수집정책에 대한 철저한 이해를 바탕으로 기록을 공정하게 평가해야 한다. 아키비스트는 가용자원이 허락되는 한 가능한 한 신속하게, 기록관리의 근본 원리 (출처주의, 원질서원칙 등) 및 관련 표준을 반영하며, 영구 보존대상으로 선별된 기록을 정리・기술해야 한다. 아키비스트는 소속 기관의 목표 및 가용자원을 신중히 고려하여 기록을 수집해야 한다. 기록의 무결성 내지 안전성에 위협이 있는 경우 수집을 추진해서는 안된다. 아키비스트는 기록이 최적의 보존소에 보존될 수 있도록 서로 협력해야 하며, 또한 잘못 이관된 경우에는 해당 기록의 송환에도 상호 협력해야 한다.

3. **아키비스트는 기록관리 및 보존, 활용 과정 중 기록의 진본성(Authenticity)을 보호해야 한다.**

   아키비스트는 기록의 평가・정리・기술・보존・이용 업무 수행 중 기록이 지닌 보존가치가 훼손되지 않도록 보호해야 한다. 어떠한 샘플링 작업도 반드시 신중하게 고안된 방법론 및 기준에 근거해 수행되어야 한다. 원본의 대체보존 작업은 기록이 지닌 법률적・내재적 가치 및 정보적 가치의 관점에서 수행되어야 한다. 접근제한 기록을 파일로부터 일시적으로 분리시킨 경우에는 이용자가 이러한 사실을 알 수 있도록 해야 한다.

4. 아키비스트는 기록의 지속적인 접근성 및 이해성을 유지시켜야 한다.

아키비스트는 기록을 생산·축적한 개인 내지 단체의 활동에 관한 증거를 남기기 위해 보존 대상 내지 폐기 대상을 우선적으로 선별해야 하는데, 이와 동시에 기록이 지닌 연구적 필요 역시 변화한다는 점을 명심해야 한다. 아키비스트는 아무리 흥미로운 내용을 담고 있는 기록이라 할지라도, 모호한 출처를 지닌 문서의 획득에는 비합법적인 거래가 뒤따를 수 있음을 인식해야 한다. 아키비스트는 기록 절도용의자의 체포·기소시 다른 아키비스트 및 사법당국과 협력해야 한다.

5. 아키비스트는 영구기록에 대한 관리행위를 반드시 기록하고 정당화할 수 있어야 한다.

아키비스트는 기록의 전 라이프사이클을 아우르는 적절한 기록관리가 수행될 수 있도록 독려해야 하며, 새로운 기록유형 및 정보의 관리를 위해 기록 생산자와 협력해야 한다. 아키비스트는 기 생산된 기록의 수집에 관심을 기울여야 할 뿐만 아니라, 가치있는 기록의 보존을 위해 현행 정보·기록관리시스템이 초기 단계부터 적절한 관리절차를 포함할 수 있도록 만들어야 한다. 아키비스트는 기록 이관 담당자나 기록 소유자와 협의시, 이관·기증·매각의 권한, 예산 마련과 이율, 처리계획, 저작권과 이용 조건 등의 요소를 신중히 고려하여 합당한 결정을 내려야 한다. 아키비스트는 기록의 평가 및 보존처리 등 영구기록의 보존과 관련된 모든 사항들을 기록으로 남겨 이를 영구 보존해야 한다.

6. 아키비스트는 영구기록의 활용을 극대화시키도록 노력해야 하며, 아울러 모든 이용자에게 공평한 서비스를 제공해야 한다.

아키비스트는 소장기록에 대한 일반 검색도구 및 특별 검색도구를 마련토록 해야 한다. 아키비스트는 모든 이용자에게 공평한 조언을 제공해야 하며, 균형있는 서비스 제공을 위해 모든 가용 자원을 동원해야 한다. 아키비스트는 소장기록에 대한 이용자들의 문의에 대해 친절하면서도 도움을 주려는 마음가짐으로 응답해야 하며, 기관의 정책 및 관련 법령, 소장기록의 보존, 개인의 권리, 기증자와의 협약 등에 어긋나지 않는 범위 내에서, 소장기록의 이용성을 극대화시킬 수 있는 방안을 마련해야 한다. 아키비스트는 기록 이용자에게 이용상의 제약사항을 공지해 주어야 하며, 또한 이용상의 제약조치를 공평하게 적용해야 한다. 아키비스트는 기록에 대한 접근 및 이용에 비합리적인 제약조치가 부과되지 않도록 해야 하지만, 수집을 위해 부과된 한정된 기간 동안의 이용제약 조치는 용인하거나 스스로 내릴 수도 있다. 아키비스트는 기록의 수집 당시에 체결된 모든 협약을 준수함과 아울러 공평하게 적용해야 한다. 그러나 환경적 요인들의 변화시에는 기록의 자유로운 이용을 보장하기 위해 이용조건을 재조정해야 한다.

7. **아키비스트는 기록의 이용 및 기록에 수록된 사적 정보를 동시에 존중해야 하며, 관계 법령의 범위 내에서 업무를 수행해야 한다.**

아키비스트는 국가 안보를 보호하는 것과 마찬가지로, 단체 내지 개인의 사적 정보를 훼손없이 보호해야 한다. 특히 내용의 수정이나 삭제가 용이한 전자기록의 경우 더욱 그러하다. 아키비스트는 기록을 생산했거나 기록 내용상의 핵심 인물인 경우, 특히 해당 기록에 대해 어떠한 권한도 지니고 있지 않은 내용상의 인물일 경우, 해당 개인의 사적 권리가 존중될 수 있도록 최선을 다해야 한다.

8. **아키비스트는 자신에게 주어진 특별한 신뢰를 일반 대중의 이익을 위해 사용해야 하며, 자기 스스로나 타자의 개인적 이익을 위해 자신의 권한을 남용해서는 안된다.**

아키비스트는 전문직으로서의 고결성 및 객관성, 공평성을 해치는 행위를 해서는 안된다. 이카비스트는 금전적이거나 개인적 이익을 위해 소속 기관이나 이용자, 동료들에게 피해를 주어서는 안되며, 아울러 개인적 목적을 위해 원본 기록을 수집하거나 기록의 상거래 행위에도 참여해서는 안된다. 아키비스트는 권익을 위한 갈등으로 비칠 수 있는 행위 역시 삼가야 한다. 아키비스트는 소속 기관의 소장기록을 개인적인 연구 및 출판을 위해 사용할 수는 있지만, 동일한 소장기록을 이용하는 타자와 동일한 조건에서 이루어져야만 한다. 아키비스트는 이용제한 기록의 처리 중 얻게 된 정보를 누설하거나 이용해서는 안된다. 아키비스트 자신의 개인적 연구 내지 출판이, 아키비스트로서의 본연의 책무 내지 고용자로서의 책무 수행에 앞서서는 안된다. 아키비스트는 소속 기관의 소장기록을 이용할 경우, 소속 기관의 장 명의의 타 연구자에 대한 통보없이, 타 연구자의 검색 정보를 사용해서는 안된다. 아키비스트는 소속 기관 소장기록을 근간으로 한 연구성과 및 타 연구자의 연구성과에 대한 논평 활동에 참여할 수 있다. 아키비스트는 기록관리 영역 외부의 사람들이 자신의 업무 및 책무와 관련하여 부당하게 관여할 여지를 남겨서는 안된다.

9. 아키비스트는 기록관리 영역의 전문적 지식을 연마함과 더불어 지식 및 경험을 공유함으로써, 끊임없이 체계적으로 스스로의 전문성을 개발시켜야 한다.

아키비스트는 스스로의 전문적 식견 및 자질을 개발함과 아울러 학문적 발전에 기여해야 하며, 자신들로부터 지도 및 훈련을 받는 자들이 주어진 책무를 수행할 수 있는 자질을 갖출 수 있도록 최선을 다해야 한다.

10. 아키비스트는 기록관리직 공동체 및 기타 전문직 종사자들과의 협력을 통해, 세계 기록문화유산의 보존 및 이용을 촉진시켜야 한다.

아키비스트는 동료 아키비스트들과의 갈등을 피하고 협력을 증진시킴과 더불어, 기록관리상의 표준 및 윤리를 장려하는 방식으로 문제해결을 모색해야 한다. 아키비스트는 상호 존중 및 이해를 기반으로 관련 전문직들과 협력해야 한다.

미국 SAA 윤리강령

아키비스트 윤리강령(A Code of Ethics for Archivists)

아키비스트는 소속기관이나 일반 시민에 대해 지속적인 가치를 지닌 기록을 선별·보존함과 더불어, 이들 기록의 활용성을 창출시킨다. 아키비스트는 관련 법령이나 기관의 정책에 근거하여 자신의 책임을 수행한다. 아키비스트는 건전한 기록관리의 원리에 토대를 둔 윤리강령을 수용함과 아울러, 이러한 윤리강령 및 기록관리 표준을 소속기관 및 관련 전문가들이 준수하도록 노력한다.

아키비스트는 소속 기관의 목표 및 정책, 가용자원에 입각해 장기적 보존 가치를 지닌 기록을 이관·수집한다. 아키비스트는 중요 기록의 수집시 기록의 통합성(Integrity)과 안전성에 위해가 될 경우에는 서로 경쟁해서는 안되며, 기록보존소가 이미 설립된 기관의 기록을 수집하려 해서도 안된다. 아키비스트는 기록을 적절하게 처리하고 효과적으로 활용할 수 있는 기록보존소에 기록이 보존될 수 있도록 협력한다.

장기적 가치를 지닌 기록의 이관담당자 내지 소유권자와 협의하는 아키비스트는, 이관·기증·매매에 관한 권한을 신중히 고려하는 가운데 공정한 결정을 내리도록 한다. 그것은 곧 예산 마련 및 이율, 저작권, 기록 처리 계획, 이용 조건 등과 관련된 사항이다. 아키비스트는 기록의 수집시 이해하기 힘든 접근 및 이용상의 제약에 낙담하게 된다. 하지만 이는 한정된 복본에 따른 수집상의 제약 조건임과 아울러 개인의 소유권 보호 일환으로 받아 들여야 한다. 아키비스트는 이관 내지 수집시에 작성된 동의서를 준수토록 한다.

아키비스트는 기록에 대한 내부적 통제 및 이용자의 집근을 촉신시킬 수 있는 검색도구 내지 가이드를 마련함으로써, 소장기록에 대한 지적 통제를 실시한다.

아키비스트는 소속기관의 행정적 필요 내지 수집정책에 대한 철저한 지식을 기반으로 한 공정한 판단을 통해, 장기적 보존가치를 지닌 기록을 평가한다. 아키비스트는 기록의 진본성(Authenticity)을 보호하기 위해 자신의 관할로 이관된 기록 및 정보의 정리상태를 유지·보호한다. 아키비스트는 훼손, 변조, 망실 및 물리적 손상으로부터 기록을 지킴으로써 자신의 관할에 있는 장기적 보존가치를 지닌 기록의 무결성을 보호함과 아울러, 그 증거 가치가 정리·기술·보존·활용 과정에서 감소하지 않도록 한다. 아키비스트는 기록 관련 범법자를 체포하거나 기소할 시 타 아키비스트 및 법집행 기관과 협력한다.

아키비스트는 기록을 생산했거나 기록 내용상의 핵심 인물인 경우, 특히 해당 기록에 대해 어떠한 권한도 지니고 있지 않은 내용상의 인물일 경우, 해당 개인의 사적 권리가 존중될 수 있도록 최선을 다한다. 아키비스트는 접근 제한된 기록으로부터 얻은 정보를 공개하거나 기타 목적으로 이익을 취해서는 안된다.

아키비스트는 소장 기록에 대한 합당한 질의 및 열람요청에 대하여 도움을 주려는 마음으로 공손하게 임하며, 기관의 정책이나 소장물의 보존, 법적 문제, 개인의 권리, 기증자의 동의, 기록의 합법적 이용에 어긋나지 않는 한 최대한으로 기록의 이용을 권장한다.

아키비스트는 동일 자료를 이용하여 연구를 진행하고 있는 다른 연구자를 이용자에게 알려주도록 한다. 해당 연구자가 동의할 경우, 그 성명도 제공토록 한다.

학계의 일원으로서 아키비스트는 연구·출판 및 타 연구자의 저술에 대한 평론활동에 참여할 수 있다. 소속기관의 소장기록을 개인적 연구 내지 출판을 위해 사용하는 아키비스트는 이러한 사실을 소속기관의 장과 더불어 동일한 기록을 활용하는 이용자들에게도 알려야 한다. 개인적으로 기록을 수집하는 아키비스트는 소속기관의 수집활동과 경쟁상황에 있어서는 안되며, 소속기관의 장에게 자신의 수집활동을 보고해야 한다. 또한 개인적인 수집 및 매입활동 전반을 상세히 문서화시키도록 한다.

아키비스트는 타 아키비스트 내지 기관에 대한 무책임한 비판을 삼가도록 한다. 전문가로서의 행위 또는 윤리적 행위에 관해 해당 개인이나 기관, 전문 기록보존기관에 대해 비평을 할 수 있다.

아키비스트는 전문가협회 참여 내지 협력 활동을 통해 타 아키비스트들과 지식 및 경험을 공유하며, 아직 훈련이나 교육이 미숙한 자들이 전문가로 성장할 수 있도록 도와준다. 아키비스트는 전문직 윤리에 따라 최선의 실무를 위한 표준에 대해 숙지해야 하며, 소속기관의 운영이나 컬렉션 관리에서 최고 수준을 추구해야 한다. 아키비스트는 협력의 필요성을 인식함과 아울러 전문적 표준 및 실무의 개발·보급을 촉진시키는, 전문직으로서의 책임을 담당한다.

아키비스트는 소속기관 및 전문가로서의 직업에 최대한 기여토록 하고, 기록관리 표준 및 윤리를 준수토록 촉진시킴으로써 모든 불협화음이 해소될 수 있도록 노력한다.

아키비스트 윤리강령과 논평
(A Code of Ethics for Archivists and Commentary)

　본 윤리강령은 전문직으로서의 역할을 수행하는데 준수해야 할 지침을 정리한 것이다. 여기에 첨부된 논평은 윤리강령에 제시된 내용을 설명함과 아울러, 강령상의 각 조항에서 제시되는 이슈들을 위한 논의의 기초를 제시해준다.

I. 윤리강령의 목적

　윤리상의 판단은 개인, 전문가, 기관, 그리고 사회에 의해 결정된다고 SAA는 생각한다. 현대 생활 속에서 가장 중요한 윤리 문제들은 일반적으로 도덕적인 교육에 기초한 각 개인의 윤리 의식, 직업적 관행, 고용 규정, 기관의 정책, 국가 법률 간의 갈등에서 비롯된다고 볼 수 있다. SAA에서는 본 협회의 목표에 맞게 아키비스트를 위한 윤리강령만을 공식적으로 채택하여 개발해왔다.

　모든 전문 직종과 관련된 윤리강령들은 공통된 목적을 지니고 있다. 즉 그 목적이란 전문적 업무수행 과정에서 연유하게 되는 제반 문제들에 대한 진술, 이해관계의 충돌로부터 일어나는 문제의 해결방안 및 전문직 종사자의 전문성은 공공의 이익을 위해 이용되어야 한다는 점이다.

　기록관리 전문가는 다음과 같은 이유 때문에 윤리강령을 필요로 하게 된다. (1) 기록관리 분야의 가장 민감한 영역에서 전문가로서 지녀야 할 높은 수준의 업무수행 표준을 신참자와 공유하기 위해 윤리강령은 필요하다. (2) 경력이 있는 아키비스트들에게는 본래의 책임을 상기시키고, 그들로 하여금 업무 수행시 높은 수준의 표준을 유지하도록 하며, 다른 사람들에게 그 표준을 공표하게 하기 위해 윤리강령은 필요하다. (3) 기록 기증자 및 판매자, 연구자, 행정업무 수행자 등과 같이 기록보존소와 관련된 자들에게 아키비스트의 업무를 주지시킴과 아울러, 이들이 아키비스트들에게 높은 수준의 표준을 기대하도록 하기 위해 윤리강령이 필요하다.

　윤리강령은 도덕적, 법적 책임을 포함한다. 윤리강령은 아키비스트가 관련 법률을 준수하며 특히 자신들의 영역과 관련된 법령들에 대해 정통함을 전제로 한다. 윤리강령은 또한 아키비스트들이 건전한 도덕적 원칙에 맞게 행동함을 전제로 한다. 아키비스트의 이러한 도덕적, 법적 책임 외에, 기록관리 전문가로서 지녀야 할 직업적인 문제들이 존재하는데, 이러한 문제들을 설명하고 이와 관련된 지침을 제시해 주는 것이 윤리강령의 목적이다. 그리고 윤리강령은 이해관계의 충돌 소지가 존재하는 영역을 제시하고, 상충하는 이해관계를 균형 있게 조정하는 방안을 제시한다. 이와 더불어 전문적 업무 행위의 최고 표준을 촉구하며 모든 기록관리 분야에서의 탁월한 업무 수행을 촉진시킨다.

본 윤리강령은 아키비스트를 위해 수립되었다. 기록관리기관의 정책은 아키비스트가 이 윤리강령을 기반으로 업무를 수행할 수 있도록 수립되어야 한다. 기록관리기관은 아키비스트를 지원함과 더불어, 이 윤리강령의 원칙에 일치하는 정책을 채택해야 한다.

II. 윤리강령 서문

아키비스트는 소속기관이나 일반 시민에 대해 지속적인 가치를 지닌 기록을 선별·보존함과 더불어, 이들 기록의 활용성을 창출시킨다. 아키비스트는 관련 법령이나 기관의 정책에 근거하여 자신의 책임을 수행한다. 아키비스트는 건전한 기록관리의 원리에 토대를 둔 윤리강령을 수용함과 아울러, 이러한 윤리강령 및 기록관리 표준을 소속기관 및 관련 전문가들이 준수하도록 노력한다.

<u>논평</u>: 이 서문은 아키비스트의 중심 기능을 진술한다. 이 윤리강령은 다양한 분야에 종사하는 전문가들(아키비스트, 큐레이터, 기록관리자)을 대상으로 하기 때문에, 독자는 이 강령에 제시된 조항들이 전부 이들 모두에 관계되는 것은 아니라는 점을 알아야 한다. 이 강령은 아키비스트가 아닌 사람들에게 정보를 알려주려는 목적과 그들을 보호하려는 목적을 가지고 있으므로, 아키비스트의 기본 역할에 관한 설명이 필요하다. "장기적 보존 가치를 지닌 기록자료(documentary materials of long-term value)"란 용어는 물리적 매체의 형식에 상관없이 모든 보존기록(archives)과 문서(papers)를 지칭하기 위해 사용되었다.

III. 수집 정책

아키비스트는 소속 기관의 목표 및 정책, 가용 재원에 입각해 장기적 보존 가치를 지닌 기록을 이관·수집한다. 아키비스트는 중요 기록의 수집시 기록의 통합성(Integrity)과 안전성에 위해가 될 경우에는 서로 경쟁해서는 안되며, 기록보존소가 이미 설립된 기관의 기록을 수집하려 해서도 안된다. 아키비스트는 기록을 적절하게 처리하고 효과적으로 활용할 수 있는 기록보존소에 기록이 보존될 수 있도록 협력한다.

논평: 아키비스트들은 일반적으로 수집정책 및 여기에 수반된 업무 방식이 가장 난해한 영역 중의 하나라는데 동의한다. 기록의 이관과 수집은 성문화된 정책에 따라서 수행되어야 하고, 적절한 물적, 인적 자원을 지원받아야 하며, 기록관리기관의 사명에 부합하게 수행되어야 한다. 개인 기록은 한 인간의 모든 이력을 문서로 증명해주기 때문에, 아키비스트는 기록 기증자에게 한 기록보존소에 전체 기록을 맡기도록 권장한다. 윤리강령의 이 조항은 이런 종류의 문제를 해결하는 중요한 요소로서, 낭비적인 경쟁보다는 협력을 촉구한다.

기록관리기관은 각기 독립적으로 운영되며, 따라서 언제나 합법적인 경쟁의 여지가 존재한다. 그러나 기증자가 그 기록관리기관 수집정책의 범위 밖에 있는 기록을 기증하려고 한다면, 아키비스트는 기증자에게 보다 적절한 기록관리기관에 그 기록을 기증하도록 권고해 주어야 한다. 두 곳 이상의 기록관리기관이 기관의 수집정책에 합당한 자료 수집을 위해 경쟁할 때, 아키비스트는 불공정하게 다른 기관의 시설이나 수집 의도를 비난해서는 안 된다. 후에 진술하는 대로, 다른 기록관리기관이나 아키비스트에 대한 정당한 불평은 적당한 경로를 통해 전달되어야 한다. 기증 예정자에게 거짓 정보를 주거나, 어떤 방식으로든 다른 기록관리기관이나 아키비스트를 비방하는 것은 전문가로서 행해서는 안되는 행동이다.

수집을 위한 경쟁이 낭비적인 것인지 아닌지 판단하는 것은 어렵다. 소유자가 여러 기록관리기관에 기증 의사를 제시하는 것은 자유이기 때문에, 그 노력이 중복될 수 있다. 이와 같은 종류의 경쟁은 피할 수 없다. 아키비스트는 이러한 식의 업무처리로 인한 인력과 비용의 불필요한 지출을 항상 피할 수는 없다.

Ⅳ. 기증자와의 관계 및 이용 제한

장기적 가치를 지닌 기록의 이관담당자 내지 소유권자와 협의하는 아키비스트는, 이관·기증·매매에 관한 권한을 신중히 고려하는 가운데 공정한 결정을 내리도록 한다. 그것은 곧 예산 마련 및 이율, 저작권, 기록 처리 계획, 이용 조건 등과 관련된 사항이다. 아키비스트는 기록의 수집시 이해하기 힘든 접근 및 이용상의 제약에 낙담하게 된다. 하지만 이는 한정된 복본에 따른 수집상의 제약 조건임과 아울러 개인의 소유권 보호 일환으로 받아 들여야 한다. 아키비스트는 이관 내지 수집시에 작성된 동의서를 준수토록 한다.

논평: 기록 기증 예정자는 대부분 기록관리 업무에 대해 잘 알지 못하며, 기록의 기증

및 저작권 관련 문제, 공개 조항, 조세법 등에 관한 일반적 지식 역시 지니고 있지 않다. 아키비스트는 이러한 문제들을 염두에 두어야 하며 기증 예정자들에게 도움이 되는 모든 정보를 전달해 줄 책임을 지닌다. 아키비스트는 보통 기증자들이 기증 조건을 달거나 공개 제한을 부과하는 것을 저지하려고 하지만, 민감한 사안의 기록이 포함되어 있을 수 있다는 점을 인식해야 하며, 필요할 때에는 기증자나 그 가족, 편지 왕래자, 친지들의 사생활 정보와 기타 권리를 보호하기 위한 조항을 기증자들이 삽입할 수 있다는 것을 권고해 주어야 한다.

국세청 관련 법규 및 대학 · 연구도서관협회(Association of College and Research Libraries)에서 승인한 지침에 따라, 아키비스트는 조세 목적을 위해 소속 기관에 기증된 기록의 금전적 가치를 평가해서는 안 된다. 아키비스트 중의 일부는 기록의 가치를 평가할 자격이 있으며 타기관에 기증된 기록의 가치를 평가할 수도 있다. 아키비스트는 저작권법상의 조항들을 숙지하고 있어야 하며, 예상되는 기증과 관련된 적절한 조항을 기증 예정자에게 알려줄 수 있어야 한다. 아키비스트는 소유권과 관련된 제반 문제에 대해 알고 있어야 하며, 소유권 이전 권리를 기증자가 가지고 있다는 것을 공지하지 않은 채 기증을 받아서는 안된다. 아키비스트는 기록에 대한 열람을 제한시킬 수 있는 많은 사업들이 있다는 것, 특히 기록의 편찬사업이 있다는 것을 인식하고 있다. 아키비스트는 이러한 열람제한 관행을 억제해야 한다. 그것을 전적으로 회피하는 것이 불가능한 경우, 아키비스트는 열람제한을 최소화시키기 위해 노력해야 한다. 즉 명확한 이용제한 만기일이 설정되어야 하며 기록이 출간 준비 중일 때에는, 다른 사람들도 그 자료를 이용할 수 있어야 한다. 이것은 역사 편찬의 기준에 일치하지 않을 수도 있는 다른 프로젝트를 방해하지 않고도 수행될 수 있다.

V. 기술

아키비스트는 기록에 대한 내부적 통제 및 이용자의 접근을 촉진시킬 수 있는 검색도구 내지 가이드를 마련함으로써, 소장기록에 대한 지적 통제를 실시한다.

<u>논평</u> : 기술은 아키비스트가 1차적으로 책임을 져야 하는 부분으로, 모든 소장 기록에 대해 적절한 수준의 지적 통제가 이루어져야 한다. 기록이 인수되었을 때, 인수된 기록의 일반 기술목록이 작성되어야 한다. 세부적인 기록 처리업무는 시간을 많이 소모할 수 있으며, 기록의 중요성, 사용자의 수요, 업무에 배정할 수 있는 인력

에 기초한 업무 우선순위에 따라 완수되어야 한다. 기록을 소장하고 보존하는 것만으로는 아키비스트로서의 책무를 모두 수행했다고 말할 수 없다. 그들은 수집된 소장 기록의 활용을 촉진시키고 그 기록의 존재를 널리 알려야 한다. 적절한 출판물의 형태로 만들어진 검색보조목록, 기록보존소 소장기록 가이드, 보고서 등은 기록관리기관의 이용자와 외부 연구자들이 기록을 이용할 수 있게끔 촉진시킨다.

VI. 평가 및 기록의 보호, 정리

아키비스트는 소속기관의 행정적 필요 내지 수집정책에 대한 철저한 지식을 기반으로 한 공정한 판단을 통해, 장기적 보존가치를 지닌 기록을 평가한다. 아키비스트는 기록의 진본성(Authenticity)을 보호하기 위해 자신의 관할로 이관된 기록 및 정보의 정리상태를 유지·보호한다. 아키비스트는 훼손, 변조, 망실 및 물리적 손상으로부터 기록을 지킴으로써 자신의 관할에 있는 장기적 보존가치를 지닌 기록의 무결성을 보호함과 아울러, 그 증거 가치가 정리·기술·보존·활용 과정에서 감소하지 않도록 한다. 아키비스트는 기록 관련 범법자를 체포하거나 기소할 시 타 아키비스트 및 법집행 기관과 협력한다.

<u>논평</u> : 아키비스트는 활용되도록 하기 위해 기록을 수집한다. 아키비스트는 수집된 기록이 세심하게 보존되도록 해야 하며, 이를 통해 그 기록의 활용성을 보장해야 한다. 아키비스트는 기록의 물리적 보존 뿐만 아니라 그 수집된 기록 안에 있는 정보의 보전에 더욱 관심을 기울인다. 때로는 그 기록을 정리할 인적 및 물적 자원이 곧 마련될 것이라는 예측을 기반으로 기록이 수집되기도 하지만, 수집한 기록의 정리와 이용이 과도하게 지체되면 그 기관이 기복을 수집하기로 한 결정이 정당한 것이었는지 의문의 대상이 된다.

일부 기록관리기관은 기록을 적절하게 정리하거나 보존하기 위한 자원 마련 없이 법률에 의해 의무적으로 기록을 인수해야 하기도 한다. 이러한 경우 아키비스트는 불충분한 자원을 최대로 활용할 수 있는 방안을 강구해야 하며, 수집 정책을 수정하는 방안을 찾거나 승인된 표준에 부합하게 그들의 전문적 직무를 수행할 수 있게 할 자원을 증가시키는 방안을 찾아야 한다.

Ⅶ. 개인 사생활 및 공개제한 정보

아키비스트는 기록을 생산했거나 기록 내용상의 핵심 인물인 경우, 특히 해당 기록에 대해 어떠한 권한도 지니고 있지 않은 내용상의 인물일 경우, 해당 개인의 사적 권리가 존중될 수 있도록 최선을 다한다. 아키비스트는 접근 제한된 기록으로부터 얻은 정보를 공개하거나 기타 목적으로 이익을 취해서는 안된다.

논평 : 통상적인 업무 과정 중 아키비스트는 민감한 사안을 함유한 기록 및 공개가 제한된 정보를 만나게 된다. 소속 기록관리기관의 정책에 따라 아키비스트는 공개제한 정보를 누설해서는 안되며, 자신의 연구를 위해 공개제한 정보를 사용해서도 안된다. 특정 기록의 공개가 개인 사생활을 침해하는지 여부를 판단하기 위해서는, 해당 법규에 따라 공개해야 할 필요성과 개인 사생활을 보호할 필요성 사이에 어느 쪽이 더 비중이 있는지 검토해야 한다.

Ⅷ. 기록의 활용과 이용 제한

아키비스트는 소장 기록에 대한 합당한 질의 및 열람요청에 대하여 도움을 주려는 마음으로 공손하게 임하며, 기관의 정책이나 소장물의 보존, 법적 문제, 개인의 권리, 기증자의 동의, 기록의 합법적 이용에 어긋나지 않는 한 최대한으로 기록의 이용을 권장한다.

논평 : 기록은 가능한 한 신속하게 행정적 목적을 위해서든 연구적 목적을 위해서든 이용될 수 있어야 한다. 이와 같이 기록의 이용을 촉진하기 위해 아키비스트는 기록 기증자가 부과하는 이용 제한 요구를 줄이기 위해 노력해야 한다.

일단 해당 기록이 공개로 결정되면, 아키비스트는 모든 연구자가 이 기록의 이용 가능 여부에 대해 알고 있는지 확인해야 한다. 만약 특정 기록이 특별 사업에 사용되기 위해 일시적으로 열람이 보류되어 있다면, 연구자는 이 특수한 상황에 관한 정보를 제공받아야 한다.

Ⅸ. 연구자에 대한 정보

아키비스트는 동일 자료를 이용하여 연구를 진행하고 있는 다른 연구자를 이용자에게 알려주도록 한다. 해당 연구자가 동의할 경우 그 성명도 제공토록 한다.

논평 : 아키비스트는 소장 기록이 연구에 이용될 수 있도록 관리조치를 수행한다. 아키비

스트는 소장 기록에 관한 정보를 가능한 한 널리 알리기를 원하기 때문이다. 유사한 주제를 연구하는 연구자들에 관한 정보는 연구자들로 하여금 더 효과적으로 연구를 수행할 수 있게 할 것이다. 그 정보는 타연구자의 이름과 주소, 그리고 연구주제로 구성된다. 이러한 정보는 기관의 정책 및 해당 법률에 맞게 제공되어야 한다. 연구 정보에 대한 문의가 있으면 이전 연구자의 동의가 필요하다. 아키비스트는 한 연구자의 연구 수행내역에 관한 세부사항을 다른 연구자에게 알려주지 않으며, 다른 연구자가 이용한 것과 똑같은 기록의 사용을 금하지 않는다. 아키비스트는 또한 형사 기소를 지원하기 위한 조사연구와 같이 비밀리에 수행하는 연구의 필요성에 대해 철저하게 대응하며, 이러한 경우에는 유사 주제 연구자에게 하는 접근방식을 취하지 않는다.

X. 아키비스트의 연구

학계의 일원으로서 아키비스트는, 연구·출판 및 타 연구자의 저술에 대한 평론활동에 참여할 수 있다. 소속기관의 소장기록을 개인적 연구 내지 출판을 위해 사용하는 아키비스트는, 이러한 사실을 소속기관의 장과 더불어 동일한 기록을 활용하는 이용자들에게도 알려야 한다. 개인적으로 기록을 수집하는 아키비스트는 소속기관의 수집활동과 경쟁상황에 있어서는 안되며, 소속기관의 장에게 자신의 수집활동을 보고해야 한다. 또한 개인적인 수집 및 매입활동 전반을 상세히 문서화시키도록 한다.

논평 : 아키비스트가 소속 기록관리기관에서 자신의 연구를 수행한다면, 심각한 이해관계의 충돌이 발생할 가능성이 있다. 어떤 아키비스트는 자신의 저작 출판을 위해 다른 연구자에게 그 기록을 보여주는 것을 꺼릴 지도 모른다. 한편, 어떤 아키비스트는 그 기록관리기관 소장 기록이 나타내는 주제 분야에 최고의 연구자격이 있는 사람일 수도 있다. 이러한 갈등을 해결하는 가장 좋은 방법은 연구자로서의 아키비스트 역할을 명확히 표명하고 공표하는 것이다.

아키비스트로서 임용될 시점 혹은 연구를 수행하기 전에, 아키비스트는 상관과 함께 연구와 출간의 권리에 대해 명백히 이해하고 있어야 한다. 아키비스트가 소속 기록관리기관에서 연구를 하고 있다는 사실은 기관의 후원자에게 알려져야 하며, 자신만 기록을 이용하기 위해 기록의 열람을 제한해서는 안된다. 아키비스트 자신의 연구는 소장 기록과의 친밀성을 증가시키기 때문에, 이러한 종류의 연구는 아키비스트가 다른 연구자들에게 더 도움을 줄 수 있게 해야 한다. 아키비스트는 다른 연구자들과 마찬가지로 자신이 수행하는 연구의 세부사항이나 연구 성과를 공표할 의무가 있는 것은 아니다. 고용자와 합의한 사항에는 아키비스트가 그 직무의 일부로 수행한 연구에 대해 각각의 사례마다 지원금을 받을 수 있는지 여부를 명시한 진술이 포함되어야 한다.

XI. 타기록관리기관에 대한 비평

아키비스트는 타 아키비스트 내지 기관에 대한 무책임한 비판을 삼가토록 한다. 전문가로서의 행위 또는 윤리적 행위에 관해 해당 개인이나 기관, 전문 기록보존기관에 대해 비평을 할 수 있다.

논평 : 다른 기관이나 아키비스트에 대한 비난은 특히 두 개 이상의 기관이 동일한 기록을 수집하려고 할 때 문제가 된다. 그러나 이 문제는 기록관리의 다른 영역에서도 일어날 수 있다. 재원의 부족으로 생겨난 결함과 비전문가적 행위로 인해 초래된 부적절한 기록의 취급은 반드시 구별되어야 한다.

XII. 전문가 활동

아키비스트는 전문가협회 참여 내지 협력 활동을 통해 타 아키비스트들과 지식 및 경험을 공유하며, 아직 훈련이나 교육이 미숙한 자들이 전문가로 성장할 수 있도록 도와준다. 아키비스트는 전문직 윤리에 따라 최선의 실무를 위한 표준에 대해 숙지해야 하며, 소속 기관의 운영이나 컬렉션 관리에서 최고 수준을 추구해야 한다. 아키비스트는 협력의 필요성을 인식함과 아울러 전문적 표준 및 실무의 개발·보급을 촉진시키는, 전문직으로서의 책임을 담당한다.

논평 : 아키비스트는 지역적 내지 전국적 전문가 조직에 가입할 수도 있고 가입하지 않을 수도 있다. 그러나 필히 기록관리 방법론의 변화상에 대해 잘 알고 있어야 하며, 동료들과의 활발한 교류가 있어야 한다. 아키비스트는 전문가 회합에 참가하거나 논문을 출간함으로써 자신들의 전문적 식견을 공유해야 한다. 바로 그러한 활동들을 통해 기록관리 분야나 관련 분야에서, 그리고 자신만의 특별한 관심 분야에서 전문성을 지속적으로 개발해야 한다.

XIII. 결론

아키비스트는 소속기관 및 전문가로서의 직업에 최대한 기여토록 하고, 기록관리 표준 및 윤리를 준수토록 촉진시킴으로써 모든 불협화음이 해소될 수 있도록 노력한다.

논평 : 본 강령은 기록의 적절한 이용, 정보의 교환, 희소 자원의 합리적 이용 등과 같은 사항에 대한 기록관리전문가의 "최선의 이익"에 관해 설명하였다. 이 마지막 진술문은 아키비스트가 이 목표를 추구하도록 촉구한다. 이러한 목표가 일부 기록관리기관의 정책이나 일부 아키비스트들의 업무 관행과 갈등을 일으키는 것이 명백할 때, 모든 이해당사자들은 이 윤리강령과 더불어 경험이 많은 아키비스트의 판단을 참조해야 한다.

[1997년 1월 22일 개정]

캐나다 ACA 아키비스트 윤리강령

아키비스트 윤리강령(A Code of Ethics for Archivists in Canada)

강령은 '원리'와 '원리의 적용', 두 부분으로 구성되어 있다.

원리

I. 아키비스트는 현재의 이용자 및 미래 세대를 위해, 기록이 지닌 논리적 무결성 및 물리적 보존성을 보호하며, 평가·수집·보존함과 더불어 이들 기록의 활용성을 창출시킨다.

II. 아키비스트는 인종이나 민족, 국가, 지역, 피부색, 성별, 연령, 정신적·신체적 장애에 따른 차별 없이 이러한 활동들을 수행한다.

III. 아키비스트는 개인의 사생활 및 비밀보호와 더불어 기록의 보존성을 신중히 고려한 가운데, 소장기록의 이용성을 극대화시키기 위해 최선을 다한다.

IV. 아키비스트는 업무수행상의 가장 바람직한 표준을 준수하기 위해 노력하는 가운데, 기록관리상의 원리 및 방법론에 따라 자신들의 의무 수행을 위해 최선을 다한다.

V. 아키비스트는 개인적 지식 및 기술 개발을 통해, 또한 관련 전문가와의 경험 및 정보 공유를 바탕으로 기록학의 학문적 발전에 기여한다.

VI. 아키비스트는 자신들의 전문적 지식 및 경험을 전체 사회의 공익을 위해 활용한다.

원리의 적용

A. 평가, 선별 및 수집

A1. 아키비스트는 소속 기관의 사명 및 재원을 고려하며 기록을 평가·선별·수집한다. 이러한 활동들은 퐁의 통합성(Integrity of the Fonds)을 고려하며 수행되어야 하며, 더불어 이러한 활동과 관련된 사항들을 문서화시킨다.

A2. 아키비스트는 기록의 안전에 위협을 주는 수집상의 경쟁을 하지 않는다. 기록이 최적의 기록 보존소에 보존될 수 있도록 서로 간에 협력한다.

A3. 아키비스트는 기록의 수집시, 양도·기증·구매 여부 및 수집을 위한 재원 확보

여부, 그리고 처리계획 및 저작권 상황, 접근 조건 등을 신중히 고려해야 한다. 아키비스트는 기록의 수집시 이해하기 힘든 접근 및 이용상의 제약에 낙담하게 된다. 하지만 이는 한정된 복본에 따른 수집상의 제약 조건임과 아울러 개인의 소유권 보호 일환으로 받아들여야 한다. 아키비스트는 이관 내지 수집시에 작성된 동의서를 준수토록 한다.

A4. 아키비스트는 수집기록의 구매 내지 기증시, 기록의 공정한 시장가치와 더불어 정부 및 관련 감정기관에서 수립한 감정원칙을 토대로, 해당 기록이 지닌 금전적 가치 내지 세제혜택을 평가토록 한다.

B. 보존

B1. 아키비스트는 기록의 물리적·논리적 무결성을 보호하기 위해 최선을 다한다. 아키비스트는 기록의 보존과 관련하여 취해진 모든 조치들을 문서화시킨다.

B2. 아키비스트는 기록을 매각할 필요가 있을 경우, 기증자와 접촉하기 위해 최선을 다해 이러한 사실을 공지해야 한다. 아키비스트는 해당 기록의 폐기에 우선권을 지닌 기록보존소에 기록을 제공토록 한다. 아키비스트는 매각과 관련된 모든 의사결정 및 행위들을 문서화시킨다.

C. 활용성 및 이용

C1. 아키비스트는 소장기록의 접근성 및 활용성을 극대화시키기 위해 모든 소장기록을 정리하고 기술한다.

C2. 아키비스트는 기록을 생산했거나 기록 내용상의 핵심 인물인 경우, 특히 해당 기록에 대해 어떠한 권한도 지니고 있지 않은 내용상의 인물일 경우, 해당 개인의 사적 권리가 존중될 수 있도록 최선을 다한다. 아키비스트는 접근 제한된 기록으로부터 얻은 정보를 공개하거나 기타 목적으로 이익을 취해서는 안된다.

C3. 아키비스트는 기록에 부여된 접근 및 활용상의 제약사항을 이용자에게 공지토록 한다. 아키비스트는 모든 제약조치를 만인에게 공평하게 적용해야 한다.

C4. 아키비스트는 이용자에게 기록의 저작권 사항에 대해 공지해야 하며, 저작권 소유자로부터 기록 이용권을 부여받는 것은 이용자의 몫임을 알려야 한다.

C5. 아키비스트는 이용자가 찾고자 하는 정보 및 열람코자 한 기록과 관련하여 이용자의 사적 권리를 보호한다. 아키비스트는 이용자와 동일한 연구주제를 수행하는 연구자가 있을 시, 해당 연구자의 사전적 동의를 얻은 경우에는 이용자에게 이를

알려줄 수 있다.

D. 전문직으로서의 자세

D1. 소속 기관의 소장기록을 개인적 연구 내지 출판을 위해 사용하는 아키비스트는, 이러한 사실을 소속 기관의 장과 더불어 동일한 기록을 활용하는 이용자들에게도 알려야 한다. 아키비스트는 개인적 연구를 수행할 경우, 소속 기관의 장 명의의 타 연구자에 대한 통보없이 타 연구자의 검색 정보를 사용해서는 안된다.

D2. 개인적으로 기록을 수집하는 아키비스트는 소속기관의 수집활동과 경쟁상황에 있어서는 안되며, 업무의 결과로 얻은 독점적 정보를 사용해서도 안된다.

E. 전문지식의 배양

E1. 아키비스트는 동료 아키비스트들과 전문직으로서의 자기개발을 이루어나가기 위해 자신의 지식 및 경험을 공유토록 한다.

E2. 아키비스트는 기록관리 환경에 영향을 미치는 사안에 관한 정책결정을 지원하기 위해, 자신들의 전문적 지식 및 경험을 입법권자 내지 정책결정자와 공유토록 한다.

저작권 보호기간 : 1995~1999년
캐나다 아키비스트협회(The Association of Canadian Archivists)
1998년 3월 31일 개정

위젯(Widget) 제조회사의 기록관리 프로그램 개정: 경영 사례 연구

Ann Pederson[4]

위젯(Widget) 제조회사의 경영 이사가 추천한 당신은 확실한 직장이며 연봉도 높은 회사의 새 기록 매니저 후임 자리의 최종 후보자이다.

당신의 능력을 평가하기 위한 최종 테스트로서 경영이사는 당신에게 효과적인 기록관리 프로그램의 설립을 위한 제안서 제시를 요구할 것이다.

그는 당신에게 다음 정보를 제공해 준다.

위젯(Widget)은 중소 규모의 회사로서 현 경영이사의 증조할아버지가 설립하였다. 회사는 한 곳에서 약 70년간 운영되어 왔으며 엄청난 양의 기록, 특히 부품 주문서가 상당량을 차지하고 있다. 상당수의 가족이 회사 운영에 참여하고 있으며 그중 대부분이 고위직을 차지하고 있다. 그들은 위젯의 생산 과정과 공장의 80여명 직원들 전반에 걸쳐 관리한다. 다음 표가 이 회사의 조직을 이해하는데 도움이 될 것이다.

---

4) 앤 페더슨은 호주 시드니 뉴사우스웨일즈 대학에서 정보, 시스템, 기술&관리학부에서 아카이브즈 운영과 기록관리(Archives Administration and Records Management)선임강사를 맡고 있다.
미국에서 태어나 교육받았으며 역사학으로 석사학위와 박사학위를 취득했고 중등교사 자격이 있다. 그녀는 5년간 모든 기록학적 기능들을 책임지는 기록보관소 부서의 장을 포함해 10년간 조지아 주의 기록보존소와 역사부(Georgia Department of Archives and History)에서 근무했다.
그녀의 저서로는 1987년에 발행된 *Keeping Archives*가 있으며 1998년 잘 알려진 *Documenting Society*가 있고 기록보존소내의 멀티미디어 트레이닝 코스/훈련과정이 있다. 그녀는 ICA(International Coucil on Archives)의 기록학 연구와 훈련 부서(SAE; Steering Committee of the Section on Archival Education and Training)의 호주 대표일 뿐만 아니라 SAA(Society of American Archivist) 회원이며 호주 아키비스트 협회(ASA; Australian Society of Archivist) 수상자이기도 하다.

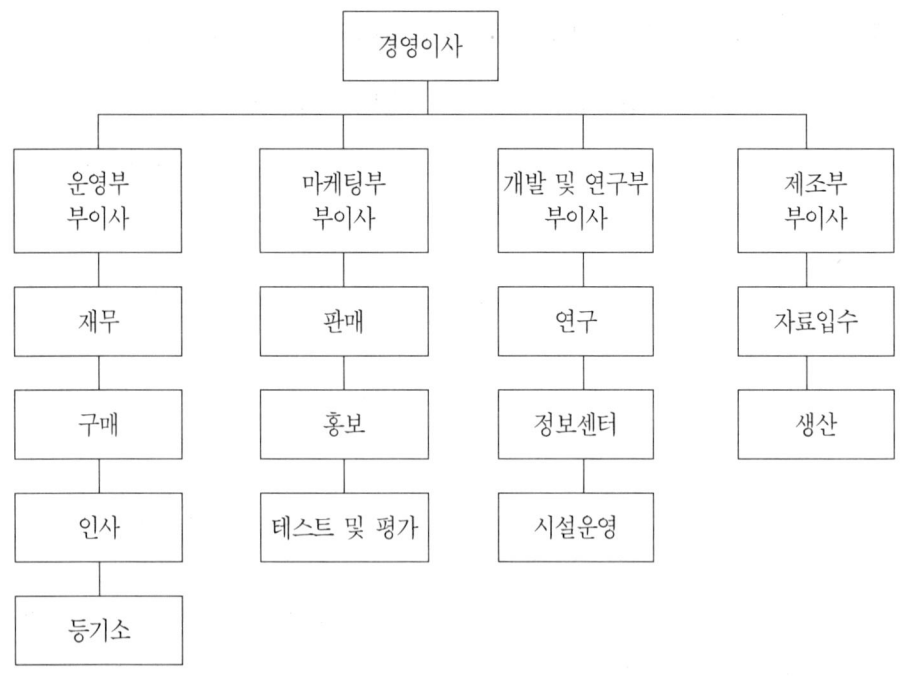

이 회사는 성공해서 호주에서 작은 부품을 생산하는 두 개의 회사로 크게 성장하였으나 인플레이션과 재료비 상승으로 인해 합리화(streamline) 경영방침에 합의하였다.

최근에 들어서야 비로소 회사는 효율적인 기록 관리에 관심을 기울이게 되었는데 여기에 크게 4가지 이유가 있다.

제조간접비 상승으로 인해 이익 마진이 감소됐다. 예상치 못한 몇몇 문제점들로 인해 회사가 민사소송에 휘말릴 조짐이 있었다. 또한 회사는 다음해에 있을 창립 75주년을 기념하고 축하의 뜻과 함께 창립자인 경영이사의 증조부에 대한 고마움을 표현하는 식을 거행할 것이다. 마지막으로, 최근에 회사의 재무담당자는 기록관리가 경영에 있어서 얼마나 중요한 역할을 하는지에 관한 세미나에 참석했었다.

몇 주 전에 행해진 1차 인터뷰의 일환으로 당신은 경영이사의 딸이 관리하는 등기소를 포함해 공장을 둘러보았다. 당신은 몇 가지 특징에 대해 적었는데 다음과 같다.

- 망가진 기록철 폴더와 등록대장을 고칠 때 끈적끈적한 테입을 사용
- 중앙 컴퓨터 시스템은 부품재고, 예비 부품들, 고객들의 메일 주소 등을 관리
- 기록철의 제목과 색인을 유지하기 위한 표준의 부재

- 기록업무를 위한 문서화된 정책이나 절차의 부재
- 사이즈와 형태의 구분 없이 모든 기록들이 박스, 선반, 캐비닛에 보관되며, 많은 양의 기록들이 코너에 방치되어 있거나 반침, 또는 손에 닿지 않는 장소에 위치
- 처분지침 부재

이사회에 보고하는 형식을 갖춘 문서로서 다음 요소들을 포함해 4장짜리 1,500자 분량의 위젯사(社) 기록관리 프로그램 설립에 관한 제안서를 준비하시오

첫 번째 장: 회사 내의 기록관리 운영 관계와 명시적인 지위를 보여주는 개정된 기관 도표와 함께 프로그램의 명칭, 사명문 그리고 전반적 개요가 포함되어야 한다.

두 번째~네 번째 장: 처음 9개월을 어떻게 사용할지에 대한 계획을 포함하시오 당신의 제안서를 비전문가도 쉽게 읽고 이해할 수 있게 요점 형식으로 작성하시오 요점 형식으로 적절한 주석과 함께 GANTT차트를 이용해 개요를 설명하시오 이 장에는 당신이 수행하고자 계획하는 여러 업무들 그리고 이들을 조화롭게 완수시키기 위한 전략과 방법에 대한 설명이 포함되어야 한다.

다섯 번째 장: 이사회에서 당신의 제안을 평가할 때 당신이 이 직업에 왜 적합한지를 설명해주는 첨부서와 여유분의 이력서 복사본을 함께 동봉하시오

위젯 사례연구에 대한 교육자의 주의사항

학습 목표

1. 미래의 고용주들에게 깊은 인상을 남기기 위해 편지, 이력서, 제안서들을 준비하는 능력을 키우시오
2. 기본 개념과 계획, 일정작성 도구를 획득하고 적용하시오
3. 업무단위 문제 분석을 위한 방법의 이해와 문제 해결을 위한 실제적인 계획을 고안해 적용하고 획득하시오

가이드라인 평가/학생들을 위한 코멘트

A. 학생들은 응답을 준비하는 동안 주어진 지시를 따라야 한다.

1. 4페이지/1,500자
2. 내용은 실제 이사회 회의에서 프레젠테이션할 수 있을 정도로 적합해야 한다.
3. 프레젠테이션을 할 내용은 명확, 간결해야 하며 포인트 스타일로 구성해야 한다.
4. 허구가 아니라 사실적이어야 하며 왜 당신이 이 직업에 적합한지에 대해 쓰시오

이 과제의 궁극적 목적 중 하나는 위젯과 같은 미래의 고용자에게 자기 자신, 그리고 자격 요건과 아이디어를 어떻게 그들에게 표현할지를 생각하게 해 주는 것이다.

B. 논의의 구성요소

1. 아키비스트/기록관리자는 어떤 경영/정치적 문제에 대해 인지/인식하게 될 것이다.
   a. 경영 구조 안에서 기록관리 프로그램의 책임성과 위상에 관한 정의 필요
   b. 회사 전반에 걸친 기록/영구보존기록 프로그램의 범위와 성격에 관해 무지할 가능성
   c. 변화에 따라 예상되는 조직의 저항
   d. 단기간의 중요한 회사 창립기념일(75주년) 준비

2. 위젯사(社) 기록관리 프로그램(RKP) 개발을 위한 계획
    a. 경영이사의 승인이 끝나고 논의/승인 및 전파를 위해 기록관리 프로그램(RKP)의 개념에 근거한 예비문서를 준비하시오 이 아이디어의 이면에는 사람들에게 무엇이 효과적인 기록관리 체계인지에 대한 개요를 설명해줌으로써, 그에 대한 반응/견해 및 관점을 표현할 수 있다.
        (1) 새 프로그램의 목적은 무엇이 효과적인 기록 관리인지, 이것이 위젯사 전반에 걸쳐 특히 근로자들에게 어떠한 이점을 주는 지에 관한 것이다.
        (2) 제안된 프로그램의 범위와 권위에 대해 설명하시오
        (3) 당신의 권고안들에 관한 근거로서 직접적 권한과 연락제도(direct authority와 liaison arrangement)에 관한 설명을 포함해 커다란 조직 맥락 내(운영맥락)에서 기록관리 프로그램(RKP)의 임시 위상과 하위 부서들, 등록소, 레코드센터/기록보존소 권고명
    b. 각 부서를 직접 찾아다니며 주요 인사들(경영이사진들과 그 외)로부터 사실을 파악하고 오리엔테이션 회합을 받을 수 있도록 설계하시오
    c. 위젯사(社)의 기능, 목적과 목표, 권력 기구, 매니저 그리고 정보 시스템과 프로그램에 관한 기대치에 관해 가능한 많은 것을 익히시오 사람들과 관계를 맺으며 우리에게 필요한 우방 즉 재무담당자를 찾으시오 당신의 업무는 당신의 연구 계획에 그들의 자본을 투입시키게 하는 것이다. (그들이 무엇을 가장 중요하게 고려하는지와 그들의 요구가 무엇인지)
        (1) 각 분야에서 인정받은 사람들은 '기록 시스템 위원회'의 잠재적인 회원들로서 당신의 계획을 지지하거나 더 나은 방향으로 발전하게끔 의견을 제시해 준다. 다음 단계는 승인과 실행을 위한 시지를 얻어내는 것이다. 차장들에게 참여를 요청하거나 그들의 업무 분야에 대해 충분한 정보를 지닌 것으로 판단되는 사람에게 그들을 위한 기능을 설계/위임하도록 하시오
        (2) 공식적, 비공식적 커뮤니케이션 채널에는 인터뷰, 직원회의, 정기 트레이닝 기간, 서비스와 규칙 및 절차에 대한 정기적인 공표, 모든 직원들에게 특히 핵심 관리자들에게 기록관리 프로그램(RKP)에 관한 뉴스 제공이 있는데 이를 구축하고 정기적으로 이용할 수 있게 하시오
    d. 정보시스템 내에서의 문제점 인식과 개선안, 주요 인사와 필요한 정보에 대한 논의, 모든 기록에 대한 조사, 현재 파일을 취급하는 최선의 방법을 포함한 커다란 규모의 연구를 수행하고 권한을 획득하시오 기록관리 프로그램(RKP) 위원회, 감독자들, 그

리고 관심을 갖는 의사결정자들, 이 모든 사람들이 검토와 과정 중 주요사안에 정보를 제공하는 것을 허락한다. 연구는 다음을 포함한다.

(1) 현존하는 정보시스템에 관한 연구

(2) 정보과학, 기록보존 및 기록관리 영역과 관련된 문헌 또는 논문 연구

(3) 기록의 물리적 배치와 기록 생산 시스템 및 기기에 관한 연구

(4) 업무 활동, 기록 관리, 시스템 개선을 위한 아이디어 또는 요구사항에 관해 기록을 생산, 유지, 사용하는 사람들과 인터뷰

(5) 위젯사(社)에서 사용가능한 정보시스템들과 주요 데이터베이스에 관한 연구

e. 기록관리위원회와 경영이사(MD)가 승인하기 위한 영구보존기록/기록 프로그램 개선은 광범위한 계획 준비와 조사 분석이 필요하다. 이 개선안은 다음을 포함한다.

(1) 경영상 위치와 보고관계를 포함하는 기록관리정책 문서양식으로 개선해서 설계. 기록관리프로그램 (RKP) 직원의 책임과 의무 및 다른 사람들과의 인터페이스에 대한 설명

(2) 금년도 직원, 기기, 공간, 물품과 같이 장기간 필요한 것들에 대해 책정된 예산

(3) 활동계획 세부사항

  (a) 기록조사/인벤토리와 기록관리시스템 전반에 걸친 관리

  (b) 준비, 승인 그리고 처분일정표 적용단계

    1. 사무실 직원에 의한 즉각적 폐기. 식별하기. 다음 아래 범위의 비현용 자료들의 폐기(일상적인 기관 내 기록들, 오래된 출판물에 대한 모든 연구열람 파일들 그리고 도서관/정보센터에서 5년 보존 책정된 것을 제외한 그 밖 기관에서의 연례보고서)

    2. 기능적 혹은 시스템 전반 처리 결정 단계는 업무 단위별로 점진적으로 진행되며, 가장 중요한 업무 분야나 폐기대상이 되는 가장 방대한 일련의 기능들부터 시작된다.

  (c) 기록보존소/기록관을 위한 공간을 마련하고 재활용 기기와 위에서 언급된 물품들로 구비하시오

  (d) 정보서비스영역 운영을 원활히 하기 위해 등록서비스, 절차, 실무에 관한 연구를 시작하시오

(4) 종합계획의 단계별 실행과 승인에는 훈련, 기록관리 정책의 성문화, 그리고 절차 매뉴얼을 함께 수반하시오

  (a) 계획과 실행의 각 단계를 위해 경영진의 지원을 확보하시오

(b) 각 단계에서 프로그램 개발을 위한 예비훈련, 경영진과 직원에게 영향을 미치는 쌍방향 피드백을 수행하시오 (각 단계 전후에 또는 중간에 행해질 수 있다.)

(c) 각 단계를 마친 후에는 기록관리 핸드북을 위한 절차와 모든 정책들, 기능 활동들을 플로우차트로 성문화해야 하며 이를 교육자료로 통합하시오

(5) 기록관리 프로그램(RKP)의 위치와 운영상의 관계 : 여기서 주요 요건은 기록관리 프로그램을 위해 선택되는 관리상/운영상의 위치가 전사적인 활동을 수행하기에 적합해야 한다는 것이다. 즉 행정부서가 적합하고 현실적으로 가능하다. (이는 잠재적으로 유능한 사람들과 기록관리를 분리하거나 지나치게 과격한 변화를 도모하는 것을 의미하지는 않는다.) 이것은 또한 '독립적이거나 책임자'와 같이 딱딱하게 구는 것 보다 활동과 위원회를 통해 필요한 영향을 미칠 수도 있다. 게다가 R&D의 정보 센터와 같이 정보를 다루는 다른 부서와 어떻게 일을 해야 하는지 또한 당신이 기록관리 프로그램을 구축하고 싶은 하위 부서 또는 기능적 부서들 (예를 들어 등록부, 기록보존소, 마이크로필름에 관한 조언/자문 서비스와 같은 기술 서비스)이 무엇인지 알고싶어 한다.

▪ 참고문헌(Suggested Readings)

Evans, F.B. and E. Ketelaar. *A Guide for Surveying Archival and Records Management Systems and Services; A RAMP Study.* Paris: UNESCO, 1983.

Kennedy, Jay and Cherryl Schauder. *Records Management: A Guide for Students and Practitioners of Records Management.* Melbourne: Addison Wesley Longman 1998.

Penn, Ira, Gail Pennix, Anne Morddel and Kelvin Smith. *Records Management Handbook.* Aldershot: Gower, 1989. (see also 1994 edition)

Robek, Mary F., Gerald F. Brown and David O. Stephens. *Information and Records Management.* Fourth Edition. Encino, California :Glencoe/McGraw-Hill, 1996.

Ricks, Betty R. and Kay F. Gow. *Information Resource Management: A Records Systems Approach.* Third Edition. Cincinnati, OH: South-Western Publishing, 1995.

Society of American Archivists. (1994) *Guidelines for institutional Evaluation.*

URL: http://www.archivists.org/governance/guidelines/evalgui.html.

Society of American Archivists. Task Force on Goals and Priorities (GAPTF), *Planning for the Archival Profession,* Chicago: SAA, 1986.

Wallace, Patricia, Jo Ann Lee and Dexter R. Schubert. *Records Management: Integrated Information Systems.* Third edition, New york: Prentice - Hall, 1997.

Worthy, James C. 'Management Concepts and Archival Administration' in Daniels, Maygene and Timothy Walch, editors. *A Modern Archives Reader.* Washington, DC: NARS Trust Fund Board, 1984.

부록

GANTT 차트

GANTT 차트는 스케줄 도구로서 창시자인 Henry L.Gantt에서 이름이 유래했다. 이것은 프로젝트의 부분별 업무와 활동을 쉽게 보여주며 날짜 스케줄 리스트로서 한주가 기본이다. 이것은 각 업무 관계를 보여준다. 일반적으로 작은 업무에서는 차트 한 장이면 되지만 큰 프로젝트에서는 각 기능 또는 사건마다 한 장씩 쓰이므로 몇 장의 차트가 필요하다.

일정 / 업무		업무 1	업무 2	업무 3	업무 4
주 차	1999년 날짜				
1	1월 4-8				
2	1월 11-15				
3	1월 18-22				
4	1월 25-29				
5	2월 1-5				
6	2월 8-12				
7	2월 15-19				
8	2월 22-26				
9	3월 1-5				
10	3월 8-12				
11	3월 15-19				
12	3월 22-26				
13	3월 29 부활절				
14	4월 5-9 휴가				
15	4월 12-16				
16	4월 19-23				
17	4월 26-30				
18	5월 3-7				
19	5월 10-14				
20	5월 17-21				

업무 →	1.0 지속적인 관리	1.1 주주확인	1.2 웹사이트 개발 및 유지	1.3 리스트서브 개발 및 유지	1.4 심의회 네트워크 설정
1998년 일정↓	●연구태스크 확인 ●연구팀 구성 ●업무 분담 ●관리 가이드라인 배포 ●ARC와 위원회에 진행보고서 제출 ●결과 공표	**확인** 데이터베이스 개발	**설계 및 설정** 유지 보수 컨텐츠 생성 홈페이지 첫화면(프로젝트 설명, 범주, 비전, 사업개요, 직원, 연락처) ●연구 계획 ●진행 보고서 ●관련 논문 ●서지 목록 ●관련사이트 링크	**설계 및 유지보수** 주주들에게 이에 대한 사실을 공표 사용(적절히?)	심의회 그룹 및 일정 조직 호주 및 국제적 메타데이터 연구위원회 링크 개설 소프트웨어 개발자와 관계 설정
수행주체	**CI와 연구팀**	CI와 SC **데이터베이스** **C12**	**CI1와 PCI 조사도**구 설계 ; APA(I) 조사 및 분석 ; 연구팀 업무 진척	**CI1과 PCI 조사도**구 설계 ; APA(I) 조사 및 분석 ; 연구팀 업무 진척	**CI** 선택기준 설정 및 APA(I) 확인 및 식별
2월 2-6					

2월 9-13	CI1,2회의				
2월 16-20					
2월 23-27	회의1				
3월 2-6			설계	설계	
3월 9-13					
3월 16-20					
3월 23-27					회의2
3월 30-4월 3			실행	실행	기준
4월 6-9부활절					
4월 13-17 휴가					
4월 20-24					
4월 27-5월 1					
5월 4-8			분석	분석	확인

이력서 쓸 때 유의해야 할 점

1. 이력서는 형식과 항목 그리고 여백에 주의하여 활자체로 작성해야 한다. (이상적인 여백은 최소 2.5cm이다.)

2. 이력서에는 가능한 지원자에 대한 가장 중요한 정보만 요약해서 약 한 장 정도의 길이로 써라. 낭신이 태어날 때부터 세세한 이야기를 듣고 싶어 하는 고용주는 아무도 없을 것이다.

3. 요구를 정확하게 하라.

4. 목록에는 학력란을 제외하고 모든 제목 아래 가장 최근의 일부터 써내려가라. 이것은 고용주에게 현재 당신의 시각을 보여주며 당신의 배경을 설명해준다.

5. 당신이 원하는 직업의 자격 요건들을 학력란 아래 작성하시오

- 이것은 당신이 회사에 제공한 정보의 중요도를 바꿈으로써 특정 고용주로 하여금 흥미를 이끌어냄을 뜻한다.

- 또한 이것은 당신이 새로운 직장에 지원할 때나 이전에 기입한 내용들을 체크할 때

항상 기입해야 하는 것이다.

6. 당신의 성품과 자격을 증명해줄 수 있는 두 명의 이름과 연락정보를 포함하라. 당신의 업무 능력과 성품 그리고 이 분야에 적합하다는 긍정적인 충고를 미래의 고용주에게 해줄 수 있는 사람에게 부탁해라.

7. 이력서를 보낼 때 이력서만큼 정성을 기울인 첨부문서를 함께 보내야 한다. 첨부문서는 약 1~2장 정도가 적당하며 다음과 같은 특징들을 포함해야 한다.

   a. 당신이 지원하고자 하는 부서/직장에 대해 정확히 명시하라.

   b. 특히 당신이 이 직장에 적합함을 설명할 수 있는 경험, 능력, 자질, 흥미에 대해 기술하고 이력서에 반복해 기술하지 말라. 하나 또는 두 개의 주요 사항을 설명함으로서 그들은 당신이 이 업무에 관해 식견이 있다는 것을 알게 될 것이다.

   c. 당신이 왜 특별히 이 회사나 조직의 업무에 관심 있는지에 대해 설명하라. 이것은 당신이 이 회사 또는 기관에 관해 공부했는지를 말해준다.

   d. 이 자리와 당신의 자격 요건에 관한 논의를 할 수 있는 기회를 요구하라.

   e. 당신의 지원서를 심사숙고해서 읽은 사람들에 대해 감사하는 마음을 가져라.

   f. 이력서와 분리될 때를 감안하여 첨부문서에도 당신과 연락 가능한 주소, 전화번호를 적으라.

이력서 작성시 지원자 가이드

구직기간 동안 당신은 다양한 형태의 이력서를 사용할 것이다. 첨부문서는 이력서와 함께 동봉되어야 하며 반드시 원문이어야 한다. 첨부문서는 (1)질의 응답서 또는 (2) 지원서여야 한다. (차이점은 다음 아래에서 나타나 있다.)

다른 종류의 이력서에는 후속 편지(follow-up letter) 또는 감사 편지가 있다. 다양한 종류의 편지가 존재한다. 만약 당신이 면접관들에게 감사의 말을 전함과 동시에 자리를 수락할 때는 수락 편지를 이용해라.

만약 당신을 위해 시간을 내어준 면접관들에게 감사를 표시함과 동시에 정중하게 제안을 거절하고자 할 때는 거절 편지를 이용해라. 첨부문서 또는 감사편지는 간단히 약 세 단락 정도의 짧은 분량이 적절하다. 한 페이지면 충분하다.

첨부문서

이력서를 송부할 때 항상 첨부문서를 동봉하라. 고용주들은 당신이 보낸 편지가 잉크로 사인이 된 원본이라면 보통 그에 대한 답장을 해준다.

이력서는 심사숙고해서 보내야하며 꼭 미래 고용주로부터 답장을 요구하지 않는다.

첨부문서를 쓸 때 가장 중요한 점은 면접을 볼 수 있도록 면접관들의 흥미를 끌어내는 것이다. 첨부문서는 전문적이지만 동시에 강렬해야 하며 창의적이어야 한다.

간단하고 명확한 언어를 사용해야 하며 과장된 문장, 또는 복잡한 단어의 사용을 피해야 한다. 당신의 독특한 개성이 표출되어야 하며 면접관들에게 당신의 이력서를 더 읽고 싶은 마음이 들게 해야 한다.

1. 편지에 가능한 구체적으로 받는 사람, 이름, 부서까지 적어라.
2. 첫 20단어는 매우 중요하다. 이것은 이력서를 읽는 사람들의 관심을 끌 것이다. 지루한 게 시작된 도입 부분은 곧 버려지거나, 읽혀지지 않는 이력서가 될 것이다.
3. 회사가 당신에게 무엇을 해주기를 바라기보다, 당신이 회사를 위해서 무엇을 할 수 있는지 어떤 것을 기여할 수 있는지에 대해 써라.
4. 커버 레터는 짧게 써라. 한 페이지 분량이 적당하다.
5. 이력서를 꼭 언급해라 - 이것은 사실을 전달해 준다.
6. 이력서에 나타난 동일한 정보를 두 번 되풀이하지 말라. 이것은 이력서의 도입 부 분으로서 당신이 어떤 업무를 수행할 수 있는지에 대한 요약된 내용이 들어가야 한다.
7. '신뢰성' 또는 '어려운 업무를 수행할 수 있는 능력' 에 관한 내용들은 이력서에 들어가는 것이 낫다.
8. 간결하고 단도직입적인 단어, 정확한 문법과 완벽한 맞춤법으로 작성하라. 고급용지 (bond paper)로 A-4 또는 편지 사이즈의 규격화된 사이즈에 깔끔하게 인쇄하시오 신중히 교정 을 본 후 인쇄한 위에 당신의 서명을 자필로 사인하라.
9. 편지가 당신과 당신의 개성을 반영할 수 있게 작성하시오 하지만 너무 친숙하거나 공격적이고 유머러스하며 귀여운 표현은 피하라.
   당신은 둘 다 모두에게 중대한 사안에 대해 편지를 쓰는 것이다. 전문가다운 태도를 보여라.
10. 다음 단계를 위한 주도권을 쥐면서 편지를 마쳐라. 예를 들어, 당신의 자격 요건을 논의하기 위한 자리를 마련하기 위해 연락하겠다고 함으로써 편지를 마쳐라.

지원서

지원서는 질의응답서와 다르다. 지원서는 모집공고가 난 구체적인 일자리에 대해 쓰는 것이다. 지원서는 다음과 같은 예들로 통상적으로 많은 업무 분야에서 사용된다.

1. 다른 도시 또는 지역에 살고 있는 고용주에게 연락하고자 할 때
2. '모집 공고' 또는 신문이나 회사의 신규 채용으로 공표된 자리에 지원하고자 할 때
3. 소식을 통해 또는 공고가 난 자리에 지원하고자 할 때
4. 현재 자리가 가능하다고 들었을 때
5. 고용주 또는 리쿠르트로부터 연락이 와서 특정 자리에 대한 지원서를 작성해 달라고 할 때

다음 지침은 당신이 지원서를 작성할 때 도움이 될 것이다.

1. 워드 프로세싱 또는 타이핑할 때 깔끔하고, 문장 형식과 맞춤법 그리고 마침표에 주의를 기울이라.
2. 표준 사이즈의 질 좋은 종이를 사용하라.
3. 가능하다면 편지를 보낼 때 구체적으로 받는 사람에 대한 정보를 적어라. (도시 주소 또는 주요 이름들)
4. 당신이 원하는 정확한 자리와 왜 당신이 이 회사에 지원했는지에 대해 언급하라.
5. 명확하고 간결하며 실무적으로 작성하라.
6. 이력서를 동봉하라.

질의서

- 이 편지는 특정 공석에 대한 지원서가 아니라 당신의 능력이 고용주에게 유용한지 아닌지에 대해 문의할 때 사용한다.
- 가장 좋은 방법으로는 당신이 질의서를 작성할 때 지원하는 회사 또는 조직에 대한 몇 가지 사실을 기술하는 것이다. 약간의 조사와 준비로 회사의 제품, 서비스, 역사 그리고 무엇보다도 신규채용 기회에 대해 잘 알게 될 것이다. 이런 정보들은 당신이 이곳에서 일하고 싶은지를 숙고하게 해주며 또한 면접 때 유용하게 쓰인다.

후속편지/감사편지

- 직업에 흥미가 있든 없든 면접 후에는 항상 감사 편지를 쓰라. 이것은 당신이 전문가답고 예의있다는 것을 나타내 준다. 또한 좋은 인상과 고용자가 당신을 쉽게 기억하게

만든다.

- 인터뷰에 대한 감사와 함께 구체적으로 당신을 면접본 사람에게 편지를 써라.
- 이것은 또한 면접 때 빠트린 관련 정보를 포함할 수 있는 기회가 되기도 한다.

지원서 작성 시 유의할 사항

지원서는 당신을 표현하는 광고일 뿐만 아니라 당신 업무의 사례를 보여주는 역할을 한다. 잘 작성된 지원서는 채용을 향한 의미 있는 첫 번째 발걸음이다. 다음은 A+지원서를 위한 가이드라인이다.

1. 완벽한 지원서를 위해 준비하라. 추천서들, 교육 그리고 고용 이력, 날짜, 주소, 전화번호 등을 정리해 놓으라. 먼저 작성해 놓음으로써 단지 이 정보들을 노트에서 지원서로 옮겨 쓰기만 하면 된다.
    - 당신과 연락 가능한 또는 메시지를 받을 수 있는 적어도 2개의 전화번호를 써 넣어라.
    - 당신이 지원한 직업과 관련 있는 봉사활동, 야외 활동, 인턴십 등을 포함시켜라.
2. 첫 번째 장을 망치거나 실수하는 것에 대비해서 여분의 지원서를 요구하라.
3. 고용주의 사무실 또는 채용 센터에서 지원서를 작성해야 할 때 펜, 연필, 수정액, 지우개 깨끗한 종이를 가지고 가라.
4. 지원서를 작성하기 전에 작게 적힌 부분까지 먼저 꼼꼼히 읽어보라.
5. 하고자 하는 말을 종이에다 적어놓는 작업을 하라. 신중한 단어와 정확한 정보가 가장 중요하다.
6. 정확하고 간결하게 작성하시오 마침표, 맞춤법 그리고 문법을 주의하라.
7. 검은 잉크를 사용하여 깔끔하게 인쇄하거나 출력하라.
8. 더 많은 정보를 담기 위해 칸이 부족하다면 종이를 첨부하라.
9. 만약 작은 실수를 저질렀다면 **깨끗하게** 지우거나 또는 수정액을 사용하라. 만약 둘 이상의 실수를 저질렀다면 새 지원서를 받아서 처음부터 다시 작성하라.
10. 읽기 쉽게 사인 하라.
11. 실수를 막기 위해 최종 지원서를 다시 한 번 읽어 보라. 지원서가 완성되면 다른 사람에게 검토를 부탁하라.
12. 제출하기 전, 지원서에 이력서를 첨부하라.
13. 최종 지원서와 첨부한 추천서(reference)를 나중을 위해서, 특히 면접 때를 대비해서 복

사해 두라.

14. 지원서를 제출할 때 수취인에게 한번 읽게 한 후 필요한 정보가 다 포함되었는지 확인하라. 이 시점에서 질문을 정확히 하라: 전체 지원 절차는 무엇인지? 지원자들은 언제쯤 면접 통보를 받을 수 있는지? 인터뷰 후에 승낙 또는 거절인지? 등

15. 면접 전에 당신이 작성한 지원서를 다시 한 번 신중히 검토하고 면접시 특정 견해에 관한 질문을 대비하여 복사해 두라.

16. 2~3주가 지나도 고용주로부터 어떠한 소식도 듣지 못했다면 전화나 직접 연락함으로써 지원서가 전달되어 검토되었는지 확인해 보라. 당신의 이러한 행동은 당신이 여기에 관심이 있고 채용을 원한다는 것을 나타내 준다.

애드보커시에 대한 이해
(Understanding Advocacy)

Ann Pederson[1]

기록, 도서관 자료, 영구기록, 박물, 기타 관리적·문화적으로 가치있는 물품들을 관리하는 책임자 모두에게는 두 가지 임무가 주어진다. 우선, 지속적인 증거가치를 확인, 수집, 보존하며, 이와 함께 증거와 이 증거에 담긴 정보를 계속적으로 사용할 수 있게 해야 한다. 그러나 그들은 애드보커시(advocacy)를 이해하지 못하고 있기 때문에, 많은 프로그램의 기능을 수행함에 있어 어려움이 있다. 애드보커시는 주요 조직의 목적, 컬렉션, 심지어 전문 경력에까지 긍정적으로 영향을 끼치는 전문적 지식의 총합이다.

애드보커시는 사람들이 특정한 목표를 이루도록 동기를 부여하는 통합적, 상호작용적 과정이다. 처음에는 행동과 내부구조적 수단의 틀을 제공하는데, 이것이 나중에는 홍보(public program)를 만들고, 특정한 도서관/기록보존소 운영에 필요한 아웃리치(outreach)활동에 적용된다. 애드보커시 프로그램은 다양한 형태와 규모로 시작되지만, 궁극적으로는 단일 목적에 초점이 맞춰진다. 바로 당신과 당신의 프로그램이 살아남아 역동적이고 경쟁력있는 1990년대로 번성할 수 있도록 하는 것이다.

레코드키핑의 가치를 경영과 공동체에 전달하기

우리 기록관리자들은 다양한 의뢰인들이 이용할 수 있는 제공물로서 다음 네가지 산출물을 확인했다.

---

1) 앤 페더슨은 호주 시드니의 뉴사우스웨일스대학 정보/시스템/기술/경영대학의 영구기록물 행정/기록관리학과 교수이다.

미국에서 태어나 교육을 받은 그녀는 역사학 학사, 석사이며, 중등교사 자격이 있다. 조지아의 영구기록, 역사 부서에서 10년간 일하면서 모든 기록학적 기능에 대한 책임을 지는 영구기록국 국장을 5년간 역임했다.

『Keeping Archives』 1판(1987)의 책임자, 『Documenting Society』(1998)의 저자, ICA/SAE(국제기록평의회의 기록학교육부서)의 호주 대표, SAA(미국아키비스트협회) 회원이며, ASA(호주아키비스트협회)의 명예 회원이다.

- 소장물(기록과 그 안에 담긴 정보)
- 서비스(저장, 보존, 참고, 처리활동, 시설장비)
- 전문적 지식(기술자문, 훈련, 조언, 조력)
- 경험(문제해결이나 임무수행을 위한 자원, 장비, 시설의 사용법을 학습하여 새로운 이익, 지식, 안목, 즐거움 등을 학습)

이러한 자원과 이를 이용함으로써 산출된 이익/영향 등을 획득, 준비, 제공하는 방법은 계획 목표의 달성수준을 나타내는 통계와 다른 측량지표로 기록되어야 한다. 효과적인 수단을 설계할 때 항상 다음과 같은 지표를 염두에 두어야 한다.

- 시간과 노력을 들여 수행하고 있는 업무를 정확히 반영하여 문서화
- 평상시 업무활동에서 (전자형식으로 자동적으로) 정확하게 쉽게 수집가능
- 일반 사람들, 특히 프로그램에 재정을 지원하고 관리·감독하는 사람들이 이해하기 쉬운 용어로 설명

조직 내·외부에 있는 상급자와 '중요 인물들'에게 주기적으로 하는 성과보고는 가장 우선시 되어야 한다. 영향력 있는 이 '사람들'이야말로 최대의 업무가치를 기록한 증거를 알고 있어야 한다. 특히 성과리스트가 유용하며, 이는 각각 다음의 용어로 달성 이익이나 영향을 간략하게 설명하고 있다.

- 달성 가치 - 서비스, 자원자 혹은 학생 근로자의 노동력, 상품, 설비, 기록 등의 금전적 가치(실제 혹은 비율 상승). 1인치 칼럼란(인쇄)과 도달 인원으로 따져본 생산성의 금전적 가치. 산출/생산성의 증가
- 절약 - 조직이 필수기록을 재구성하는데 드는 비용을 지불할 필요가 없을 때. 시간과 노력의 절약
- 위험요소 최소 - 과거의 실수/실패를 되풀이할 때 생기는 위험과 불안 최소

만약 기록이 업무/프로젝트와 집필에 얼마나 많은 비용, 시간, 공간적 도움을 주는지에 대해 이용자들에게 물어본다면 유용할 것이다. 이용자들이 감사를 표시하는 시점에 물어 보라.

레코드키핑의 효과 전달하기

레코드키핑 환경의 맥락이나 본질이 무엇이든지 간에 결국 성공은 모든 사업이 달성하려는 결과로 측정될 수 있다. 이 목적에 대한 확실한 지표는 주요 정책문서, 보고서, 텍스트에 나온 기록관리에 대한 기본적인 정의에서 알아볼 수 있다. 사용된 용어에 포함된 것은 '경제', '효율성', '조직과 사회에 필요한 요건을 충족시킬 안전, 서비스, 실효성을 얻기 위한 필수 증거의 **양과** 질 통제' 등과 같은 어구들이다. 어떠한 식으로 표현되었든, 정확하고 시의 적절하며 진실된 기록을 보유하는데서 비롯된 **유일한** 이점은 전달되어야 한다. 예를 들어, 기록관리자들은 조직이 조직으로 하여금 돈을 벌게 하고/저축하게 하고, 사업을 향상시키고, 환영받고, 고객 및 다른 밀접한 이익을 끌어들일 수 있는 방법을 다음 분야에서 설명할 수 있다.

1. **연구/계획** : 적절한 계획과 개발을 수행하고 자원을 획득, 판매, 배치하는 전략적 결정을 내린다.
2. **실정법/규정**: 법적 요건과 집행적, 사법적 규정 당국의 요건을 준수하는지 확인. 개인 소유의 이해관계, 권리, 자격을 보호
3. **국정운영과 생산성**: 항상 최대 산출과 투자수익을 위해 업무 프로세스와 자원을 효율적으로 통제, 관리.
4. **연속성/보호**: 필수기록을 보호하고, 양질의 증거를 연속적으로 확인; 재해시 손실/파괴를 최소화하고, 필수적 운용을 계속하거나 재개
5. **리스크 최소화**: 승인받지 않은 법적, 재정적, 업무관련 리스크 확인 및 제거. 소송시 조직의 이권 보호
6. **역사적 도큐멘테이션**: 조직의 근원과 발전에 대한 정확한 '기억'을 계속적으로 유지. 궁극적으로 모든 기록의 1~5%만이 그 영속적 가치로 인해 영구보존. 효과적 시스템은 필수 증거를 보호하고 접근가능하게 해야 함. 동시에 쓸모없는 기록을 적절히 제거해야 한다.

위의 특성들은 영속적 가치가 있는 기록이나 영구기록을 관리하는데 특히 중요하다. 통합적인 키핑 조직을 운영하는 것은 레코드키핑 종사자들의 업무를 훨씬 수월하게 만들어 준다. 예를 들어, 다음은 레코드키핑 종사자들을 위한 긍정적이고 장기적인 특성을 나타낸 것으로 입증된 사실들이다.

- 보존가치가 있는 기록은 현용 시작단계에서부터 확인하여, 장기 보존과 접근요건을 충족하기 위해 기록, 조직, 저장할 수 있다.
- 보존가치가 있는 기록과 그 검색도구는 규정에 의해 보관소로 이관될 수 있다. 반대로, 일시적 가치가 있는 기록은 처리되기 때문에 보관소에서는 이 기록에 신경 쓴다거나 이후에 처리할 자원을 확충할 필요가 없다.
- 쉽게 확인하고 보관소 검색도구로 이관하기 위해 축적/기록해야 하는 사항: 생산 기관/사무소의 기능, 기록의 발생 및 이용 맥락, 기록의 유형에 관한 정확한 정보와 기록에 담긴 정보
- 증거적 가치를 가진 기록의 정확성과 무결성은 사무실에서 보관소로 이어진 '계속적 보관 책임'이라는 비연속적 고리 안에서 보호되어야 한다.
- 전자기록의 장기적 보유·운영을 위한 요건들은 시스템을 설계하고 실행할 때 고려해야 할 부분이며, 나중에 있을 평가, 접근, 보존에 관한 문제들을 최소화해야 한다.
- 보안과 접근 요건은 기록의 현용 초기단계에 결정해야 하며, 이 요건을 보관소나 오프라인 상태로 이관하기에 앞서, 요건에 대한 장기적 결정을 내려 실행해야 한다.

통합적인 레코드키핑 접근법을 통해 위의 열거한 특성들을 종이 및 전자 환경 모두에서 달성할 수 있다. 특히 전자 환경은 우리에게 더욱 흥미로운 전망을 제공해주고 있다. *우리의 상관, 이사회, 전체 공동체에 이러한 영향들을 전달하는 일은 우리에게 달린 일이다.*

동기를 명확하게 하기 위한 시장보고서

레코드키핑 프로그램을 위한 분명하고 간결한 '시장보고서(marketing brief)'를 개발할 필요가 있다. 이 다큐멘트는 프로그램의 구조적 성격을 설명하고, 자산 및 강약점을 평가하며, 프로그램이 '시장'에서 직면하고 있는 위협/기회를 확인시켜준다. 시장보고서는 적절하고 효과적인 애드보커시 활동을 발전시킬 수 있는 확고한 토대를 만들어 준다.

모든 성공적인 계획과 경영에서 보는 바와 같이, 시장보고서 개발은 조직 및 조직 내부의 맥락에 관한 전체적인 이해를 필요로 한다. 논의를 위해 부문 자체와 그 생산물을 마케팅하는 인간 활동의 주요 유형을 정리한 1장을 참고하라. 제 1부문(시장부문)은 '경제'(의식주 및 이윤창출을 위한 수단 생산)를 형성하는 활동에 대한 광범위한 책임을 진다.

제 2부문은 주지하다시피 '공공부문'으로서 공적통제를 받아야 하는 모든 정부조직을 포함한다. 대다수 공공기관의 사명은 '이윤' 창출이라기보다는 효과적인 국정운영(거버넌스)

을 제공하는 것이고, 모든 공기관은 공적 기금을 가치있게 배분하고 있는지를 확인하기 위한 회계 및 운영 조사를 받아야 한다. 정부기관은 공공요금, 전문성/서비스 판매, '비용복구' 수단을 통해서 점점 국민의 세금에 의존하지 않으려하고 있다.

제 3부문은 전통적으로 '비영리' 부문이다. 이 범주 안에 있는 조직들은 필요하긴 하지만, 공식적으로 국민의 통제를 받지 않아도 되는 사회적 기능을 수행한다. 이들은 대개 제 1부문이나 제 2부문에서 충분히 제공하지 않는 서비스를 제공한다.

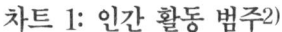 차트 1: 인간 활동 범주2)

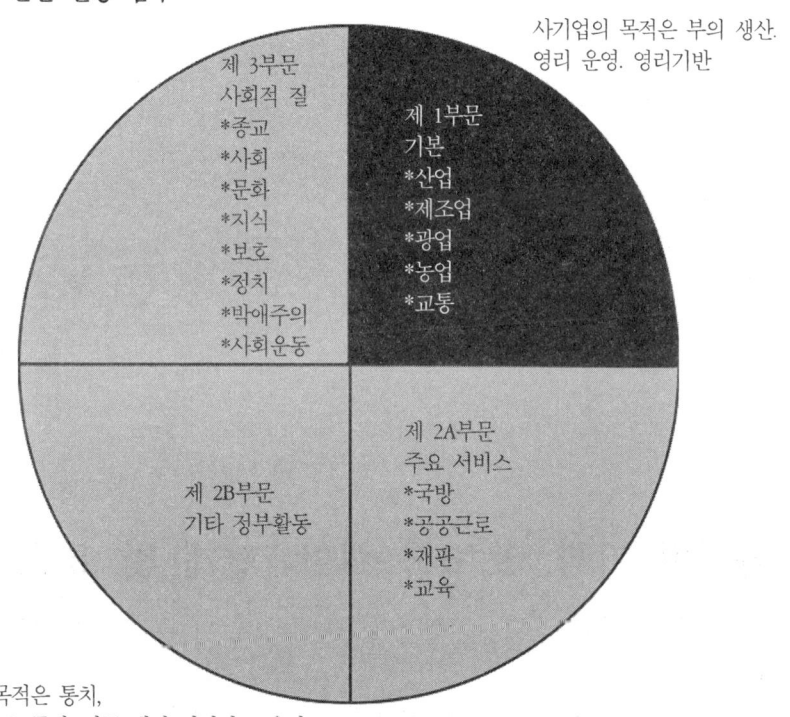

제 3부문
사회적 질
*종교
*사회
*문화
*지식
*보호
*정치
*박애주의
*사회운동

사기업의 목적은 부의 생산.
영리 운영. 영리기반

제 1부문
기본.
*산업
*제조업
*광업
*농업
*교통

제 2A부문
주요 서비스
*국방
*공공근로
*재판
*교육

제 2B부문
기타 정부활동

공기업의 목적은 통치,
서비스, 양도, 규제. 자급 내지 비영리로 운영

제 2부문과 제 3부문을 보다 자세하게 살펴보자. 이 두 부문은 공통적으로 갖춰야 할 책임성과 사회적 질에 관한 요건으로 인해 장기적 레코드키핑 프로그램을 필요로 한다. 이러한 민감한 환경에서 어떻게 마케팅 도구와 원칙을 적용할 수 있겠는가? 매우 조심해야 한다.

---

2) Kotler, Peter Fitzroy and Robin Shaw. 'Broadening Marketing: Public, NonSocial and Societal.' Australian Marketing Management. Sydney: Prentice-Hall, 1990, pp. 573-74.

공공 조직과 비영리 조직의 관리자는 아래와 같이 투자한 공적자금에 대한 기대치의 균형을 잡아야 한다.

- 생산과 행정의 경제성과 효율성
- 단체문화는 법적이고 공평하며, 윤리적·직업적인 행위를 촉진하고 제시한다.
- 예상된 품질을 지닌 필수적이고 바람직한 서비스나 상품을 제공
- 법정 고객의 요구에 부흥
- 조직의 모든 면과 그 운영은 시금석으로서 장기적 성과와 사회적 질을 수반해야 한다.

전문가가 이런 맥락에서 옹호하는 바는 적합한 형식의 전략적 계획 수립과 마케팅이다. 이는 계몽적 마케팅으로서 다음과 같은 특징을 보여준다.

계몽적 마케팅
- 관계 지향적이며 거래 지향적은 아님
- 혁신적
- 가치 추구
- 사명감 준수
- 사회적 책임

마케팅 기획, 보고서 개발: 단계 및 요소

주요 마케팅 교재에 따르면, 표 1의 단계들은 권위있는 마케팅 기획을 개발하는 데 필요하다.

좋은 기획이 그렇듯이, 업무가 진보하기 위해서 초기 결정에 약간의 조정이 수시로 필요한 것처럼, 이 단계와 활동은 수집 정보와 상호작용하는 경향이 있다.

관련 과정을 확인한 후, 권위있는 마케팅 기획이나 보고서에 포함되어야 하는 구성요소에 눈을 돌려보자. 표 2는 다양한 부분으로 나누어져 있으며, 각각에 필요한 내용을 설명하고 있다.

잠재적 자산을 최대화하기 위해 프로그램 분석 방법을 익히는 것은 유용한 기술이다. 다음에 나올 사례 연구도 준비할 겸 이후 참고문헌에 나오는 몇 권의 마케팅 개론서를 활용하는 것이 도움이 될 것이다.

표 1: 개발과정의 시스템 개관

시스템 단계	수행활동
투입	초기 마케팅 수요 확인 마케팅 기획 개발 제안 개발 프로젝트 승인
과정	예비연구, 자료수집 수행해야할 마케팅 영역 정의 미션과 시장의 확인 및 분석 적합한 인사 선별 변화, 장애물, 자원 예측 수요 및 기대 평가 기획 방법론 승인/실행 대안 개발 대안 평가 최선책 선택 요건, 결과물, 방법론을 통합하는 마케팅 기획안 작성 전문가 자문회의 마케팅 기획 승인 마케팅 기획 실행
산출	과정 및 생산물 모니터링과 문서화 계획 단계의 마지막에서 효과성 평가 결과 보고 기획 및 마케팅 프로그램 수정 새로운 기획 사이클 시작

표 2: 마케팅 기획 내지 보고서

요소	특성
맥락분석	
외부	협력적 임무의 성격에 대한 개요, 조직운영 및 마케팅 결정에 영향을 미치는 구조적, 환경적 규제 및 제약요인
내부	분석 중인 특정 기능 및 특정 사업 활동 개요 아이템, 서비스 전문기술, 시설, 경험과 같이 마케팅할 실제 상품의 특성. 조직문화 및 강점, 약점, 기회, 위협(SWOT)[3]이 될 수 있는 전문기술, 자원, 제휴 등과 같은 관련 요소
시장 평가	시장내 상품과 현존/잠재 고객(특정 고객 행사 포함)의 성격이 목표임. 경쟁 조직/상품과 시장에서 조직이 차지하는 상대적 위치. 강점, 약점, 기회, 위협이 될 수 있는 관련 요소 기술(SWOT)
마케팅 달성 목표	관련 용어와 시간 프레임으로 표현된 가시성, 영향, 예산, 의지, 생산성, 고객 만족과 같은 구체적, 측정가능한 산출물
추천 마케팅 전략	추천 전략이 될 배경 사고와 대체물에 대한 요약문, 결정적 요소 포함.
마케팅 기획	달성목표에 관한 6하 원칙(누가, 무엇을, 언제, 어디서, 왜, 어떻게), 필요한 자원과 시간 및 성공의 정도를 평가하기 위해 준비한 측정수단
실행안	완성해야 할 임무, 대리책임, 관계인, 일정 (갠트 차트[4] 혹은 유사 그래픽 장치)

---

3) 역주: S는 strength, W는 weakness, O는 opportunity, T는 threat의 줄임말. 이 중에서 S와 W는 내부환경분석 (강점과 약점), O와 T는 외부환경분석(기회와 위협)

4) 역주: 작업자 개개인 또는 복잡한 작업 전체의 일정계획 기법으로서, 오늘날에도 여전히 사용되고 있다.

사례연구 학습목표

1) 가치자산으로서 영구기록과 기록 관리 전문기술, 서비스, 자원 등의 가치 평가
2) 오늘날 레코드키핑과 유산/문화 관리프로그램의 생존 및 확장에 중요한 주요 고객그룹 및 이해당사자들에 대한 식별
3) 기본적 애드보커시 기반과 노력을 설계/운영하는데 포함된 주요 고려사항과 구성요소 이해

사례연구 1: 'Greater Central Coast 지역연구 컬렉션 및 아카이브즈'를 위한 시장보고서

과제

직접 선택한 조직의 운영 연구(OR)에 나온 정보를 수집하고 시장보고서를 준비한다. 조직을 선택했다면, 사례연구용 '단계설정'을 위해 아래 유형에서 설명된 것과 같은 보고서를 준비해야 할 것이다.

조직

당신은 뉴사우스웨일스에 신설된 'Greater Central Coast 지역연구 컬렉션 및 아카이브즈'의 관리자이다. 이 '지역연구 컬렉션 및 아카이브즈'는 미술관, 공공도서관, 지역박물관 프로그램과 함께 다기능 문화센터 내에 구축된 프로그램이다. 당신은 지역에 새로운 운영을 소개하기 위한 애드보커시와 홍보 활동을 계획하고 있는 중이다. 당신은 적절한 기본 애드보커시 프로그램에 '필요한' 계획을 추진해왔다. 당신이 필요로 하는 요건이 관리상 적절하고 과도하게 비싸지 않다면, 기금을 다소간 확정하는 것이 좋다고 당신에게 충고해 왔다.

'Greater Central Coast 지역연구 컬렉션 및 아카이브즈'는 Woy Woy에 위치하지만, 전 지역을 대상으로 봉사하고 있으며, 특히 성인 노동인구를 대상으로 하고 있다. 당신의 프로그램은 이 지역 주민과 주의회에 대한 법적 도큐멘테이션을 수행하고, 주변 지역에서 온 시민들이 갖는 지역사에 대한 수요와 관심에 협조한다. 당신의 고객은 다음과 같이 구성되어 있다. 지방정부 공무원, 뉴캐슬 대학의 뉴 오림바 캠퍼스에서 온 학생과 교직원, 조직/기업/클럽/시민그룹의 임원, 대부분 퇴직자와 아마추어 사학자 등이다. 더욱이 당신은 지역 학습 자료와 영구기록을 활용한 지역사 프로젝트를 개발하는데 관심있는 지역 학교 교사들로부터 연락을 받았을 것이다. 당신은 5-15명의 연구자들이 매일 시설을 방문하리라 예측할 수 있다.

당신이 소장하고 있는 것은 지역의 경제적, 정치적, 사회적 발전을 기술한 전문서적과, 정부 보고서, 지역에 관한 지방정부 기록, 인물/기업/조직 기록 컬렉션 등이다. 또한 지도, 설계도, 사진, 음향기록, 비디오, 타지역에서 가져온 마이크로필름으로 된 지역관련 자료 등이다.

전체 건물 설계는 참고정보 기능(열람실, 모든 지원 및 관련 서비스 주 기록보관소와 기타 기록학적 기능/서비스는 다른 층에 있다)을 포함하여 공공의 접근을 위한 공간을 다루기 위해 독립 건물을 지정한다. 전체 층 면적은 20m×30m으로 정문과 접대실, 화장실, 비상구, 기록/자재/설비 등을 접수하기 위한 적재실(積載室) 등을 갖추어야 한다. 문화관 관장은 관내의 다른 문화단체와 공동 기획한 세미나/회의, 컨퍼런스, 비정기 전시회를 위한 적합한 장소를 제공하고, 전자 네트워크상에서 핵심적 접근을 위한 아이디어를 기술하려는 계획을 원했다.

보고서 연구

다음과 같은 요소들이 포함되거나 언급되어야 한다.
1. 정책문 초안
   a. 문화관을 위한 정책문 초안
   b. 'Greater Central Coast 지역연구 컬렉션 및 아카이브즈'를 위한 정책문 초안
2. 레코드키핑 프로그램의 기본 기능/활동. 애드보커시 활동을 통합하기 위한 기회/제안을 확인
3. 레코드키핑 프로그램과 정보관리 프로그램의 주요 가용 '산물'과 이익, 여기서 주 이용자/수용자/수혜자 표시
4. 조직과 레코드키핑 프로그램의 가장 중요한 6가지 '대상물'(publics) 선정. 그런 다음 우선 순위에 따라 번호 매기기
5. 애드보커시 계획: 개요나 요약 형식으로, 어떤 활동을 제안했으며, 봉사 대상인 고객, 달성해야할 영향과 산출, 실행 스케줄과 방법, 극복해야할 잠재적 문제, 일반 예산, 효과성 측정 등을 요약적으로 기술
   a. 단기(초기 2년)
   b. 장기(3년-5년)

보고서 완결

보고 문서의 형식에 따라 5쪽 내로 제한. 완전한 문장보다는 개요, 짧은 절, 요점 형식을 사용하시오

사례연구 2

프로젝트 개요

통합 레코드키핑 프로그램이나 영구기록/기록 서비스를 하고 있는 조직 선택. 조직 선택이 불가능하면, 지역 역사 단체나 박물관을 방문하여 다음의 2가지 분석을 수행하라.

1. 레코드키핑 프로그램을 위한 시장보고서를 설계하여, 중요한 '대상물'과 활동을 확인할 수 있는 프로그램을 준비하기 위한 기능을 한 가지 선택.
2. 다음 중 한 가지 준비
   2a. 애드보커시/홍보/아웃리치 캠페인 등을 제안. 이 제안에는 '종료된 활동/산물'에 대한 시각 매체, 즉 차트, 원형, 모델, 스토리보드 등이 포함되어 있다.
   2b. 현재의 애드보커시/홍보/아웃리치 노력에 대한 비판과 개선. 여기에는 시각 매체의 이전·이후 버전이 포함된다.

당신은 마치 상관이나 이사회의 승인을 구하기 위해 공식적으로 프리젠테이션하는 것처럼, 제안서와 관련 자료를 준비해야 한다.

1장 : 시장보고서

보고서는 다음 구성요소를 포함해야 한다.

a) 센터/서비스의 사명을 서술하는 기초 정책문, 정책문의 핵심 기능과 관련 활동, 전체 행정/조직 관리. 다음으로 한 가지 기능 영역이나 주요 활동을 선택한 후, 주요 '대상물'과 산물/자원, 서비스, 시설, 전문기술 등을 확인한다.

b) 선택한 기능 영역을 위해, 현재 활동을 기술하고 SWOT 분석을 실행하는 형식으로, 애드보커시의 현 단계와 유형을 평가하도록 준비한다.

2장 : 시장보고서에 나타난 기능영역에서 현재 진행중인 업무에 대한 평가, 혹은 새로운 제안

지식/이해/사용을 향상시키기 위해 제안된 활동의 범위와 성격을 나타내주고, 특정 활동에 대한 자세한 예시를 보여주는 전시회를 준비

a) 육하원칙을 완전히 보여주는, 새롭고 확장, 개선된 애드보커시를 수행하도록 권고 승인 제안서로 결론.

b) 캠페인에 포함될 특정한 활동/홍보 활동에 관한 상술. 여기에 캠페인에서 얻을 이익과

결과물을 설명하고, 캠페인이 A에서 Z까지, 즉 개념에서 평가까지(지지/촉진 자원의 전형적 샘플 포함) 진행되어가는 방식을 설명하는 것이 포함.

c) 위의 b. 활동에 대한 개관. 여기에 주요 구절, 과제 리스트와 시간프레임(도식화된 퍼트 차트5), 갠트차트와 같이 과제 완성을 위해 제시된) 포함됨.

최종 산물

위에서 개괄한 정보를 두 가지 독립적인 산물에 통합해야 한다. 요점을 확실히 하기위해 에세이 스타일의 문체보다는 명확하고 힘찬 문장과 주석을 단 개요, 짧은 구절 등을 사용해야 한다.

1. 이사회에 제출하는 공식적인 보고서는 시장보고서를 통합하고, 새롭게 시작한 것의 개요와 현재에 대한 비판 및 개선점을 제시하는 것이다.(10쪽 미만)

2. 보고서, 즉 실무적 개요(1-2쪽)는 이사회에서 당신이 어떻게 자신의 생각을 생생히 '보여주고–말해주는 프리젠테이션'을 할 것인가를 설명한다.

---

5) 역주: 어떤 목표를 예정 시간대로 달성하기 위한 계획·관리·통제의 새로운 수법. 어떤 사업 또는 연구 계획을 구성하는 각 작업의 순서 관계와 소요 시간에 착안하는 방법으로, 1957년 무렵에 미국에서 폴라리스 미사일을 개발하던 중에 수학자 클라크(clarke, C. E.)가 고안하였다.

▪ 참고자료

Dolnick, Sandy, *ed. Friends of the Library Sourcebook. Chicago*, IL: American Library Association, 1980.

Finch, Elsie F, ed. *Advocating Archives: An Introduction to Public Relations for Archivists*. Metuchen, NJ: Scarecrow and the Society of American Archivists, 1994.

Levy, Sidney J. and Albert G Robles. *The Image of Archivists: Resource Allocators' Perceptions*. Chicago: Society of American Archivists, 1984, and 'Archivists' Resource Allocators: The Next Step'. unpublished report, 1985.

Kotler, Philip, Peter Fitzroy and Robin Shaw. 'Broadening Marketing: Public, NonSocial and Societal.' *Australian Marketing Management*. Sydney: Prentice-Hall, 1990.

MacNamara, Jim R.*The Public Relations Handbook for Clubs and Associations*. Revised Edition. Melbourne: The Business Library, 1991.

Pederson, Ann and Gail Farr. *Archives and Manuscripts: Public Programmes*. Chicago, Society of American Archivists, 1982.

Ward, Sue. *Getting the Message Across: Public Relations, Publicity and Working with the Media*. London: Journeyman Press, 1992.

기록관리에 대한 감독 사례
(Case studies in Archival control)

Ann Pederson and Trudy Peterson[1]

도입

보존기록 기술(archival description)이란 무엇이며, 이 기술은 언제 이루어지는가?

전통적 보존기록 기술은 일반적으로 기록 시리즈에 장기 보존 가치가 있다고 평가한 뒤 이를 아카이브즈에서 안전하게 보존하도록 이관한 후 수행하게 된다. 보존기록 기술은 다음과 같이 정의된다.

1) 영구기록 보관과정에서 기록의 성격과 내용에 대한 정보를 기록하는 과정. 기술은 출처, 정리, 포맷, 내용과 같은 특성을 확인하고, 이들을 표준화된 형식으로 보여준다.

2) 이용과 접근을 용이하게 하기 위하여 소장물에 대한 자세한 개요를 설계하는 준비과정

3) 시리즈나 그룹을 지적·물리적으로 정리하는 것에 관한 기록

4) 컬렉션/기록그룹/시리즈/아이템에 대한 주요 아이디어와 정보를 전달하기 위해 사용된 언어(대개 프리 텍스트)로 대개 짧게 씀.

---

1) 앤 페더슨은 호주 시드니의 뉴사우스웨일스대학 정보/시스템/기술/경영대학의 엉구기록행정/기록관리학과 교수이나.

미국에서 태어나 교육을 받은 그녀는 역사학 학사, 석사이며, 중등교사 자격이 있다. 조지아의 영구기록, 역사 부서에서 10년간 일하면서 모든 기록학적 기능에 대한 책임을 지는 영구기록국 국장을 5년간 역임했다.

『Keeping Archives』 1판(1987)의 책임자, 『Documenting Society』(1998)의 저자, ICA/SAE(국제기록평의회의 기록학교육부서)의 호주 대표이며, SAA(미국아키비스트협회) 회원이며, ASA(호주아키비스트협회)의 명예회원이다.

미국 아이오와 태생인 트루디 허스캄프 페터슨은 유엔난민최고이사회의 기록보존소장이다. 미국 국립기록청에서 24년간 일했으며, 그 사이 2년 이상 기록청장으로 활동했다. 헝가리 부다페스트의 개방사회아카이브즈의 초기 집행부 이사였다(1995-1998). ICA(1993-1995)와 SAA(1990-1991)의 회장을 역임했다. 전쟁포로 및 실종자 합동위원회 위원으로 일했으며(1992-1995), 핀란드에서 풀브라이트 미국학 강사로 일했다(1983-1984). 아이오와 대학에서 역사학 박사 학위를 취득했다.

보존기록 기술의 최소 목표는 연구자가 관계 파일과 개별 기록을 확인하고 검색할 수 있도록 도와주기 위해, 1차 업무 맥락에서 특정 기록 시리즈를 의미있고 간략하게 설명하는 것이다. 사용자에게 기록과 그 내용 모두를 자세하게 설명해주는 것은 바람직하지만 과도한 해석은 금물이다. 대부분의 아카이브즈에서 소장하고 있는 많은 기록들을 일일이 기술하려고 시도하는 것은, 나무를 위해 숲을 왜곡할 뿐 아니라 매우 비현실적이다. 그래서 다음과 같이 사용자의 목적을 위해 <u>필요한 정도만</u> 기술하는 것이 관례라 할 수 있다.

- 기록 시리즈의 내용, 포맷, 맥락관계와 상황 등을 의미있게 개관하려는 목적
- 퐁/그룹에서부터 출발하여 하위그룹, 시리즈, 하위시리즈, 파일, 궁극적으로 그 안에 담긴 기록과 정보까지 이르는 위계적 구조를 탐색하려는 목적
- 시리즈에서 기록이나 정보를 보고, 조사, 복사, 인용할 수 있는 이용자의 권리에 영향을 미치는 규정을 이해하려는 목적

당신은 여기에 포함된 7가지 사례연구를 수행하면서 보존기록 관리라는 중요한 기능을 보다 쉽게 이해할 수 있을 것이다. A장은 기술의 완전성, 정확성, 일관성을 평가하고 있으며, B장은 컬렉션 기술의 정확성과 평가결정 재조사에 대한 평가를 내리고 있다.

A장

사례연구 1: Canvas, Pole and Pickaxe Company[2]

당신은 전국적인 등산 캠핑 장비 체인점인 Canvas, Pole and Pickaxe Company의 아키비스트이다. 이 체인은 1854년에 설립되어, 당시에는 주로 금광의 광부들에게 소화기(小火器)와 장비들을 판매했다. 당신의 전임자는 판매 실적 인벤토리를 만들기 시작했을 것이다. 이제 당신은 그것을 끝내려고 한다. 처음으로 해야 할 일은 아래 항목을 수정하는 것이다. 어떤 변화를 제안하고자 하며, 그 이유는 무엇일까?

1. 창고의 연간 보고서: 1888~1980. 6. 19. 길이 8m
2. 접수 등록대장: 1870-1920. 120권, 등록대장 없는 기간: 1872, 1888-89, 1916
3. 시리즈 2의 색인: 길이 1.2m
4. 창고의 전보(telegram): 1917-24. 길이 4m. 지역에 따라 번호순으로 정리.
5. 빅토리아주 밸러랫(Ballarat)[3]에 위치한 가게의 장부: 1886-1914. 일부는 번호순 이하 시대순으로 정리되어 있다. 다른 장부는 시대순으로만 정리되어 있다.
6. 수신한 편지: 1890-1913. 길이 6m. 시대순으로 정리.
7. 수발신 문서: 1897.9-1898.8. 2 폴더. 시대순으로 정리.

---

2) 앤 페더슨이 트루디 페터슨의 『기초 보존기록 워크숍 실습』에서 적용한 실습. 시카고, IL : SAA, 1982. pp51. 트루디 페터슨의 지침서(Instructor's notes) 52쪽에서 적용한 각주를 동반
3) 역주: 호주 빅토리아주 중남부에 있는 도시

사례연구 2: Aussie Triller Whistle Company(ATWC)[4]

당신은 다용도로 쓰이는 고성능의 경적을 제조 판매하는 ATWC의 아키비스트이다. 당신은 법률상담실 기록을 시리즈로 기술하려고 하고 있다. 다른 제조업체가 특정 경적 기계와 도안에서 자사의 특허권 일부를 침해하고 있다고 ATWC에서 주장하는 경우와 관련하여, 당신은 파일 캐비닛 하나에서 길이 2m 정도의 사례파일을 찾아냈을 것이다. 어떤 사례들은 실제로 법정까지 갔지만, 다른 사례들은 법률상담실에서 조사하여 초기에 걸러졌다. 다양한 자료들이 사례파일에 들어 있는데, 법적 요약문, 서신 교환, 메모, 녹음 원고, 전문가의 소견, 요약문, 특허권 사본, 전시물, 사진, 엔진 도안, 잠재적/실재 증인의 진술, 재판 기록 등이다. 이 사례는 1963년부터 1989년 사이의 것이다. 아래 항목 중 이 자료들의 제목으로 가장 잘 기술된 것은?

A 특허권 침해 사례파일
B 특허권 침해 사례 관련 기록
C 특허권 침해 사례 관련 법률상담소 기록
D 경적 특허권 침해 사례 관련 기록

당신이 선택한 근거를 제시하시오:

제목을 고른 후, 제공된 정보를 사용하여 이 자료를 위한 완전한 시리즈 기술을 작성해 보시오

---

4) 앤 페더슨이 트루디 페터슨의 <기초 보존기록 워크숍 실습>에서 적용한 실습. 시카고, IL : SAA, 1982. pp53. 트루디 페터슨의 지침서 54쪽에서 적용한 각주를 동반

사례연구 3: 가이드 구성요소(Guide Entries)5)

퍼블릭 대학(Public University)은 기증 기록, 사문서, 대학 행정 기록을 보관하는 곳으로 소장물에 대한 가이드를 출간할 계획이었다. 당신은 가이드 프로젝트를 지휘하고 있으며, 교직원 퇴직자 중 자원자들이 입력 업무를 담당하고 있다. 어느 날 당신은 매뉴스크립트 컬렉션에 대한 가이드를 검토하고 있었는데, 거기에 기증한 사문서와 조직 기록이 포함되어 있었다. 당신은 다음과 같은 기안을 작성할 것이다. 당신은 자원자에게 어떻게 수정하라고 지시할 것이며, 어느 교수가 역사적으로 전임(former) 교수인가?

페네로페 파크(Penelope Parke)의 문서, 1866-1940: 역사 기록. 길이 7m. 이 컬렉션은 대부분 페네로페 파크 역사 컬렉션으로 구성되어 있는데, 여기에는 1920년대 이전까지의 기능에 관한 저널, 장부, 뉴캐슬 가스 회사의 회계 장부가 포함되어 있다. 기타 기록: 헌터 밸리(Hunter Valley)에 있는 피터 파크(Peter Parke)의 기록. 헌터 협회(Hunter Vignerons Association)의 회의록, 급여장부, 현금장부, 기타 기록과 회원 포도밭, 1908-1910에 상호 연관된 기록. 19세기 군대 우편 기록. 기타 소소한 자료.

아더 잉글우드(Arthur Englewood)의 문서, 1836-1904: 1836-1904의 편지. 33개의 아이템. 임업과 제지업과 관련하여, 크로프트(F B Croft)에게 보낸 편지와 크로프트가 보내온 답장의 사본.

유리공학 국제회의 기록: 1971. 폴더 3개. 미정리

유리가공업자 국제연합(IFGM)은 1971년 7월 14-15일에 퍼블릭 대학에서 회의를 열었다. 자료로는 참가자에게 배포된 대학과 지방 관련 브로셔, 시설 사용에 대한 대학의 문서교환, 오디오비주얼(A/V) 설비, 예약양식, 식당 설비, 명세서와 영수증, 주차허가 신청서, 유리가공업자 국제연합(IFGM)의 공무원 명단, 1971년 7월 15일에 열린 폐회 오찬의 좌석표 샘플, 회의 의장인 실버스터 콘(Sylvester I. Cone)이 대학 총장과 찍은 사진 등이다.

---

5) 앤 페더슨이 트루디 페터슨의 <기초 보존기록 워크숍 실습>에서 적용한 실습. 시카고, IL : SAA, 1982. pp48. 트루디 페터슨의 지침서 49-50쪽에서 적용한 각주를 동반

사례연구 4: Broken Hill Literary Guild의 기술 인벤토리6)

당신은 뉴사우스웨일즈의 아카이브즈 사무소 서부지역 보존소에서 일하는 아키비스트이다. 당신은 Broken Hill Literary Guild의 기록을 가지고 있으며, 작년에 뉴사우스웨일즈의 어느 대학 아카이브즈에 있는 학생들에게 길드(Guild) 기록의 인벤토리를 작성하도록 하게 했다. 이 인벤토리는 다음 쪽에 나온다.

이 인벤토리를 검토하면서, 최종 인벤토리가 나오기 전에 고쳐야 할 것과 제공되어야 할 정보에 대한 당신의 의문점들을 메모하시오 시리즈 정리와 인벤토리 형식, 기술된 자료의 내용에 대해서 생각해 보시오

---

6) 앤 페더슨이 트루디 페터슨의 <기초 보존기록 워크숍 실습>에서 적용한 실습. 시카고, IL : SAA, 1982. pp55-57. 트루디 페터슨의 지침서 58쪽에서 적용한 각주를 동반

BROKEN HILL LITERARY GUILD

1920-1951의 기록

길이 2.7m

이 기록은 Broken Hill Literary Guild가 해산된 1951년 당시의 모습 그대로, 이 기구의 공식적인 영구기록이다. 이 기록은 길드(Guild)의 최초이자 마지막이었던 유일한 회계국장 Sally Sincere가 1975년에 기증한 것이다.(승인번호 75-89)

행정적 역사

Broken Hill Literary Guild는 Broken Hill 주민들이 호주 문학에 대해 평가하는 것을 촉진하기 위해 1920년에 설립되었다. 길드는 1920년 7월 4일에 첫 공식모임을 가졌고, 이후 30년 동안 매달 첫째 화요일에 기상조건에 맞추어 회합을 가졌다. 10인의 이사회는 매달 회합의 주제를 정하고, 회비 체계를 만들고, 작가를 초대하여 작품을 읽고 길드의 출판에 기여하게 하는 등의 책임을 지고 있었다. 1948년 Silver City Arts Club이 만들어 진 것은 Guild 해체의 결정적 요인이었는데, 이 새로운 클럽을 선호하여 많은 회원들이 탈퇴하였기 때문이다. 1950년경에는 10명의 회원만이 남았고, 실질적인 활동은 중단되었다. Broken Hill Literary Guild는 1951년 공식적으로 해체되어, 조직의 기록은 회계국장이 보관하게 되었다.

시리즈 기술

1. **현금장부**: 1920년 7월 10일-1950년 7월 31일. 길이 4m. 연대순. 색인 없음.

   길드 회계에서 매일의 수입/지출금. 모든 단위업무 기록에는 날짜, 입출금 이유, 지불인이나 수령인의 이름, 금액 등이 나타난다. 수입은 대개 회비수령, 티켓 판매, 출판 등으로 인해 발생한다. 지출은 동계 문학 페스티벌 비용, 여행 상환, 출판비용에 충당된다.

2. **서신교환**: 1920년 6월 1일-1950년 7월. 길이 1.2m. 1920-1925의 문서교환 인덱스만이 남아 있음. 연대순 정리.

   주로 길드 회원 및 호주 작가들과 주고받은 접수문서와 발송문서 사본으로, 이는 원칙적으로 회원정보, 회비 송금, 매달 정기 모임의 주제 제안, 길드에서 발표할 인사 초청과 관련한 문서들이다.

3. **알파벳순으로 정리된 서신철**: 대략 1944년 4월에서 1946년 8월까지. 길이 3m. 색인 없음. 알파벳순으로 정리.

1945년 7월 4일에 있었던 길드의 25주년 기념행사에 모을 발표문을 기고받기위해 길드에서 요청한 것과 관련하여, 유명한 호주 작가와 주고받은 접수문서 및 발송문서사본. 발표문은 현대 문학의 냉각이 가져온 영향에 초점을 맞춰야 했다. 연락한 153명의 작가 중, 48명이 기고를 승낙했으며, 여기에는 J G Irving, K Celeste, P. Frost 등이 포함되어 있다. 발표문 원고의 사본은 참가자들을 위해 포함시켰다.

출판물 사본은 대학 도서관에서 이용 가능하다. : *Frozen Food for Thought: The 25th Anniversary of the Broken Hill Literary Guild*(Broken Hill, 1946)

4. **이사회 의사록**: 1920년 7월 4일-1950년 6월 30일. 4권(길이 31m). 색인 없음

연대순으로 정리

격주로 열린 이사회의 의사록에는 전체 길드의 매월 정기 모임에 제시할 검토서 사본이 포함되어 있다.

5. **회장 연설문**: 1920-1950. 길이 4m.

연대순으로 정리

매년 7월의 연례 업무회의와 동계 문학 페스티벌 참가자를 대상으로 길드 회장이 낭독한 연설문 사본.

B장

영구기록과 시리즈를 정확하고 유용하게 기술하도록 준비하는 것은 중요하다. 생산자가 은퇴하거나 사망한 뒤에 남겨진 기록이 무질서하다는 것을 알아보게 된다면, 많은 정보가 이미 유실되거나 불완전해졌다는 것을 의미한다는 사실을 깨닫는 것도 가치있다.

자료를 재평가 할 수 있는 시간과 작업환경을 가지는 것은 바로 그러한 자료를 소급하여 정리, 기술하는 기간이라 할 수 있다. 간혹 의문이 제기되기도 한다. 예를 들어, 자세하게 조사해보면 컬렉션 내의 어떤 아이템은 가치가 없다거나, 적어도 영구보존에 돈을 들일 가치가 없을 수도 있다. 동일한 생산자가 생산한 기록이라도 다른 곳에서 발견되어 아키비스트가 알아 볼 수 없을지도 모른다.

과제: 실제 컬렉션 기술을 각색한 세 개의 컬렉션을 첨부한다. 잘 읽어보고 아래 세 가지 과제를 수행하라.

1. 전체 컬렉션 정보의 정확성과 유용성에 대해 코멘트하시오 어떤 정보가 정확하고 유용한 것으로 보이는가? 어떤 정보가 의심스러운가? 기입된 항목은 생산자와 기록의 성격, 그리고 생산자와 기록간의 관계에 대한 정확한 기술정보를 보여주는가?

2. 정확하다고 느끼는 동일한 형식에 따라서 각각의 컬렉션에 대해 일반적으로 기술하시오

3. 당신이 자료를 소장하는 기관의 직원인 것처럼 행동한다면, 각 컬렉션을 입수할 평가결정을 검토하도록 요구받을 것이다 각 컬렉션의 가치에 대해 어떤 권고를 내릴 것인가? 자료의 전체, 일부, 일절을 받아들일 결정에 영향을 미치는 고려사항에는 어떤 것들이 있는가?

사례연구 5: 컬렉션 1

Bermagui 국립 아카이브즈/ 매뉴스크립트 등록번호	A-83
이름	FRASER, Rt. Hon Peter, 1884-1950
기록 유형	종이
생산 시기	1936-1950
양	1.2 미터
위치	국립 아카이브즈, Bermagui
기술	1884년 스코틀랜드 태생, 1911년 Bermagui로 이주해서 좌익정치 노동조합에서 활동. 1916년 Bermagui노동당 창립에 중요한 역할 담당, 1918년 의원 선출, 의회 노동당 서기관 역임. 1933년 의회 노동당 당수. 1938년 교육, 보건, 해양경찰, 이후 국경문제 장관 역임하고, 1939년 수상 대리, 1940년 3월에 수상 선출. 1949년 선거에 패배, 1950년 사망.
접근 조건	제한 없음.
원본이 아닌 경우 형태	
원본의 위치	
이름 항목	Kemp, H J M
검색도구	목록(List)

사례연구 6: 컬렉션 2

호주 국립 아카이브즈 매뉴 스크립트 등록번호	A 86
이름	ROBERTS, James
기록 유형	종이
생산 시기	1891-1957
양	11.2 미터
위치	빅토리아 대학 도서관 노동 아카이브즈
기술	Roberts는 Bermagui 항만 노동 연맹이 1916년 재건된 이래로 의장을 맡아왔으며, 1940년 전시항만위원회에 임명. 수송노동자자문위원회 의장, 호주노동연맹 의장을 1919년 설립시부터 1937년 해체시까지 역임. 1950년에서 1959년까지 시드니시 시의원, 1947년 이후부터 상원의원(MLC: Member of the Legislative Council) 역임.
접근 조건	제한적. 정보를 얻으려면 대학도서관에 연락
원본이 아닌 경우 형태	
원본의 위치	호주 항만 노동자 연맹
이름 항목	호주 노동자 연합, 호주 수송 노동자 자문위원회
검색도구	목록(List)

사례연구 7: 컬렉션 3

뉴질랜드 국립 아카이브즈/매뉴스크립트 등록번호	A-79
이름	HAROLD LOGAN (말)
기록 유형	종이
생산 시기	대략 1900년-1969년
양	1권 ~ 5개 기록철
위치	캔터배리 공공 도서관, 교회
기술	신문 스크랩, 기념프로그램, Hinds 가족과 'Herold Logan'이 같이 찍은 사진. Logan은 1931년 1932년에 뉴질랜드 최고의 경주마이자 챔피언 속보마였다. 호주 출신 Ernest Hinds는 뉴질랜드 초기 오토바이 챔피언이었다. Harold Logan은 1924년 스프링필드에서 태어나, Hinds가 1930년 구입하여 딸 Effie Hinds의 경주마로 R J Humphreys가 훈련할 때까지는 별 볼일 없는 경주마였다. Harold Logan은 1936년 은퇴경기에서 11,255파운드의 상금을 따기까지, 7년 경력 내내 가장 훌륭한 경주마였다. 메트로폴리탄 경주에서 뉴질랜드컵을 두 번 수상하고(1931, 1932년), 14살이 되던 1936년에 'Free-for-All'(자유경기)에 마지막으로 출전했다. 슬럼프에 빠졌을 때는 New Brington에 있었는데, 그곳 해변에서 경주를 선보여 사랑받았으며, 구조대원의 수입도 올렸다. 1948년 노환으로 안락사했다. Ernest Hinds는 3개월 뒤 1948년 7월 19일에 숨졌다. Effie Hinds는 두 번 결혼했고, 여생을 Dunedin에서 보내다가 1972년 사망했다. 기록은 Effie Hinds의 친구인 Pleiades Clarke 여사가 1977년 11월 28일 보관하고 있었다. 문서와 기록의 주를 이루고 있는 것은, 1930년 4월 10일-1934년에 Effie Hinds가 모았던 신문 스크랩과, 1936년 11월 Addington에서 열린 고별 경주에서 제작된 '1928년-1936년 Harold Logan 기념패'를 포함하여 4개의 경기 프로그램 파일과, 1930년-1936년의 Harold Logan의 최고 경력을 찍은 52장의 사진과, Hinds 가족과 찍은 50장의 사진 등이다.
접근 조건	제한 없음
원본이 아닌 경우 형태	
원본의 위치	
이름 항목	Hinds Ernest Frederick Charles, 1884 Jensen, Effie (Hinds), d.1972
검색도구	

▪ 참고자료

Berner, Richard C, and Uli Haller. 'Principles of Archival Inventory Construction.' *American Archivist* 47 (Spring 1984).

Bradsher James Gregory, ed. *Managing Archives and Archival Institutions*. Chicago: Society of American Archivists, 1991.

Brunton, Paul and Tim Robinson, Arrangement and Description. In Ellis, Judith, ed., *Keeping Archives*. Second Edition. Port Melbourne, VIC: D W Thorpe, 1993.

Cook, Michael. *MAD Users Guide*. London: Gower, 1989.

Cook, Michael. *Manual of Archival Description*. Second Edition. London: Gower, 1989.

Daniels, Maygene F; Timothy Walch, eds. *A Modern Archives Reader*: Basic Readings on Archival Theory and Practice. Washington, DC: National Archives and Records Service, 1984.

Duranti, Luciana. 'Origin and Development of the Concept of Archival Description.' *Archivaria 35* (Spring, 1993): 47-54.

International Council on Archives (ICA), *Ad Hoc Commission on Descriptive Standards. ISAD(G) and ISAAR(CPF)* Available online at URL: http://data1.archives.ca/ica/cgi-bin/ica?04_e.

Miller, Frederic M. *Arranging and Describing Archives and Manuscripts*. Chicago, IL: Society of American Archivists, 1990.

Ritzenthaler, Mary Lynn, Gerald J Munoff and Margery S Long *Archives and Manuscripts: Administration of Photographic Collections*. Chicago: Society of American Archivists, 1984.

Schellenberg, T R. *Management of Archives*. New York: Columbia University Press, 1968.

United States National Archives and Records Service. *The Preparation of Inventories*. Staff Information Paper 14. Washington, DC: NARS, 1982.

Walch, Vicki. *Standards for Archival Description: A Handbook*. Chicago, IL: Society of American Archivists, 1994. Online at URL: http://www.archivists.org/publications/stds99/index.html.

부록 1

정리(arrangement)에 대한 참고

영구기록/기록: 실제 사건과 과정에 대한 증거로 구성된 명확한 정보 형태. 기록은 획득 당시 신뢰할 만하고, 완전하고 정확해야 하며, 손상되지 않고 진본성이 있어야 한다. 그래서 기록 정리란 주요 업무 목적에 의해 획득/생산, 조직, 유지된 순서와 과정을 기록해야 한다. 이에 따라 정리 결정을 통제하는 두 가지 주요한 원칙은 다음과 같다.

1. **풍의 출처 존중** : 기록을 생산, 사용하거나, 일상적 업무활동의 과정에서 접수, 시행했던 부서/개인에 의해서 기록을 정리하여 제시할 것을 요구한다. 그래서 어떤 생산자가 생산, 보관한 모든 기록은 그 생산자가 정리, 그룹핑해야 하며, 다른 생산자의 기록과 섞여서는 안된다.

2. **원질서** : 기록은 생산/보관 부서가 보관, 사용했던 질서대로 보존되어야 한다.
   그러나 어떤 질서도 찾아볼 수 없다거나, 기록이 우발적으로 축적된 경우라면, 아키비스트가 일정한 질서를 기록에 부과할 수도 있다. 이 질서는 연구를 위한 기록 사용을 용이하게 하려는 생산자의 의도를 최대한 반영했다는 것을 전제한다.

기록 조직의 기본 수준과 단위는 다음과 같다

* 아카이브 그룹/컬렉션
* 하위 그룹/카테고리
* 시리즈
* 하위 시리즈
* 기록철/폴더
* 기록/아이템

모든 영구기록/기록의 기본 통제단위는 시리즈이다. 시리즈는 '다음과 같은 이유로 인해 같은 출처를 가지는 기록'으로 정의된다.

* 식별가능한 파일시스템의 일부이다.
* 동일 단위업무, 활동, 기능 등에서 기원하거나 이들을 유지시키므로 함께 관리되어야 한다.
* 유사한 형식으로 이루어져 있으며, 특정 기능과 관련되어 있다.

따라서 정리는 다음에 기반한 그룹핑을 활용하도록 권장된다.

1) 주요부서/개인이 만들었던 관계와 업무표(scheme). 그러한 업무표가 존재했는지 여부를 식별한 후에, 잔류 기록을 위한 정리원칙으로서 업무표를 확인, 사용함으로써

   a) 주요부서/개인이 어떻게 기록을 생산/접수했는가

   b) 주요부서/개인이 어떻게 기록을 축적/수집했는가

   c) 주요부서/개인이 어떻게 부가 자료들을―부서/개인의 이름과 거기에 따른 날짜로 정리된 부서/개인에 대한 정보를 수록한 기록 포함―수합했는가

2) 다음을 반영하는 계층구조(최대에서 최소, 최소에서 최대)

   a) 조직 구조: 고위 경영진에서부터 말단 부서, 즉 중심 부서에서 현장 부서

   b) 업무 기능/과정: 행정, 제조, 연구, 기타. 개인적, 업무적/직업적, 시민적 생활

   c) 기간: 초기, 중기, 후기, 혹은 특정기간, 행위, 평가

   d) 기록의 형태: 텍스트/비텍스트, 특수형

   ● 통장(회계)

   ● 음향 테입

   ● 일기

   ● 필름

   ● 편지

   ● 사진

   ● 비디오테입

   물리적 형식 이전의 기능/활동/권한에 따라 정리하므로 포맷은 최후로 구분해야 한다.

3) 기타 다음과 같은 관습들

   ● 통제 기록, 예를 들어 기록 앞의 색인은 의사록을 통제한다.

   ● 의사록이라기보다는 연차보고서처럼, 수합되거나 간명해지기 보다는 대부분 요약된 기록

   ● 서신보다는 일기처럼 지극히 개인적이고 비밀스러운 기록

   ● 집행부 기록보다는 연차총회 기록처럼, 가장 권한있는 기록

   ● 인공적인 정리구조를 만들어내는 경우, 복잡한 설명을 필요로 하는 사람에게 선호되는 것은 가장 간단하고 쉽게 이해할 수 있는 시스템이다.

4) 자료의 물리적 정리/수합과 지적 통제(INTELLECTUAL ORDER)

물리적 정리의 일반적 규칙은 다음과 같다.

   ● 모든 것을 지적으로 목록화하되, 기록이 초대형, 비텍스트, 비표준화된 형태, 물건일

경우에는 보존을 위해 물리적으로 분리해야 한다.

- 컨테이너마다 하나의 시리즈(시리즈/그룹이 너무 작아서 하나 이상의 시리즈/그룹이 컨테이너에 적합하지 않은 이상)

- 미정리 기록(Estrays): 공간이 충분해서 검색도구를 대신하여 쉽게 찾을 수 있다면, 이후에 지적으로, 물리적으로 '정리해도(interfile)'되는 기록

- 동일 시리즈에 새로이 추가: 추가하여 '지적으로 정리한다'는 것은, 즉 적절한 지적 위치에 시리즈에 대한 정보를 목록에 덧붙인다는 것이다. 그러나 자료의 양과 인접 서가에 공간을 마련할 때의 어려움으로 인해, 물리적으로 시리즈를 정리하는 것은 적절치 않다. 일반적으로 현용기록이 열람실에 좀 더 가까이 있어 쉽게 서가에 접근할 수 있는 공간에 컨테이너를 두어야 한다.

- 박스를 적절히 채워야 한다. 그래야지 쉽게 기록과 파일을 제거할 수 있다. 너무 꽉 채우거나, 너무 부족하게 채워서 주의하지 않으면 기록에 손상이 가는 박스는 금물이다. 기록이 박스 안에서 쓰러지지 않도록, 깨끗하고 견고한 종이로 박스를 채워라.

보존기록 기술에 대한 참고

보존기록 기술의 최소 목표는, 주요 업무 맥락에서 특정 기록 시리즈에 대한 의미있는 요약 설명을 제공하는 것이며, 또한 연구자가 관련 파일과 개별 기록을 확인하고 검색할 수 있도록 도와주는 것이다. 이용자에게 기록과 내용에 대한 자세한 설명을 제공하는 것이 이상적일지도 모르지만, 과도한 해석은 자제해야 한다. 과도한 해석은 나무를 위해서 숲을 왜곡하는 것일 뿐 아니라, 아카이브즈에서 소장한 수많은 기록에 대한 자세한 기술을 하는 것은 전적으로 불가능하다. 그래서 기록의 기술 규칙은 다음과 같은 이용자의 요구에 필요한 경우에 한해서이다.

- 기록 시리즈의 내용, 형태, 맥락적 관계와 환경 등에 대한 의미있는 개요를 얻고 싶은 경우
- 퐁/그룹에서부터 하위그룹, 시리즈, 하위시리즈, 파일, 기록과 그 안에 담긴 정보에 걸쳐 계층 구조를 탐색하는 경우
- 이용자가 시리즈에서 나온 기록과 정보를 보고, 조사하고, 복사하고, 인용하고, 출판할 수 있는 권리에 영향을 미치는 규정을 이해하는 경우

업무에서 증거로 생산되어 사용되고, 장기적 가치를 가지는 것으로 평가된 기록 시리즈가 영구기록으로 안전하게 보유되기 위해 이관된 후에야, 일반적으로 보존기록 기술을 수행하게 된다.

전문 기술의 일부로서 남아야 할 최소한의 필수적 정보는 다음과 같다.

1. **기록 생산자의 신원**: 생산 업무부서나 개인의 이름, 이들의 책임의 성격과 영역을 요약하는 정보
2. **기록과 기록 생산 업무와의 관계**: 시리즈와 시리즈 생산 업무 간의 관계에 대한 간단한 설명, 즉 특정 시리즈를 생산할 필요가 있는 업무활동에 대한 간략한 문장
3. **기록 생산 기간과 완전성**: 시리즈 안의 기록이 생산된 최초의 날짜와 최근의 날짜. 기간 중 눈에 띄게 큰 간격이나, 유실 페이지
4) **기록의 유형**: 시리즈를 구성하는 기록이나 문서의 유형 목록. 목록은 완전할 수 없지

만, 주요 기록의 유형들은 확인할 수 있어야 하며, 이 유형들을 포함한 시리즈가 거기에 한정되어 있지만은 않다는 것을 나타내야 한다.

5) 핵심 정보 요소: 각각의 기록에 담겨있는 정보 요소에 대한 기술

기록 유형	제시될 법한 정보 요소
의사록	• 날짜/시간 및 회의장소 • 참석자 이름 • 변론문 • 정규 의제 항목(이전 의사록, 교환 문서, 공무원 보고서 등에 대한 검토서) • 사전 공지 없이 수행된 업무 • 회의에서 발생한 행위들과 여기에 책임있는 사람들의 이름 • 사회자, 서기관의 이름, 서명 • 의사록 준비기간
	누락될 법한 정보 요소
	• 논쟁적 결정이나 행위에 대해 찬성/반대한 특별한 근거들 • 공무원이나 조직의 장(長)이 비판한 내용

6. 정리: 시리즈 내의 기록을 파일/폴더와 문서 수준까지 나열하기 위한 정리 내지 기초에 관한 기술

정리에 관한 선택은 일반적으로 아래와 같다.

정리	구조적 특징
번호순	중요한 특징을 나타내는 일련 **번호**를 사용, 즉 사원번호, 사전 인쇄된 통과번호, 고유 연도번호, 제품 코드번호
연대기순	날짜를 나타내는 표준 구조 채택, 즉 연월일, 연도와 같은 부분적인 날짜 등
알파벳순	중요한 특징을 확인할 수 있는 일련의 **이름** 사용, 즉 국가명, 주명, 도시 내지 기타 지리적, 정치적 지역명(당신은 어떤 유형의 단위를 선택했는지 말해보시오), 성이나 이름 전체, 업무 부서명, 사건명, 주제명

하나 내지 그 이상의 조합	일반적으로 이러한 구조는 관련 기록을 큰 덩어리로 조직하는 계층적 구조에서 시작한다. 모든 다계층·구조적 정리의 특징은, 이용자가 단계별로 탐색할 수 있는 방법을 알 수 있도록 기술에 등재되어 있어야 한다. 즉 찾으려는 정보를 찾기 위해서는 정확한 그룹, 시리즈, 컨테이너, 폴더/파일, 문서(document)/폴리오 등을 선택해야 한다. 예를 들어, 국립은행의 지점 매니저와 본점 간에 오간 문서들은 주명 알파벳순으로 정리될 것이다. 그런 다음에는 도시명 알파벳순, 다음으로는 지점 번호에 따른 번호순으로 정리될 것이다.

그래서 이용자가 탐색구조를 알 수 있도록, 어떤 순서에 근거할지를 확인할 때 정확성과 완전성은 매우 중요하다.

위의 정보를 기록한다면, 이용자는 컨테이너의 위치를 찾을 수 있을 것이고, 어떤 때는 기록의 폴더에서 찾으려는 정보를 발견할 수 있을 것이다.

다음의 경우에는 이용자가 특정 파일이나 문서의 정확한 위치를 찾아낼 수 없을 것이다.

- 색인이 특별히 상세한 수준으로 만들어지지 않았을 경우
- 전문(full text) 검색 소프트웨어를 사용하지 않을 경우
- 특별한 색인을 만든다거나, 본문 검색 소프트웨어를 탑재하기 위한 시간과 자금이 기록보존소에 없는 경우

보존기록 프로그램의 자원이 허용된다면, 부분적 해결책은 아키비스트가 기록을 구성하고 있는 일반적인 정보 범주에 대한 간략한 색인(논의 주제, 실행 업무, 주요 참석자명, 참석자의 중요하고도 대표적인 견해들)과 그러한 주제에 대한 정보가 담겨있는 각각의 '표목' 파일/폴리오 번호에 따른 목록을 준비하는 것이다.

이와 같은 업무가 신속히 진행되기 때문에 현 정보의 모든 유형을 기록하지 않아도 되는 가이드라인은 다음과 같다.

1. 색인 용어 내지 주제 표목으로 사용할 수 있는 정보 범주 선별: 파일의 폴리오를 빠르게 통독하고, 개별 문서를 속독하거나 대충 훑어 볼 때 두드러져 보이는 참여자와 업무주제를 확인하여 기록

2. 자주 언급되거나 전체 시리즈를 대표할 만한 주제만을 기록: 색인 용어로 포함되기 위해서 언급되어야 하는 **최소 횟수**를 정함. 주어진 파일/폴더나 컨테이너에 나타나는 주제의 횟수를 기록함으로써, 자주 등장한다거나 '규칙적'이거나 대표적인 아이템으로 보이는 이름과 업무를 추적함.

예외적으로 중요한 일: 특정 개인, 사건, 업무가 지속적으로 중요한 시기에 언급된다면, 또한 예외적인 관심이나 중요성이 있는 것으로 기록.

취급해야 하지만 현재 그렇지 않은 사안: 시간과 배경지식이 충분하다면, 유실되었거나 이용자가 찾기를 희망하는 주제에 대해 기록할 수 있을 것이다. 만약 그렇게 된다면, 이용자가 쓸데없이 검색에 시간을 낭비하지 않을 것이다.

생산자/보관자, 혹은 출처 주기에 포함되어야 할 요소들

행정적 주의사항

행정적 이력에(조직/기관의 공식 기록) 포함되어야 할 정보에 관한 체크리스트

1. 조직명
   - 정식 명칭
   - 일반적으로 알려진 별칭, 두문자어 등
   - 명칭의 이력--어떤 이름으로, 언제, 바뀌었는지 등
   - 전후 명칭

2. 조직의 관계
   - 더 큰 조직의 일부임을 표기
   - 모체인지 지부인지의 여부를 확인하여 관계를 기술
   - 인수합병시 파트너 확인
   - 지부, 하위부서, 현장부서 등인지를 확인하여 관계를 기술

3. 지리적 위치
   - 조직에 관련된 정확한 지리적 위치나 지역을 사용
   - 다른 곳으로 이주하거나 합병된 경우에 기록
   - 주요 권한이나 행위의 영역을 확인

4. 목적, 운영/권한, 지배권
   - 조직의 존재이유 서술(특정 법, 단체규약, 이사회 결정 등과 같은 권한에 근거하여 날짜를 정하고 기술)
   - 진화, 변화되어가는 과정에서 주요 기능, 권력, 관계, 활동, 운영, 산물, 서비스 등 기술

5. 핵심 인물: 아래 인물들의 법적 이름, 서비스의 이름과 날짜 기록
   - 설립자
   - 발명가와 같은 중요 인물
   - 이사(director), 공무원(office bearer), 관리자(manager) 등

6. 날짜: 위의 1-5에 나온 정보에 대한 날짜를 기술. 다음 사항 포함.
   - 재원
   - 주요 사업
   - 회사명 변경
   - 인수
   - 핵심 기능, 권력, 활동, 서비스, 산물
   - 주요 사건 내지 성과
   - 해체
7. **행정이력 정보의 근거 인용**

   '*책*: 완전한 이름 내지 2개의 이니셜, 제목. 출판지: 출판사명, 날짜, 페이지.', '*저널*: 저자, 완전한 이름 내지 2개의 이니셜, 제목, 저널의 권/호 (연월) 제목: 쪽'과 같은 형식으로 완전하고 학술적인 인용법 사용. 미출간 자료: 검색도구나 스타일 가이드에 나온 대로 인용법 사용

개인이나 가족 문서의 약력에 포함되어야 할 정보에 관한 체크리스트

1. 개인의 이름 및 그에 관계된 사실들

다음과 같은 자격으로 인해 중요하거나 대표적인 인물 내지 그룹에 대한 정보를 기록

- 기록 기증자 - 주요 생산자와의 관계 및(혹은) 기록 소유 이력을 남기기 위해
- 기록 생산자
- 기록 수령인/보관자/수집가
- 기록 내용에 언급된 개인, 그룹

연필로 빈 종이를 두 칸으로 나누고 상단에 이름을 적는다. 인물에 대한 명확한 정보를 기입한다. 처음에는 모든 이름을 적되, 기록의 생산자/수령자이거나, 자주 언급되는 인물에 대해서만 정보를 채운다. 문서에서 별 역할이 없는 인물에 대한 자세한 정보를 기록하면 안된다. 왜냐하면 이는 시간이 많이 들고, 자료의 신뢰도를 저하시키기 때문이다.

인물과 그룹에 대해 기록해야 할 정보는 다음과 같다

- 이름
- 생년월일, 결혼일, 사망일, 주소 내지 그룹이 조직된 날짜와 주소
- 역할, 직업, 저명한 이유를 확인
- 다음에 근거하여 문서에 나타난 인물 간의 관계
- 인척(부모, 형제자매, 배우자, 자녀들의 성명/생년월일/사망일/결혼일)
- 친구/개인적 친분
- 관심
- 사업/직업적 관계
- 기타 공유된 경험

위의 관계를 나타내는 '가계도'나 개념도를 그려보면 편리한 부록이 될 것이다.

2. 교육

기록의 주요 생산자와 수령인에 대한 정보만 기록

- 대학 이전 교육을 받은 지리적 위치
- 중등학교, 대학교, 직업학교 등의 이름
- 수여일자와 수여자격의 유형
- 수상 내역

3. 업무적 직업적 생애

주요 생산자, 수령인, 핵심 관계인에 대한 정보만 기록

- 업무 및 직업의 유형, 최초 임명 상황
- 고용인의 직위와 이름을 포함한 주요 직책
- 특수 업무 수행
- 중요한 업무/직업적 관계, 회원, 개설 사무소, 수상내역

4. 기타 정보

- 주요 출간물(제목, 날짜)
- 사후 수상을 포함한 수상 내역
- 뛰어난 업무 및 수상내역이 있는 주요 종교적, 정치적, 사회적 모임
- 군복무(복무 부대, 계급, 임명, 훈장, 복무 기간)
- 중요하거나 긴 여행
- 중요하거나 특별한 재능, 취미, 관심
- 중요하거나 영향력 있는 경험, 사건(전환기)
- 죽마고우, 동료, 가족
- 중요한 동반자관계, 연합, 영향력
- 장기적/모태 신앙, 가치, 견해

5. 날짜

위의 1-4에 나오는 정보의 날짜를 항상 기록

6. 생애 정보의 근거 자료 인용

승인된 스타일 매뉴얼에 따라서, 출판된 매뉴스크립트 자료 전체에 대한 저자, 제목, 생애 정보를 인용해야 한다. 포함되어야 할 최소한의 정보는 다음과 같다.

출판물의 경우:

책: 저자, 편집자, '장의 제목', 책 제목. 출판지: 출판사, 날짜: 쪽.

저널: 저자, '제목', 저널명(권호/번호 날짜(Full date)): 쪽.

편지, 일기 등과 같은 미출간 자료:

매뉴얼 스타일에 나온 대로 인용하든지, 컬렉션을 기술하는 검색도구에서 찾아보시오

학습목표

1. 기록 조직의 개념과 원리를 학습하여 업무환경에서 요구되는 기술로 전환할 수 있는 지식을 습득하기 위함

2. 학생이 실수를 깨닫고, 정리 기술에 관한 예시에서 발전 가능성을 찾을 수 있는 기회를 제공

3. 학습자가 다음 양자 간의 상호적 관계를 이해할 수 있도록 보조
   정리 기술을 구성하는 활동과 과제들
   조직화/통제 및 평가/처리 등과 같은 기록학적 기능들
   조직화/통제 및 접근성, 참고 등과 같은 기록학적 기능들

사례연구 1: Canvas, Pole and Pickaxe Company

과제: 인벤토리가 정확한지 검토해본 후 수정해야 한다.

힌트: 학습자는 적합한 보존기록 기술의 특징들을 검토해야 한다. 즉 기술에 알맞은 요소들이 포함되어 있는지, 기술이 정확한지, 기술의 정보가 표준적이고 일관성이 있는지, 즉 동일한 정보가 동일한 순서와 형태로 보여지는지를 검토해야 한다.'

이슈: 입력 정보의 범위가 최소 공통분모, 즉 최대가 아닌, 최소한의 입력이 기본 표준을 형성하고 있는 것이다. 시리즈를 자세히 살펴볼 때 중요한 것은, 표준 형태를 확정하여 완전하고 정확한 정보를 얻는 것이다. 부정확하거나 유실된 정보를 고치기 위해 시리즈로 다시 돌아가는 것은 막대한 시간을 낭비하는 것이다.

결함: 학습자는 몇 가지 예시를 확인하여 다음의 결함이나 비일관성을 최대한 수정하여 입력하도록 해야 한다.

- 입력 정보가 목차와 프레젠테이션에서 다르게 나타난다.
- 필요한 정보가 빠져있다거나 혼란스럽게 표현되어 있다(학습자가 정보를 목록화하기 위해서는 기록을 다시 검사해야 한다).
- 시리즈명이 완전히 기술되지 않았거나 일관적이지 않다.
- 날짜가 통일적이지 않다.

사례연구 2: Aussie Triller Whistler Company

과제: 시리즈 제목이 정확한지 검토한 후, 결함을 확인하여 수정해야 한다.

힌트: 학습자는 정확한 시리즈 제목의 중요성과 특징들을 검토해야 한다. 제목에는 기록의 유형이 나타나야 하며(시리즈가 하나의 유형으로 이루어졌는지, 아니면 케이스파일처럼 집합적으로 구성되어있는지), 기록 도큐멘트의 관리 내지 업무 기능/활동을 지시하는 서술자(descriptor)가 세 항목까지 나타나야 한다. 생산 부서명은 시리즈 제목의 일부로는 적절치 않으며, 독립적인 항목이나 데이터베이스로 나타나야 한다. 이 독립 항목(데이터베이스)은 생산부서의 권한을 나타내는 시리즈 제목들과 연계되어 상호참조된다. 잘된 시리즈 제목에는 적절한 요소가 포함되어 있으며, 정확하며, 정보가 표준적이고 전체적으로 일관되어 있다. 즉 동일 정보가 동일 순서와 형태로 나타난다. 제목은 너무 무겁거나 장황하면 안되지만, 간결한 것보다 정확하고 명료한 것이 우선적이다.

이슈: 어떤 사무실에서는 각각의 사람들이 우발적으로, 일관성없이 시리즈 제목을 부여한다. 정확하지 않은 시리즈 제목은 이용자를 오도하고, 필요한 증거를 찾는데 시간을 끌게 만든다. 아카이브즈와 기관이 시리즈를 면밀히 조사할 때, 표준 형태를 확립하여 완전하고 정확한 정보를 얻는데 협력하는 것이 중요하다. 부정확하거나 유실된 정보를 고치기 위해 시리즈로 다시 돌아가는 것은 막대한 시간을 낭비하는 것이다.

결함: 학습사는 제공된 A-D옵션이 모두 석설지 않은 이유와 옵션에서 제공된 모든 기성 제목(custom title)이 더 나은 이유를 설명할 수 있어야 한다.

사례연구 3: 가이드 구성요소

과제: 가이드 구성요소가 정확한지 검토해서 수정해야 한다. 당신이 고쳐야 하는 기록의 저자 중 한명은 대학의 역사학 교수이다. 만약 문제 대상을 기술적으로 잘 처리하지 못한다면, 당신과 당신의 프로그램에 좋지 않은 결과가 생길 수도 있는데, 당신은 어떻게 피해나갈 것인가?

힌트: 학습자는 완전하고 적절한 보존기록 기술의 특징을 살펴보아야 한다. 보존기록 기술에 적합한 요소가 담겨있는지, 정확한지, 정보가 표준적이고 일관성이 있는지, 즉 동일 정보가 동일한 질서와 동일한 형태로 나타나는지를 살펴봐야 한다. 학습자는 가이드 구성요소 표준에 있어야 할 요소들을 우선 확인하고, 이 요소들을 제시된 표준 형태에 맞추어야 한다. 그런 다음 모든 가이드 구성요소를 분석하여 어떤 정보가 유실되었는지, 부정확한지 혹은 부실하게 표현되었는지 확인하여, 수정된 구성요소를 제시해야 한다. 어떤 경우에는, 학생들이 창의적이어서, 완료된 생산물을 보완할 수 있는 정보를 추가할 수도 있을 것이다.

이슈: 시리즈 제목에도 나와 있다시피, 가이드 구성요소에 있는 정보의 범위는 최소 공통 분모로서, 즉 최대가 아닌, 최소한의 입력이 기본 표준을 형성하고 있다. 시리즈를 자세히 살펴볼 때 중요한 것은, 표준 형태를 확정하여 완전하고 정확한 정보를 얻는 것이다. 부정확하거나 유실된 정보를 고치기 위해 시리즈로 다시 돌아가는 것은 막대한 시간을 낭비하는 것이다.

사례연구 4: Broken Hill Literary Guild의 기술 인벤토리

과제: 인벤토리를 고치기 위해 검토해야 하며, 인벤토리 형식, 표현 순서, 시리즈 입력 내용 등에 대한 수정을 제안해야 한다.

힌트: 학습자는 문헌상 적합한 기술 인벤토리의 특징들을 검토해야 한다. 즉, 적합한 기술 인벤토리에 적절한 요소가 포함되어 있는지, 그것이 정확한지, 정보가 표준적이고 일관성이 있는지- 동일 정보가 동일 순서와 형식으로 나타나는지-를 살펴봐야 한다. 학습자는 문헌연구에 기초하여 체크리스트를 개발해서, 그것을 Broken Hill Literary Guild의 인벤토리 초안의 장단점을 평가하는데 사용해야 한다.

이슈: 시리즈를 세밀하게 조사할 때, 표준 형식을 만들어 완전하고 정확한 정보를 얻는 것이 중요하다. 부정확하거나 유실된 정보를 고치기 위해 시리즈로 다시 돌아가는 것은 막대한 시간을 낭비하는 것이다.

결함:

인벤토리 요소: 요소들이 현재 있는가, 적절한 순서로 되어 있는가, 일관되고 충분하며 정확한 정보로 구성되어 있는가? 그렇지 않다면, 요소들을 향상시킬 방법을 작성하시오

입력 형식: 학습자는 몇 가지 사례를 확인하여 다음에 나오는 결합 내지 비일관성을 최대한 고쳐 입력할 수 있도록 준비해야 한다.

- 입력 정보가 내용과 프레젠테이션마다 다르다.
- 필요한 정보가 빠져있거나 복잡하게 표현되어 있다.[따라서 학습자가 얻어야 할 정보를 목록화하기 위해서는 기록을 다시 검사해봐야 한다]
- 시리즈명이 완전하게 기술되어 있지 않다거나, 계속된 날짜가 통일적으로 표현되어 있지 않다.

사례연구 5: 피터 프레이저경의 문서(Honourable Peter Fraser Papers)

과제: 인벤토리를 고치기 위한 검토를 거쳐, 개정된 기술을 실행하고, 이 기술에서 자료를 완전히 보존하기 위한 결정을 재평가해야 한다.

힌트: 학습자는 적합한 보존기록 기술의 특징들을 검토해야 한다. 즉, 기술에 적절한 요소가 포함되어 있는지, 그것이 정확한지, 정보가 표준적이고 일관성이 있는지- 동일 정보가 동일 순서와 형식으로 나타나는지-를 살펴봐야 한다.

이슈: 예컨대 전직 수상(PM)과 같이 중요한 인물에 대한 자료가 그리 많이 남아있지 않으며, 남아있는 자료 대부분이 별 효용가치가 없다. 그렇다면 이는 중요한 자료가 다른 곳에 남아 있다는 얘기인가? 컬렉션 내의 시리즈를 확인하라. 신문 스크랩을 전체적으로 알아 볼 수 없다면 과연 어떻게 할 것인가? 의회 기록에 연설이 인쇄되어 있다던가, 언론매체에 녹화되어 있지만, 연설문에 날짜가 적혀있지 않다면 어떻게 할 것인가? 보다 자세히 조사해 보면, 정당관련 기록이 정당 출판국에 존재하며, 이 컬렉션에 포함된 정치적 정보가 중상모략적일 수도 있다.

사례연구 6: 존 로버트의 문서(John Roberts Papers)

과제: 인벤토리를 고치기 위한 검토를 거쳐 개정된 기술을 실행하고, 이 기술에서 자료를 완전히 보존하기 위한 결정을 재평가해야 한다.

힌트: 학습자는 적합한 보존기록 기술의 특징들을 검토해야 한다. 즉, 기술에 적절한 요소가 포함되어 있는지, 그것이 정확한지, 정보가 표준적이고 일관성이 있는지- 동일 정보가 동일 순서와 형식으로 나타나는지-를 살펴봐야 한다.

이슈: 왜 Roberts가 이 기록을 가지고 있다고 생각하는가? 그에게 기증된 기록들인가? 이 자료들을 로버트의 문서(Roberts Papers)라고 부르는 컬렉션 기술은 정확한 것인가? 얼마나 많은 생산자와 시리즈를 확인할 수 있으며, 자료를 전체로 보존하는 것이 어떤 의미가 있는가?

사례연구 7: 헤럴드 로이건의 문서(Harold Logan Papers)

과제: 인벤토리를 고치기 위해 검토해야 하며 수정도 해야 한다.

힌트: 학습자는 적합한 보존기록 기술의 특징들을 검토해야 한다. 즉, 기술에 적절한 요소가 포함되어 있는지, 그것이 정확한지, 정보가 표준적이고 일관성이 있는지- 동일 정보가 동일 순서와 형식으로 나타나는지-를 살펴봐야 한다.

이슈: 컬렉션의 제목은 적합한가? 컬렉션 내 어떤 시리즈가 있으며 누가 시리즈를 생산했는가? 가장 중요한 시리즈는 어느 것인가?

인사기록 사례연구
(Personnel Records Case Study)

Barbara Reed[1]

사례연구 시나리오 1장

펄스(Perce Nell)는 고등학교를 졸업하고 나서 공무원에 지원했다. 그는 명석했으며 성공할 운명이었다. 그는 헌신적인 형제, 자매, 사촌과 같은 대가족을 자랑스러워 했다. 일을 잘해서 어린 형제들에게 역할 모델이 되어야 한다는 부담감은 무거웠다. 펄스는 이러한 부담감을 절실히 느끼고 있었다. 그는 이미 공무원으로 일하고 있는 먼 친척을 찾아가서, 공무원이 되기 위한 도움과 조언을 구했다. 친척인 텔렘(Tellem Anytng)은 재무부(MIFT) 인사부서에서 일하고 있어서, 창의적인 이력서를 쓰는 것과 필요한 일자리에 대한 도움 등을 조금씩 주게 된다. 텔렘은 펄스에게 학교 성적을 과장하고, 나이를 더 많이 하기 위해 생년월일을 앞당기고, 면접자에게 인상적일 만한 경력을 만들어 내도록 제안했다. 텔렘은 면접자들이 이러한 사실들을 면밀히 확인하지 않을 것이며, 연령과 경력에 따라 급여가 높아지므로 나이를 높이는 것이 좋을 것이라 했다.

펄스는 텔렘의 충고에 따라 직장을 구하게 되었다. 이전에 국란(國亂)이 있어서, 펄스는 출생증명서를 만들 필요가 없었다. 왜냐하면 증명서가 정부 건물에서 파기되었다고 주장할 수 있었기 때문이었다. 그의 인사기록에는 이러한 잘못된 정보가 포함되어 '공식적'으로 되었다. 몇 년 후 펄스의 가족 중에 사망자가 있었는데, 펄스는 사망한 친척에게 재산을 청구할 자격이 있으나, 친척은 유언장에 그의 이름을 거명하지 않았으며, 단지 펄스의 가족과 관련하여 얘기할 뿐이었다. 펄스는 친척이 자신을 거명했다는 사실을 증명해야 한다. 그러나

---

1) 바바라 리드(Barbara Reed)는 레코드키핑시스템 특허사 이사이다. 이 회사는 호주 컨설팅 회사로서, 전자 레코드키핑 시스템에 중점을 두어 기록과 실제 업무를 통합하고 있다. 15년 이상 아카이브즈와 기록직에서 컨설턴트로 일하면서 그녀는 학문적으로도 활동하여, 모나쉬(Monash)대학에서 4년간 수석 강사로 일했다. 투철한 직업정신으로, 그녀는 여러 프로젝트 - 기록관리 호주 표준 및 기록물·아카이브즈 관할 표준 개발, 계속해서 기록관리 국제 표준개발 등 - 에 참가하여 호주 레코드키핑 분야에서 활약했다. 기록 컨티뉴엄 연구 그룹과의 공동 연구에서 그녀는 메타데이터 연구와 분산기업시스템 통합 레코드키핑에 대해 적극적으로 관여했다. 평가에서부터 전자기록 관리에 이르는 다양한 주제에 대해 집필하고 가르치고 있다.

출생 증명서가 없으므로 그의 고용주가 가진 기록이 그의 사건을 증명해줄 명백한 증거가 된다.

그러나 그의 인사기록에 나오는 '공식적' 사실들과 친척의 유언장에 나오는 내용들이 불일치한다. 그가 이 불일치에 대해 설명하고 확인할수록 분명해지는 사실은, 나이든 텔렘이 기록을 아주 광범위하게 속여 왔다는 것이다. 여러가지 이상한 사실들이 펄스의 파일에 기록되어 있는 것처럼 보인다. 즉 펄스가 한번도 들어본 적이 없는 연금이라든가, 그의 월급에서 공제된 금액의 확인 등이다. 이 사실들을 검증하면서, 펄스는 그의 파일에서 자신과는 관련 없는, 텔렘의 친구에 대한 징계기록이 있다는 사실을 알아냈다. 그러나 펄스는 이 점을 가려내려 했지만, 자신이 거짓말을 했다는 사실에 부딪치게 되었다.

이런 경우는 펄스뿐 아니라 다른 사람들에게도 일어날 수 있다. 기록은 훼손되어 믿을 수 없게 된다. 조사가 시작되고, 급여는 모든 사실들이 확인되어 증명될 때까지 지급정지된다. 이는 월급에 의존하는 많은 이들에게 어려움을 야기한다. 정부는 이러한 사례가 시작에 불과하다는 사실을 깨달으면서 당황한다. 정부에서 일한 적이 없는 사람들과 수년전에 공무원을 그만둔 사람들에게 급여가 체계적으로 지급되었던 것이다. 예산기획과 분배에 사용된 수치들은 완전히 거짓말이며, 크고 작은 실수들이 시스템 전체에 명백히 존재한다. 이런 것들을 청산하는 일은 수년이 걸리며, 정부는 불필요한 금액이라 생각되는 것에 계속해서 지불할 준비가 되어 있지 않다. 이러한 환경에서 돈을 요구하는데 필요한 조사, 확인, 증명 등은 방대하며 어려운 작업이다. 개인들은 용의자가 되고, 분위기는 비우호적으로 된다.

텔렘은 해고되면서, 그 와중에 자신의 사적인 적대자들이 동일한 유형의 활동에 연루되었다고 거명하게 되었다. 텔렘은 이 조사의 시발점이 펄스라고 비난하면서 그를 거론했다. 펄스도 해고되어서 그의 가족에게 불명예스럽게 돌아갔다.

사건경위 평가: 인사관리의 실제와 레코드키핑

a) 중요 질문

1. 재무부는 인적자원 기획을 수행하기 위한 어떤 자격을 갖추고 있는가? 왜 재무부는 결과에 만족하지 못하는가?

2. 펄스가 지원한 직종에 대한 기술이 존재했는가? 왜 존재 또는 존재하지 않았는가? 기술이 존재한다면, 어디서 찾아볼 수 있는가?

3. 펄스는 고의적으로 자신에 대한 정보를 조작했다. 왜 이런 일을 저지르며, 이런 일이

일어나지 않도록 당신이 해야 할 일은 무엇인가?

4. 잘못된 정보의 제공이 문제가 되는가? 그 이유는?

5. 펄스가 자신의 업무수행을 정상적으로 평가했는지의 여부를 우리가 알 수 있는가? 자신의 직업에 불만족했는지를 나타내는 지표가 있는가?

6. 재무부에 업무수행 평가에 대한 일반적인 과정이 있었다면, 텔렘은 보다 빨리 발견되었을 것인가?

7. 펄스는 자신의 개인 파일에 근본적인 문제가 있음을 알았어야 했는가?

8. 펄스는 근본적인 문제가 자신에게 해당되지 않음을 어떻게 증명할 수 있는가?

9. 이러한 실수가 얼마나 자주 일어나는가? 이렇게 되지 않기 위해서는 어떤 과정을 떠올릴 수 있는가?

10. 텔렘은 해고되기 전에 어떤 과정을 겪어야 했던가? 왜 그가 해고되었다고 생각하는가?

11. 왜 펄스는 해고되었는가? 자신이 해고된 것에 대해 변명하거나 재판을 준비할 것이라 생각하는가?

12. 이 모델 프로세스가 계속된다고 가정한다면, 펄스는 어떤 유형의 문서 증거를 소유하고 있는가?

b) 보다 중요한 질문: 관계인들과 그 태도

1. '이해 당사자'가 의미하는 바는? 이 사례연구에서 언급된 핵심 이해당사자를 확인하여 그들의 이해관계의 성질과 인사경영 활동과 산출에 관여하는 바를 기술하시오

2. 펄스가 자신의 개인파일을 그와 가족을 위한 핵심적인 문서라고 생각한 이유는 무엇인가?

3. 펄스와 텔렘이 살고 일했던 사회는 개인파일의 처리 정도를 명확히 신경 쓰고 있었다고 생각하는가? 왜 그런가/왜 아닌가?

4. 재무부의 인사적 책임은 무엇이라 생각하는가?

5. 어떤 유형의 정부조직이 이 사례연구에 나온 유형과 같은 개인기록 조사에 참여해야 한다고 생각하는가?

6. 당신 자신이 처한 상황이라면 어떤 정부조직이 연루될 것인가?

7. 텔렘과 그의 동료들이 기록에 접근하여 기록을 변경할 수 있었던 원인은 무엇이라 생각하는가?

8. 이렇게 기록에 대한 미승인 접근을 방지하기 위해서 무엇을 할 것인가?

9. 펄스 사례를 조사하기 위한 관련 세부사항을 모두 찾아내기 위해서, 어떤 기록 세트를

조사해야 하나?

10. 텔렘의 개인파일 내용
    - 입사지원서(1967)
    - 고용계약서(1967)
    - 수입인지(1967)
    - 승진조서(1968, 1972, 1980, 1985, 1990)
    - 추천서(1980년대말~1990년대에 걸친 여러 날짜별)
    - 텔렘이 신용있고 멋진 사람이라는 것에 대한 많은 직원들의 증명(1990년대~)

11. 있어야 하는데도 텔렘 파일에 빠져있는 핵심적인 개인 문서는 무엇인가?

12. '비표준(non-standard)'이란 용어의 뜻을 설명하시오. 텔렘 사건기록에 있는 어떤 문서를 '비표준'으로 간주할 수 있는가? 이 문서는 믿을만하다고 생각하는가? 왜 그런가/왜 아닌가?

13. 다른 어떤 기록 세트가 텔렘의 경력을 조사하는데 관계있는가?

14. 텔렘은 1998년에 해직되었다. 그의 파일을 어떻게 처리해야 하는가? 일반적인 기간보다 더 오래 그것을 보관할 것인가? 왜 그런가/왜 아닌가?

사례연구 시나리오 2장

호라티오(Horatio S Honch)는 재무부의 인사부장으로서, 안퉁(Anytng) 스캔들에서 인사기능을 제대로 수행하지 못하여 즉시 해고되었다. 주변정세와 업무적 요구에 부응하여 새로운 능률성 평가의 일부로서 재무부는 Grabbit and Run사를 고용하여 인사시스템을 평가하게 하였다. Grabbit and Run사는 IT컨설턴트로서 재무부의 인사기능에 맞는 컴퓨터시스템을 구축하는데 목적이 있었다.

Grabbit and Run사는 최신 기술 설계와 시스템에 기반한 '최첨단' 패키지를 제안했다. 그들의 주장은 이 시스템을 실행하면 재무부가 급성장할 것이고, 선진적인 기술 발전을 누릴 것이라는 점이었다. 또한 이 기술로 인해 재무부는 기술성장을 예측할 수 있을 것이고, 그래서 다른 일반적 솔루션보다 5년은 더 지속할 것이라고 했다. 그러나 이 기술에 사용가능한 패키지 소프트웨어가 없어서 재고가 있는(즉, 미리 프로그래밍 되어 테스트를 거쳤으며, 기술지원을 받을 수 있는) 인사시스템을 구매할 수 없다는 문제가 확인된다.

Grabbit and Run사의 Ima Sleaze는 여기에 대해 '문제없다'고 말한다. '우리는 당신에게 현 시장보다 훨씬 앞질러 시스템을 제공할 수 있으며, 그러면 당신은 시스템을 다른 부서나 다른 국가에 팔수도 있다.' 재무부 국장은 이 제안을 받아들였다.

이러한 발전적 업무는 매우 유명한 소프트웨어 개발 프로그래밍 회사인, 에른스트(Ernest N Deavor)가 운영하는 회사로 확산되었다. 에른스트 자신이 이 업무에 종사했다. 이 시스템의 목적, 영역, 상세요건은 Grabbit and Run사가 작업한 것의 일부였고, 그래서 에른스트는 재무부의 특수한 상황에 익숙해지기 위해 시간을 쏟았다.

호라티오의 후임은 에피(Effy Schency)이다. 그녀는 재무부의 인사시스템을 제대로 작동시키는 임무를 부여받았다. 컴퓨터화된 프로젝트에 참여할 기회는 그녀에게 매력적이고도 새로운 경험이었다. 기술적인 것에 친숙해질수록, 에피는 시스템에 부가하여 작동을 원활하게 할 수 있는 모든 유형의 일들을 보게 된다. 예를 들어 그녀는 수행평가 자동시스템을 도입하려 한다. 그녀의 주장대로라면 이 모든 장치들이 최종 산물을 보다 잘 팔리게 할 것이다. 에른스트에게는 이러한 모든 것이 삶을 대단히 복잡하게 만드는 것이었다. 시스템에는 매주 새로운 것이 추가되어야 하고, 어떤 때는 처음 디자인한 것에서는 지원되지 않는 데이터 모델이 필요한 것처럼 보인다. 문제는 바로 이 장치들이 결코 처음 디자인한 것에는 포함되어 있지 않다는 것이다. 에른스트는 단순한 시스템을 주장하며, 지부가 아닌 재무부 본부의 인사부서에 시스템을 집중해야 한다고 주장했다. 그러나 에피는 이 프로젝트의 책임자였으며 인사부장이었다.

시민과 재무부 직원들은 이 문제에 대해서 빠른 해결을 원한다는 것에 기초하여 당국에서는 시범 프로젝트를 거부했다. 왜냐하면 정부 서비스의 신뢰성이 위기에 봉착했기 때문이다. 이 문제는 잇따라 정무직 공무원들을 압박하여 해결책을 절실히 요구하게 되었다. 훈련 프로그램을 개발하여 모든 인사부 직원들, 혹은 안통 스캔들 이후에 남은 직원들이 훈련을 받았다. 훈련 프로그램에서는 개인의 행동이 일어날 때마다 데이터를 기입함으로써, 길이가 긴 데이터 입력을 피하도록 하였다. 업무량을 150% 달성하기 위해 시간을 추가하는 것이 허용되었다. 에른스트는 늘어난 시간 할당을 채우기 위해 열심히 일했다.

이는 실행한지 2달 만에 혼란에 휩싸였다. 시스템상의 데이터는 단편적이고 신뢰성이 떨어지고 실수 투성이었다. 시스템은 너무 복잡하여서 아무리 최선을 다해도 직원들은 업무를 제대로 수행하지 못할 지경이었다. 에른스트회사는 이러한 재난을 예측하고 자신들의 명성이 땅에 떨어졌음을 알았기 때문에 실행 결정 단계에서 마지못해 사표를 던졌다. 에른스트의 경고에도 불구하고 누구도 관심을 갖지 않았다. 설상가상으로 하드웨어와 데이터베이스를 공급하던 회사가 거대 소프트웨어 그룹인 마이크로소프트사와의 소송에서 이기려 하다가 파산하여 폐업하였다.

인사부 직원은 고객들이 간단한 업무에서 150% 지연되는 것을 참지 않을 것이라는 것을 실질적으로 잘 알고 있었다. 일상적인 업무는 계속되어야 하므로 데이터 입력은 수시로 행해져야 하지만, 누구도 그럴 시간이 없었다. 그들은 종이 시스템으로 회귀하게 된다. 종이 시스템에 문제가 있을지도 모르지만, 적어도 그것은 빠르며 직원들이 작동법을 알고 있으므로 가까운 미래에는 어쨌든 종이 시스템을 유지해야 한다. 컴퓨터 시스템은 포기되었다.

질문

1. 첫 번째 시나리오 서술에서 재무부에 대해 알게 된다면, 전산화가 인사시스템의 해결책이 될 수 있다고 생각하는가? 왜 그런가/왜 아닌가?

2. '최첨단' 기술을 도입하여 재무부를 위한 소프트웨어를 개발하는 것에 대해 어떻게 생각하는가? 장단점을 논하시오

3. 재무부 국장이 Grabbit and Run사의 제안을 받아들인 이유는 무엇인가?

4. 열정적인 에피가 프로젝트를 실행하는데 초래한 문제들의 유형은 어떤 것인가? 문제들의 원인은 무엇인가?

5. 제안된 실행전략을 확인하시오 어떤 면이 가장 많은 문제점을 유발하는가?

6. 이 프로젝트에서 현존하는 개인 기록의 질을 고려해 왔는가? 개인 기록에 대해 어떤 가정을 내릴 수 있는가?

7. 사례연구 시나리오의 파트 1에서 알 수 있는바와 같이, 현존하는 개인 기록이 이 유형의 전산화를 지원할 수 있다고 생각하는가? 어떤 문제를 찾아 낼 수 있다고 생각하는가?

8. 에피는 시스템을 지점으로 분산시키는 것을 포함시키기 위하여 시스템 내역을 수정했다. 이러한 결정을 지원하기 위해 문서로 작성해야 할 정책과 지침은 어떤 유형인가?

9. 종이기반 개인 기록이 다가올 미래에도 계속 유지되어야 하는 이유는 무엇인가?

10. 시스템을 포기하려는 직원의 결정은 잘된 것인가? 아니면 잘못된 것인가? 그 이유는?

11. 당신이 만약 재무부 국장이라면, 이제 무엇을 할 것인가? 그 이유는?

사례연구 시나리오 3장

전산화된 개인 정보 시스템의 붕괴와 함께 재무부의 상황은 위기에 봉착했다. 정치인들은 광분했다. 에피가 직장을 잃었기 때문이다. 이렇게 혼란한 가운데 기록 관리자인 이고르(Igor Beaver)는 목소리를 높였다. 이고르는 종이 시스템을 주목할 필요가 있다고 제안했다. 종이 시스템은 확고하고 믿을만 해야 한다. 이고르는 전산화 프로젝트와 비교하여 적절한 금액으로 이 목표를 달성할 수 있다고 주장한다.

이고르는 특수기록관리자로 임명되었다. 공직 생활을 통틀어 이고르는 5명의 훈련된 최고 기록관리자를 양성했다. 이들은 다음 기획에 참여했다.

1 단계
- 쓸모없어진 파일 등록부 정리
- 2년간 전혀 활용되지 않은 파일 종료
- 재무부가 활용하기에 적합한 기록보존센터 확인
- 종료된 파일을 기록보존센터로 목록화하여 이관

2 단계
- 복사 파일을 확인하여 그룹화 하기
- 파일과 기록정보가 뒤섞여있다거나 중복되어 있는 것을 정리하면서, 기타 관련 기관과의 협조
- 모든 직원의 고유 ID번호 확인
- 파일 번호를 ID번호로 사용하는 새로운 파일 생성
- 복사 파일 정리

3 단계
- 인사부 공무원과 기록관리 직원의 업무 그룹 형성
- 어떤 문서가 그곳에 있어야할지를 설명하는 마스터 파일의 개요 형성
- 마스터 파일이 어디에 위치하는지에 대한 보편적인 광범위 서비스 규칙 설립시, 중앙 당국과의 연계
- 기록 생산 책임 할당시 인사부 공무원과 함께 지침 작성
- 인사부, 기록관리 부서 직원에게 훈련 제공

4 단계

- 작성된 개요에 따라 모든 파일 분석
- 급여, 연금, 기타 중앙 당국 파일의 세부사항 교차점검
- 파일간의 차이 확인
- 파일의 '오류' 확인
- 필요시 정확한 내용을 얻기 위해 개인과 접촉

제대로 업무를 수행하고자 하는 재무부 국장은 이고르 제안서의 가치를 판단, 수년간의 업무를 요하는 전체 프로그램에 기금을 대기로 동의했다.

질문

1. 국장이 이고르의 첫 번째 제안과 전체 프로젝트 기획안을 수락한 이유는 무엇이라고 생각하는가?
2. 이러한 접근이 애초에 사용되지 않은 이유를 아는가?
3. 당신이 이고르라면, 5명의 최고 기록 관리자를 양성할 때 어떤 자질들을 눈여겨 보겠는가?
4. 이고르가 1 단계에서 등록부를 정리하려 한 이유는 무엇인가?
5. 이고르가 공공기관과 연계할 필요를 느낀 유형의 조직은 어떤 것인가? 각각의 역할을 나타내 보시오
6. 재무부 마스터 파일에 있어야 할 핵심 문서를 확인하시오
7. 재무부 시스템은 집중 시스템인가, 분산 시스템인가? 둘 중 하나를 답으로 골랐다면 그 핵심 특징을 확인히시오
8. 당신이 이고르라면 기록 생산 지침에 어떤 것들을 포함시키겠는가?
9. 당신은 누구를 훈련시킬 것인가? 그 이유는?
10. 훈련에서 강조되어야 할 점을 개략하시오
11. 4 단계에서 확인되는 점들은 재무부와 얼마나 관련있는가?
12. 왜 4 단계여야 하는가?
13. 이고르의 기획안은 잘 수행될 것이라 생각하는가? 왜 그런가/ 왜 아닌가?

▪ 참고자료

ARMA Standards Committee: Filing Systems Task Force. *Alphabetic Filing Rules*. 2nd edn. Prairie Village, KS: ARMA, 1995.

ARMA Standards Committee: Filing Systems Task Force. *Filing Procedures: A Guideline*. Prairie Village, KS: ARMA, 1989.

ARMA Standards Committee: Filing Systems Task Force. *Numeric Filing: A Guideline*. Prairie Village, KS: ARMA, 1988.

Armstrong, Michael. *Handbook of Personnel Management Practice,* 4th ed, 1991.

Bennick, Anne. *Active Filing for Paper Records*. Prairie Village, KS: ARMA, 1989.

Cain, Piers and Thurston, Anne. *Personnel Records: A Strategic Resource for Public Sector Management*. London: UK: Commonwealth Secretariat, 1998.

International Personnel Management Association (IPMA). *Personnel Files,* US: Center for Personnel Research Series, 1997.

법률 기록 사례연구(Legal Records Case Study)

Livia Iacovino[1]

도입

아래 사례연구는 가상 국가의 정치적 맥락과 법적 환경에 대한 개요를 제공한다. 사례연구에서는 정부 서비스 자원이 희박한 공공 서비스 환경을 보여주고 있다. 법률 기록 관련 레코드키핑과 규범적 맥락을 제시한다.

사례연구의 줄거리

놈비아(Nyombya ; 가상국가)는 광산자원은 풍부하지만 개발자본이 부족한 개도국이다. 이 나라는 다민족 국가이며, 인구의 15%만이 주요 정치 현안을 다룬다. IT분야 제조기반을 다지기 시작했으며, 정부는 정보자원과 기술을 통제하는 것이 정부의 통제력을 유지하는 길이라는 것을 인식했다.

놈비야는 영국 관습법에 입각한 법률체제를 갖고 있으며, 지역 공동체의 법률을 통합한 다양성을 겸비한 의회 민주주의 사회이다. 놈비야는 최근 몇 년간 정보자유(FOI), 프라이버시와 기록 관련 입법을 포함한 행정법 체제를 세웠다. 최근 정보자유입법의 효율성은 점진적인 법제 변화에 서서히 침식당하였다. 즉 특정 상거래에서 정부 기록에 대한 접근을 어렵게 하도록 예외규정을 늘려갔다.

법원과 경찰은 본질적으로 독립적이다. 최근까지 법원과 경찰은 정부에 대한 감시기능을 윤리적으로 수행해 왔다. 그러나 새롭게 임명된 인사들에 의해 법원과 경찰력의 방향이 바뀌고 있다. 정부는 점점 더 비밀스러워져, 정부가 맺는 계약들은 개인적인 친구들간에 이루어지는 것처럼 보였다.

---

[1] 1990년부터 리바아 야코비노(Livia Iacovino)는 호주 빅토리아 모나쉬 대학의 정보 관리 시스템 스쿨(예전의 도서/기록학과)에서 강사를 역임했다. 그 이전에는 호주 국립기록청, 빅토리아 지역 사무소, 빅토리아 공기록 사무소, 기록상담업무 등을 담당했다. 모나쉬 대학 재직시 야코비노는 학부와 대학원에서 레코드키핑과정, 특히 법률 과정을 가르쳤다. 야코비노는 멜버른 대학에서 학사를, 동대학에서 정보 관리 자격인증을, 모나쉬 대학에서 석사를 취득했다. 현재 박사 과정을 수료중이다. 주요 관심사는 윤리적 법률적 맥락의 레코드키핑으로서 박사 연구의 중점 과제이다.

한 내부고발자는 경찰에서 비밀리에 정보를 관리해왔다고 피력하면서 유력 일간지에 정보를 유출했다. 경찰청장은 이전 정부에서 폐기하도록 명령한 비밀 정보 파일이 존재하는지에 대해 긍정도 부인도 하지 않았다. 한 신문기자는 요주의 인물들이라 여겼던 사람들의 기록에 대한 정보를 공개할 것을 요청했으나, 기록이 더 이상 없다는 얘기만 들었다. 기록이 만약 활용가능하다 하더라도 이는 해당인들의 프라이버시를 침해하는 것이기 때문에 접근이 거부될 것이었다. 다음날 신문에서는 이러한 다수의 파일이 존재하고 있다는 정보를 보도했다. 관련된 많은 이들이 지역사회에서 영향력을 행사하는 사람들이었다. 인터뷰에서 경찰청장은 비록 위험 인물이 아니라 단지 공동체에서 활동하는 그룹들이라 하더라도, 그들을 감시하는 것은 대중의 이해를 위한 것이라고 주장했다. 신문기자는 몇 개 파일에 대한 접근을 다시 호소하려 한다.

동시에 야당에서는 공개입찰 없이 정부의 새로운 커뮤니케이션 시스템을 발주한 회사에 관한 기록을 공개하도록 요구하고 있다. 새로운 커뮤니케이션 시스템은 정부 IT전략의 일부로서, 모든 시민의 재정, 건강, 범죄, 자산 등에 관한 정보를 기록한 현재와 미래의 정부 데이터베이스에서 데이터의 조합, 축적을 확산시킬 수 있는 가능성을 열어줄 것이다. 이 시스템은 국가의 모든 성인 근로자의 완전한 정보를 생성해 줄 수 있다. 이 커뮤니케이션 네트워크를 통해 정부의 일상적인 업무들도 교환될 수 있다. 최초 목표점은 입법이다. 두 번째는 국제교역이다. 이러한 활동에서 비롯된 기록의 수집, 유지와 같은 정부 업무는 위탁할 수도 있다.

동시에 정부는 정부기록들에서, 특히 정부가 '국제적 이해관계'로 간주한 정보를 다루는 기록들에 담긴 기밀 상업 정보가 유출되는 것과 관련하여 공무원법 규정에 처벌조항을 강화했다. 정부는 공개입찰 없이 수주된 IT 커뮤니케이션 계약에 관한 모든 기록을 '국제적 이해관계'와 상업적 비밀로 분류했다. 그러나 국내 일간지가 인터넷에서 이용 가능한 정보를 통하여 최근 기사에서 새로운 커뮤니케이션 네트워크를 갖춘 외국 IT회사와 정부간에 체결된 계약의 세부사항을 폭로했다.

신문사들은 민간 압력단체들로부터 자극을 받아, 이 데이터 조합 프로그램에 반대하는 캠페인을 시작했다. 신문사들은 놈비야가 프라이버시 규약을 따르는 경제구역에서 교역을 하고자 한다면, 정부가 준수해야 할 많은 국제적인 프라이버시 규약이 있음을 지적했다. 압력단체에서는 프라이버시법을 일부 구성하고 있는 프라이버시 규약이 자국 실정법의 일부로서 다양한 산업 부문에서 확장되어야 한다고 주장하고 있다. 프라이버시 규약은 개인이 공공/민간 영역의 기록에 담긴 정보에 접근할 수 있도록 해주며, 또한 제 3자에게 개인정보가 불법적으로 공개되는 것을 방지해주는 규정도 제공한다.

정부의 레코드키핑은 종이기반이었지만 점점 전자정보시스템으로 대체되어가고 있다.

하지만 전자정보시스템 단계의 기록관리는 이루어지지 않고 있으며, 대신 일반적으로 출력물이 종이기반 기록을 대신하고 있는 추세이다. 이는 정상적인 활동이 아니므로 종이기반 기록도 전자기록도 완전하지 못하다. 따라서 정부가 맺는 계약에 관한 협상을 검색하는 데 어려움이 따른다. 분류 시스템의 특징은 다양한 기능 영역에 있으며, 행정/관리 기록을 운용하는 범정부적 시소러스가 모든 공공영역의 기관에서 사용하고 있다. 기록 관계당국에서는 범정부적으로 상위수준의 기능 시소러스에 대한 연구를 수행중이다. 또한 정부의 IT 표준을 사용하는 자동 시스템을 연구 중이다. 비록 당국이 레코드키핑 표준 정비 등을 포함하여 기록에 대한 많은 책임을 안고 있다하더라도, 표준을 감사할 만한 기관이 달리 없다.

정부나 경찰에 만연된 부정부패 상황이 정부에서 협상 중인 많은 국제적인 재정거래를 위협하고 있다. 한편, 법원에 청구한 경찰이 보유한 개인 신상 파일 및 IT계약 관련 파일의 공개는 기각되었다.

사례연구 지침

위 기사와 사례연구를 읽고 다음 질문에 답하시오

1. 새로운 자동정보시스템은 정부, 법원, 경찰에게 더 많은 책임을 지우는 것일까?
2. 국제적 이해관계 때문에 대중에게 공개되면 안되는 정부활동 영역에는 어떤 것이 있다고 생각하는가?
3. 정부에서 데이터 조합 프로그램을 실행해야 하는 법적 근거가 있는가?
4. 경찰은 특권이 있어 정보자유법의 면제대상이 되어야 하는가? 기밀 파일을 공개하는 것이 경찰이 주장하는 대로 경찰력의 행사를 저해하는 것인가?
5. 범정부적 분류 시스템에 따르는 법적 레코드키핑의 장점은 무엇인가?
6. 전자 레코드키핑 시스템이 '기록'을 보유하지 않는다면 어떤 결정적인 문제가 야기되는가?

▪ 참고자료

Australia, Department of Attorney General : http://law.gov.au/government_sites.html

Campbell, Madeline 'Government Accountability and Access to Information from contracted-out Services.' *Archives & Manuscripts,* 26, 2 (November 1998): 294-327.

Gray, Peter R A. 'Saying It Like It Is: Oral Traditions, Legal Systems, and Records', *Archives and Manuscripts,* 26, 2 (November 1998): 248-269.

Iacovino, Livia 'The Nature of the Nexus between Record Keeping and the Law'. *Archives & Manuscripts,* 26, 2 (November 1998): 216-246.

Iacovino, Livia, *Things in Action: Teaching Law to Record Keeping Professionals,* Ancora Press, Monash University, Melbourne, 1998, particularly Chapters 4-5.

Knafla, Louis A. "Be It Remembered", Court Records and Research in the Canadian Provinces. *Archivaria,* 18 (Summer 1984).

Smith, Rodney, 'Strange Distinctions: Legislators, Political Parties and Legislative Ethics Research'. *In Ethics and Political Practice: Perspectives on Legislative Ethics,* eds. Noel Preston and Charles Sampford with C-A Bois, Federation Press, 1998. pp. 41-51.

Standards Australia. *Australian Standard AS 4390: Records Management.* It isrecommended that this publication be read with a view to adopting the standards it proposes as the basis of the methodology for creating and managing legal records. In particular see Part 1, General, Definitions; Part 2: Responsibilities, Regulatory requirements; Part 3, Strategies, Part 4, Control; and Part 5 Appraisal and Disposal.

Twining, William and Emma Varden Quick, ed. *Legal Records in the Commonwealth,* Aldershot, Dartmouth, 1994. See Chapter 2, 'Legal Records in the Commonwealth: A Theoretical Perspective'.

관련 영국 사이트

- The Judicial Work of the House of Lords

http://www.parliament.the-stationery-office.co.uk/pa/ld199697/ldinfo/ld08judg/ld08judg.htm

▪ Court service: Lord Chancellor's Department: Information about Courts

http://www.courtservice.gov.uk/cs_home.htm

http://www.courtservice.gov.uk/highhome.htm

Archives & Manuscripts, 26, 2 (November 1998)에서 레코드키핑과 법률에 관한 논문 확인 가능

추가 과제 및 연습

자신의 법적 맥락과 기록을 활용하고, 거기에 근거함으로써 답을 준비하는데 도움이 될 것이다.

A. 소송절차 및 그 결과나 보조 기록에 대한 시스템 분석 수행

어떤 사람이 검찰청에 의해 피의자로 기소되었다. 검찰청이 기소할 경우 일반적으로 일의 진행이 어떨지 생각해 보라. 기소 결과를 결정하는데 관여하는 사람들 사이에 의사소통이 어떤 인과관계를 갖는가, 어떤 사건을 계기로 사건이 종결되는가? 이러한 법적 진행의 핵심 단계를 설명하는 순서도를 그려보고, 중요 기록이 생산되는 시점을 확인해 보라. 파일제목을 표기하는 것과 기타 레코드키핑 과정에서 표준화가 갖는 중요성을 논해 보라.

B. 핵심적인 이해관계인들의 기능 분석

법 실행에 관여한 주요 관계인들 중 적어도 한 주체의 핵심기능을 분석하시오 즉 법원, 검찰, 경찰 중 하나이다.

순서도(flowchart) 준비

순서도는 본질적으로 업무과정의 위치적 정보를 나타내는 것이라 할 수 있다. 순서도 그림에서 흐름상의 단계를 표시하기 위해 과정의 흐름이나 방향을 지시해주는 화살표와 같은 상징을 사용한다. 통상 순서도에서 사용되는 것으로 아래 예시와 같은 것들이 있다.

기본적인 순서도 작성 규칙

순서도에 관한 대부분의 매뉴얼에서는 각기 다른 사람이 그린 차트라도 쉽게 알아볼 수 있도록 차트 작성에 관한 기본적인 규칙/표준을 설정해 놓고 있다. 가장 중요한 규칙은 다음과 같다.

1. 차트 방향: 기본적인 방향은 위에서 아래, 왼쪽에서 오른쪽이다.
2. 차트 모서리: 실제 차트는 왼쪽 상단에서 시작해서 바깥 모서리와 약 2cm 간격을 유지해야 한다.
3. 차트 제목: 모든 차트에는 순서도에 나타나는 활동을 정확히 확인할 수 있도록 기술적인 제목이 붙어야 한다.
4. 작성자 성명 및 종료일: 차트 오른쪽 상단에 작성자 성명과 차트 작성일을 기입해야 한다.
5. 모든 차트의 첫 번째 기호: 모든 차트에 사용되는 첫 3개의 기호는 '시작', '투입', '프로세스' 활동을 나타낸다.
6. 차트 언어와 용어: 순서도에서는 모든 박스와 기호에 능동사와 단문이 사용된다. 예를 들어 '우편을 수신하다', '파일을 복사하다', '행위 시트를 종료하다' 등이다.
7. 일관된 흐름: 순서도는 항상 페이지 아래로 이동을 뜻할 때 진행 방향을 나타내는 '예'를 사용한다. '아니오'는 항상 오른쪽으로 이동하며, 해결될 때까지 계속 진행한다.
8. 차트 종료: 모든 표준적 차트는 출력과 정지 기호로 종료된다.
9. 하나의 입력이 많은 출력을 가져올 수 있다. 하나의 입력이 하나 이상의 출력을 가져와 차트가 계속 오른쪽 아래로 진행되어 가는 평행한 경로들로 남게 되기 때문에 순서도가 복잡해질 수 있다.
10. 온-페이지(on-page)와 오프-페이지(off-page)를 구별하기 위해 상이한 숫자 체계 사용: A, B, C는 온-페이지, 1, 2, 3은 오프-페이지.
11. 장황하고 복잡한 하나의 차트를 만들기 보다는, 활동을 과제별로 나누어 차트를 각 과제별로 만든다. 간결한 순서도가 이해하기 쉽듯이, 긴 차트 보다는 다층적인 순서도를 사용하는 것이 낫다. 대신 차트를 너무 상세하게 만들어 설명이 쓸모없거나 지루하지 않도록 하시오
12. 방향을 나타내는 화살표는 항상 다음의 이동을 보여줘야 한다. 화살표는 (위에서 아래, 왼쪽에서 오른쪽으로) 이동 방향을 나타내는 데만 쓴다.

13. 온-페이지 커넥트(on-page connector) 사용: 과제를 반복/개정하기 위해 선을 긋는다든가 다시 돌아가는 것 보다는 온-페이지 커넥터를 사용하시오 일반적으로 반복되는 활동을 통합하기 위해 온-페이지 커넥터 세트를 삽입한다.

14. 특별 기호와 축약된 정보를 확인하기 위해서는 설명 박스 사용: 차트 시작에 있는 설명 박스에 나오는 모든 축약된 정보 확인

순서도와 과정 작성을 위한 활동 분석과 편집

우편물이 도착하면 등록 직원으로 일하는 사무원이 분류하게 된다. 등록직원은 아이템의 접수일에 따라 날짜순으로 목록을 만든 등록부에 기입하게 되고, 모든 아이템은 연도별 고유번호를 부여받는다. 그리고 나서 등록직원은 해당 아이템이 처음 수신된 것인지, 동일/관련 주제로 이전에 보냈던 발신인에게서 온 편지인지 확인하기 위해 수발신 색인을 확인한다. 처음 수신된 우편이라면 등록직원은 연도별 신규 고유번호를 부여한 새로운 파일을 만들고, 동일/관련 우편이라면 마지막에 온 우편이 파일의 맨 위에 부가되어 최고 번호를 부여받는다. 파일에는 폴더 바깥에 인쇄된 기록행위 시트가 있으며, 등록직원은 해당되는 행위의 세부사항을 계속해서 기입한다.

그런 뒤 파일은 등록부에 따라 아키비스트에게 전달되고, 아키비스트는 파일안에, 보유기간에 대한 지침을 나타내며 앞으로의 답신의 성질에 관한 특수한 지침/제안을 부가하는 시트를 삽입한다. 그런 다음 아키비스트는 주당 10-15편의 편지를 처리해야 하는 부서직원에게 조사를 의뢰한다. 아키비스트는 이렇게 의뢰한 것에 대한 자신의 등록부를 보유하며, 기록행위시트에 관련된 정보를 기입하기도 한다.

부서직원은 조사에 내한 답을 찾기 위해 필요한 업무를 수행하고 답신을 초안하여, 이것을 해당 아키비스트에게 보내고 기록행위시트에 기입한다. 아키비스트는 이것을 받아 확인하고 답신이 만족스러우면 타이핑하도록 한다. 그 다음 이 새로운 답신은 승인과정을 거치게 된다.

답신이 타이핑되면 인쇄상태를 확인하기 위해 부서직원에게 다시 돌려보낸다. 인쇄가 정확하면, 아키비스트를 대신하여 부서직원이 서명하여 부친다. 이러한 모든 행위는 기록행위시트에 기입되며 전체 파일은 등록직원에게 돌아간다.

다음 페이지의 순서도는 위의 설명 과정을 도식화한 것이다.

우편 문의요청에 답변하기

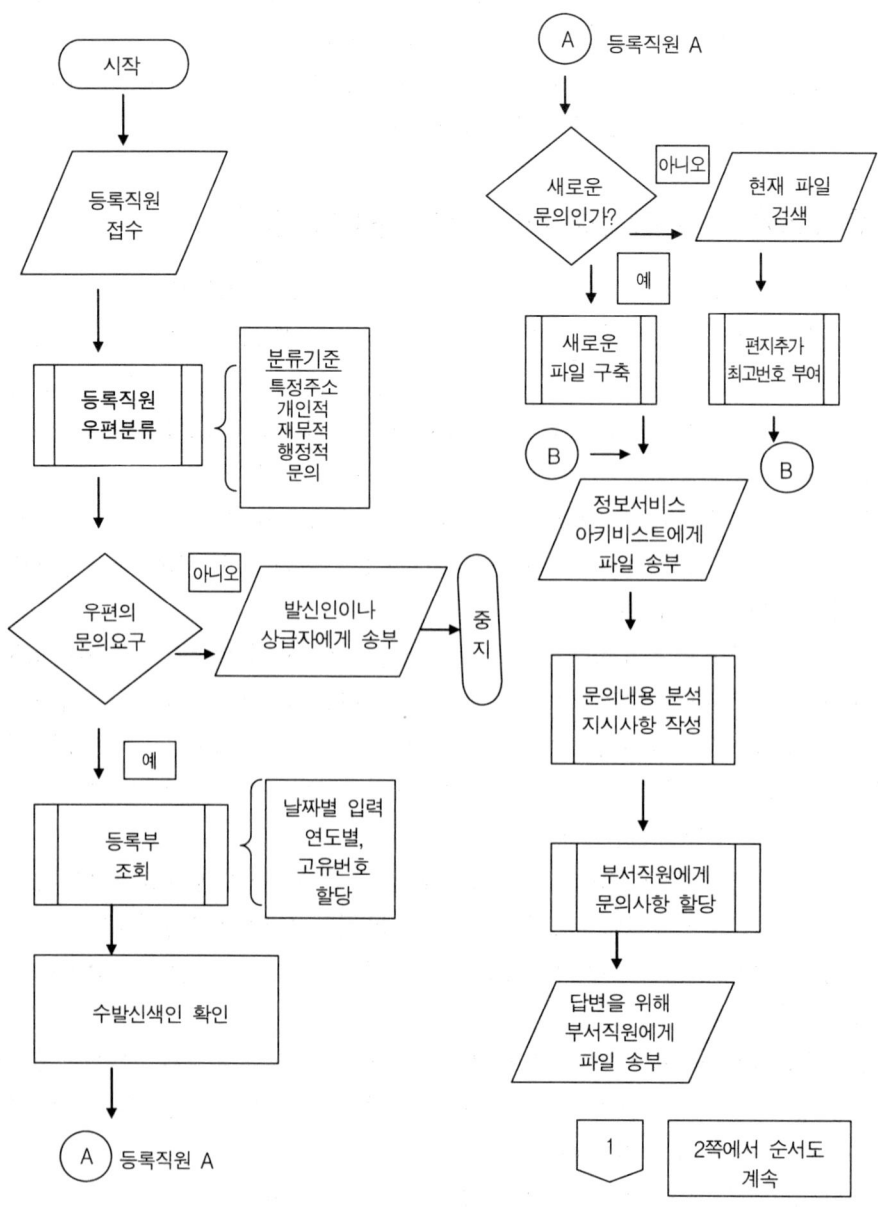

기능분석 준비하기

   현대 매니저들은 다양한 효용가치로 인해 시스템분석을 가장 가치있는 도구로 간주한다. 기능분석은 실제로 시스템분석을 적용한 것으로, 업무처리의 위계질서를 나타내어 일반 기능에서부터 그 하위 활동, 과정, 처리업무까지 분해해 준다. 기능분석은 모든 유기적 과정 및 위계질서를 분해하는데 적용가능하며, 기록관리자로 하여금 레코드키핑이 필수적인 결정적 순간 및 관계들을 파악할 수 있도록 해준다.

   예를 들어,

   위계질서: 업무기능, 행정관계, 시스템, 모델

   권한관계: 누구에게 책임있는가

   책임관계: 누가 업무를 수행하는가

   업무흐름: 특정 과제를 수행하는 과정의 단계 확인

   과정: 의사결정, IT 시스템 디자인, 업무활동 등의 단계를 구성하고 있는 결정과 상호작용 분석

   다음 표는 시스템분석이 레코드키핑에 적용될 수 있는지를 보여 주고, 시스템분석 결과를 해석하는데 고려되어야 할 조건과 요소들을 설명해주고 있다. 시민의 권리를 확인하여, 기업과 정부의 책임을 요구하고, 문화 연속성을 보존하는 것과 같은, '삶의 질'에 대한 고려는 순수한 기능분석의 결과를 '확인하고, 균형잡아 주고', 연성화시킬 것이다.

시스템 분석-아래 1~4와 같은 전체적인 레코드키핑의 특징들을 "매핑"하거나 "확인"하기 위한 도구

1. 기능 (기능분석)	2. 권한 당국	3. 책임성	4. 도큐멘테이션에 필수적인 프로세스	비고
기능활동의 위계절차 기능 ∅ 활동 ∅ 처리업무 ∅ 설명 행위 시스템과 모델	권한관계 행위의 결과나 의사결정에 "책임있는 권한자" ∅ 상이한 수준, 해심 프로세스에서 "권한을 지닌" 책임자	책임관계 실행을 위한 책임자 ∅ 상이한 수준, 해심 프로세스에서 "수행하는" 책임자	∑ 업무사이클, ∑ IT시스템, ∑ 업무흐름 도큐멘테이션에 필요한 해심적 통제	1. 기능적 레코드키핑 시스템은 우선적으로 업무활동, 처리업무 흐름도로서 조직되어야지, 주체 내지 조직적인 위계구조로서 조직되어서는 안된다. 관계자/권한자의 이름, 사건, 기록의 유형, 주체, 일시, 지역과 같은 접근점에 기초한 가이드로 탐색하기 위해 색인을 만들 수 있다. 2. 기록 당무과 생산자와 기관의 파트너십은 필수적이다. 3. 레코드키핑 컨티뉴엄 관리 모델은 중요하다.

이러한 구조도를 적용할 때 정확한 이해를 위해서는 "실생활"에서 검증되어야 한다.

"필드"의 예시	문제점
1. 정확한 해석을 위해서는 전체적인 규모/범위/수준이 매핑되어야 한다. 2. 하향식 매핑과 상향식 매핑을 확인해야 한다. 3. 매핑 점검은 사회의 기본적인 증가 가치와 필요성에서 생겨난다. 예를 들어, 기록이 다음과 같은 항목을 확인하기 위해서 필수적이라면, 그 기능적 중요성과 무관하게 보아해야 한다. -시민의 권리 -업무 책임성 -사회적 거버넌스 -문화적 연속성	-권한관계와 보관책임성의 변화(행정적 변화) -시간에 따른 의미, 접근 조건의 변화에 적응하기 위한 관리 -장래은 전자 시스템 뿐 아니라 중요한 "기록유산"과 같은 요건도 갖춰야 한다.

학습 목표

- 법률 기록이 정치 체제를 유지하여 정부의 모든 설명책임성에 기여하는 방법과 이유를 확인
- 관습법 법적 시스템 내의 법원, 경찰, 검찰의 실질적 기능과 관련된 역할자 및 레코드 키핑 과정 확인
- 사법 기관의 기록관리를 위한 적합한 레코드키핑 시스템 구축
- 법 절차에 관계된 모든 이들의 레코드키핑 책임성을 촉구

채점/평가 및 지침

사례연구에 대한 답은 레코드키핑의 법적 맥락과 관련한 법적 사안들을 학생이 인지하고 있다는 사실을 나타내야 한다.

실행문제에 대한 개별 학생들의 답에서 지침자가 살펴봐야 될 요점들에는 다음 사항이 포함된다.

Q1. 새로운 자동화 정보 시스템을 통해 정부, 법원, 경찰이 보다 책임감 있게 될 것인가?

요점: 새로운 시스템이 적절한 레코드키핑 자료를 제공한다면, 정부는 보다 책임감있게 될 것이다. 게다가 적절한 정부 경찰력과 법은 시민이 공공영역의 기록에 접근하여 열람할 수 있도록 지지해야 한다. 정당한 조직문화가 부재한 입법은 실패할 것이라는 생각은 해볼 만한 가치가 있다.

Q2. 국가적 이해관계 속에 있기 때문에 대중에게 공개되면 안 된다고 생각되는 정부활동 분야는 무엇인가?

요점: 상업적으로 민감한 정보를 포함하는 국제적인 이해관계에 대한 정부의 해석이 사례연구에서 드러나야 한다. 대개 국제적 이해관계에는 국방, 안보, 외교적 사안이 포함된다. 어떤 사법당국에서는 보안기관의 기록 전부가 면제대상이 된다. 대중에게 비공개되어야 할 관심사가 있는 다른 영역이 있다는 사실은 논의될 수 있다.

Q3. 정부가 데이터조합 프로그램을 실행하는데 적법한 근거가 있는가? 발생되지 말아야 할 특정한 사례들에 대해 생각해 볼 수 있는가?

요점: '적법한 근거'는 세금, 사회보장, 법집행 영역에서 요구되곤 한다. 예를 들어, 호주 정보보호법에서는 적법한 근거를 지닌 데이터 조합체계를 승인했다. 동의

가 없다거나 관련된 특정 정부기능이 없다면, 민간영역에서 생산자와 소비자 간의 직접 매매는 별로 선호되지 않는다. 왜냐하면 메일링 리스트는 많은 개인 정보원에서 파생될 수 있기 때문이다.

Q4. 경찰은 특수한 권력이 있으므로 정보자유법에서 면제되어야 하는가? 경찰이 주장하는 대로, 기밀 파일을 공개하는 것이 경찰력의 집행을 저해하는가?

요점: 경찰력은 법을 초월하는 것처럼 보인다. 경찰은 파일을 폐기하기 위해 정부 명령에 도전한다. 이는 다른 공공기관이 법을 무시하는 것에 대한 선례가 되었다. 만약 은밀한 정보를 수집하는데 사용된 신중한 과정을 밝힌 파일을 제한한다면, 이는 경찰의 반대를 완화시킬 수도 있다.

Q5. 범정부적 분류 시스템에 부합하는 법률 레코드키핑의 장점은 무엇인가?

요점: 레코드키핑 시스템을 통합 검색할 수 있는 보편적인 접근들을 활용할 수 있다는 장점이 있다. 또한 이러한 레코드키핑 시스템은 법률 기록들을 모든 관할권 내에 두게 되는 범정부적 기능평가를 제공한다.

Q6. 전자레코드키핑 시스템이 '기록'을 보유하지 못한다면 어떤 결정적인 문제가 발생하는가?

요점: 전자레코드키핑 시스템이 '기록'을 보유하지 못했을 때 발생할 수 있는 문제는 다음과 같다.

- 전자적 커뮤니케이션에서는 맥락적 정보(헤더[2]), 전송데이터, 시간, 수·발신인)를 기록에 연결할 수 없음
- 종이 복사본을 전자본과 동일하게 판단함
- 중요한 복구작업에 필요한 로그인 파일, 패스워드, 감사추적, 성능 테스트, 프리마이그레이션(premigration) 파일, 구(舊) 도큐멘테이션이 없음

---

2) 역주 : 각 데이터의 머리에 붙은 표제정보

버던트 섬 국립기록보존소의 재건
(Re-invigoration the National Archives of Verdant Isle)

사례연구

Margot Thomas[1]

도입

1993년 이전에는 버던트 섬(Verdant Isle)에 기록법은 존재하지 않았다. 그러나 1936년의 법원기록 폐기령, 1965년의 공기록령 등은 있었다.(부록 1, 2에 발췌문 첨부)

정부의 기록관련 당국이 최대한 그 기능을 수행할 수 있도록 적절한 기록법에 대한 필요성을 인식하면서, 국립 아키비스트 토마스(Thomas)는 의원들을 대상으로 적극적으로 입법 로비를 벌였다.

이러한 정치적 캠페인은 성공적이어서 법무차관은 토마스와 협의하여 1993년 10월 20일 법으로 공포된 버던트 섬 국립기록보존소 설립법(National Archives Authority)을 작성했다.

새로운 국립기록보존소는 유능하며, 지역사회와 정부 모두에게 책임이 있다는 사실을 확인하는 것과 관련하여, 국립기록보존소의 운영현황을 파악할 수 있는 집행부가 있는 국립기록보존위원회 창설을 법에서는 명시하고 있다.

---

1) 마고 토마스(Margot Thomas)는 성 루시아(St Lucia)의 국립 아키비스트이다. 서인도대학(University of West Indies:UWI)에서 영어학/역사학 학사를, 동대학에서 도서관학 수료증(diploma)을, 성 루시아 사범대학 (Saint Lucia Teachers College)에서 교사자격증을, 런던 칼리지(University College London:UCL)에서 기록관리 석사를 취득했다.

토마스는 1991년 UCL에 입학하기전 19년간 교단에 재직했다. 영어영문학을 가르치면서 토마스는 앙 트레(Entrepot) 중등학교에 도서관을 세우는데 일조했다. 1992년 10월 토마스는 성 루시아의 제1국립 아키비스트가 되었고, 1993년 8월 23일에 반포된 국립기록보존소권한법(no. 16 of 1993) 전문을 작성하 는데 즉시 착수한다. 1997년 11월 토마스는 CARBICA(Caribbean Regional Branch of The International Council on Archives) 의장직에 만장일치로 당선된다. 1999년 5월 토마스는 44명의 참석자와 4명의 후원인이 참석한 제1회 캐리비안 기록관리 지역워크숍을 공동 주관하는데 성공했다. 학술논문 외에 토마스는 다수의 시와 소설을 발표하고 작품출판을 준비 중이다.

내각장관과 토마스의 긴 협의 끝에, 9명으로 구성된 국립기록보존위원회가 3년 임기로 1995년 5월에 내각에 의해 지명되었다.(재임용을 조건으로 하여)

기록보존위원회는 전략적 업무 자산으로서, 문화자산으로서 신뢰할만하고 진본성있는 기록을 생산, 보호해야 한다고 생각하는 핵심적인 유권자들을 대변하는 퇴직공무원들로 구성되었다. 위원회 구성원은 다음과 같다.

- 대법원장·의장
- 내각장관, 부의장
- 감사원장
- 등록직원
- 교회임원
- 상공회의소 임원
- 역사학회 회장
- 검찰총장/임원
- 국립 아키비스트

기록보존위원회는 연 4회 모임을 가진다. 국립기록보존소의 최고책임자이자 장관인 국립기록보존소장은 국립기록보존소에서 전문적, 행정적 기능을 모두 수행해야 함을 확인했다. 그러나 국립기록보존소 직원들은 모두 공무원으로서 성 루시아 공무원협회 구성원들이었다.

국립기록보존소는 4분기마다 지급되는 정부의 연간 보조금이나 충당금에 전적으로 의존했다. 국립기록보존소의 연간 예산은(직원들의 월급과 수당에 행정적, 기본적 비용 포함) 국립기록보존위원회가 준비하여 의회에 상정한다.

위원회의 한 위원이 국립기록보존소장에게 시련을 안겨주었다. 이 위원은 보존소장이 시행하는 모든 프로그램을 거절했으며, 보존소 예산에 중요한 결정권자이기 때문에 보존소의 기능에 영향을 미쳤다.

국립기록보존소와 같은 법정 위원회 및 기관들의 각료들은 정부지출을 줄여 자기 자본을 늘리기 위해 노력했다. 그래서 국립기록보존소는 자기 자본을 점점 증가시켜야 하는 압력을 받았다.

비록 국립기록보존소에 영향을 끼칠 만큼 예산 삭감은 없었지만 예산의 증가도 없었다. 영구기록에 대한 책임과 비용이 필연적으로 증가함에 따라, 이러한 순수 경제효과는 기록서비스에 활용될 자원을 점점 침식하고 있었다. 국립기록보존소장은 더 넓은 공동체의 다양한 영역에서 영구기록 및 국립기록보존소의 중요성을 보여주기 위한 일련의 활동을 시작했다. 예를 들어, 보존소장은 토론회를 개최하고, 학교를 방문하고, 공적 사업의 이름을 짓기 위한 퀴즈를 공모하기도 했다.

버던트 섬 기록법(*Verdant Isle Archives Act*)은 시청각 기록, 기계가독형 기록, 전자기록에 대한 언급이 없을 뿐 아니라 이런 매체기록을 보존할 준비가 전혀 되어있지 않았다. 명확한 견해 표명없이, 기록보존소장은 이 문제에 대한 언급을 주저했다. 버던트 섬의 각 부처를 연결하는 새로운 컴퓨터 네트워크의 출현으로 전체적인 상황이 더욱 악화되었다. 종이로 된 편지와 메모는 점점 더 줄어들었고, 2001년에는 모든 정부 업무의 85%가 전자적으로 처리될 것이라는 예측이 나왔다.

현 기록법에는 국립기록보존소가 기록관리에 관여할 권한이 없기 때문에, 국립기록보존소장은 정부 각 부처의 레코드키핑에 조언을 한다거나 그 효과성을 감사할 권한은 없다고 생각했다. 그러나 많은 부서에서 기록, 파일링시스템, 공간부족 등과 같은 문제가 발생하면 기록보존소장에게 연락을 취한다. 사실 국립기록보존소는 쓰레기 하치장이 되어가고 있는데, 이는 많은 부서에서 공간을 늘릴 필요가 있을 때마다 아무런 통고없이 부적절하고 정리되지 않은 파일들을 산더미처럼 보내고 있기 때문이다.

아키비스트는 자신의 파일은 국립기록보존소 법의 지배를 받지 않는다고 생각하는 특별위원회와 준정부기관에게서 자료를 수집할 수 없다.

많은 양의 중요한 공적 영구기록들은 국립기록보존소에 인수되기 이전에 그것을 소장한 개인들의 소유이다. 이러한 많은 수집가들은 새로운 국립기록보존소에서 공개적으로 접근해야 할 자료들을 소장하는 것에 정당성을 부여받았다고 생각한다.

영향력있는 어떤 연구자들은 또한 국립기록보존소에 문제를 일으키기노 한나. 많은 연구자들이 모든 기록 정보서비스는 무료여야 하며, 사진, 엽서, 기타 역사적 가치가 있는 자료들에 대한 접근이 무제한적이거나 심지어 감시받지 말아야 한다고 생각한다.

현재 상황

국립기록보존소장은 국립기록보존소에 입법장치가 약하고, 관계당국의 태도와 정부 부서에 필요한 레코드키핑을 개선시키지 못하고 있는 당국의 무능함에 불만이었다. 실망 끝에 소장은 대부분의 시간을 자신의 역사출판물 간행에 소비했으며, 귀 기울이는 이들에게 기록법의 필요성에 대해 역설했다.

보존소의 직원들은 새 입법에 대해 이해하지 못했으며, 소장이 점점 비효율적으로 변해간다고 보았다. 직원들은 공적 활동과 역사 저서물로 인해 소장이 당면한 정치적 업무를 하지 않는다고 생각했다. 직원들은 소장이 보존소의 사명과 프로그램이라는 일반적인 비전을 세우기 위해서는 협상력을 키워서 위원회와 같은 중요한 이해관계자들과 조금 더 공조한다면, 새 입법 없이도 국립기록보존소의 구조와 운영의 효율성을 개선할 수 있다고 생각했다.

당신은 특수 상담가로서, 영미권에서 최선의 기록 표준, 입법, 정책, 규정 등을 배워서 버던트 섬 국립기록보존소에 이상적인 정책문, 책임감, 파워 등을 개발시킬 수 있도록 초빙되었다. 그 다음으로 중요 관련 업무중의 하나가 바로 다수의 이해관계인들에게 이러한 새로운 비전을 열정적으로 받아들일 수 있도록 설득하기 위한 전략을 개발하는 것이다. 이러한 도전이 성공하면, 국립기록보존소장과 직원들은 국립기록보존소 프로그램을 되살리기에 적합한 입법과 행정적 준비사항들을 얻을 수 있는 정보를 사용할 수 있을 것이다.

학습목표

국립기록보존소의 사명에 관한 사례연구를 완수한 뒤 학습자가 익혀야 할 사항은 다음과 같다.

- 국가적 수준에서 완전히 통합된 공공 기록 관련 당국의 정책문, 입법, 규정, 권력, 책임 감 등의 '모범 실무(best practices)'와 예시들을 확인하고 이해해야 한다.
- 공공 기록 관련 당국의 정책, 기능, 행정적 관계 및 권력 등을 쉽게 이해할 수 있도록 개관한 프레젠테이션을 개발해야 한다.
- 기록 관련 당국의 운명을 결정짓는 중요한 이해관계인과 의사결정자들 및 이들이 기록 과 맺는 이해관계와 태도 등을 확인해야 한다.
- 특별한 대중의 관심을 끌기 위한 설득력 있는 사례를 준비하여, 그들이 이를 수용하여 지원해 주도록 설득해야 한다.

사례 문제

문제1: 버던트 섬 국립기록보존소의 적절한 정책문과 책임 도출

레코드키핑 입법, 기능, 권력, 정책문을 '최대한 실현'하려는 연구를 위해서, MPSR(공공기 관 기록관리 교육프로그램 학습교재) 모듈인 '기록서비스를 위한 기반 개발'과 다른 문헌, 전통, 인터넷 등을 살펴보는데 시간을 보내시오 이러한 수단들을 최대한 이용하여 버던트 섬 국립기록보존소의 '이상적인' 정책문, 책임감, 권력에 대한 1, 2쪽 분량의 포괄적인 도표 를 그려보시오 마지막에는 이러한 수단들이 제시하는 구조에 대한 주요한 논의와 채택된 장애물/위험요소들 중 극복할 수 있는 것들을 설명한 요점형태의 목록을 만들어 보시오

문제2: 새로운 미션을 채택하기 위한 주요 이해관계인 설득

a) 국립기록보존소의 효율성을 향상시키기 위한 수단 중 하나는 개정된 보존소 정책문과 책임 등을 채택하기 위해 결정적인 지원을 하는 이해관계인과 의사결정자를 확인하는 것이다. 모든 이해관계인의 직업과 개인적인 태도, 보존소에 대한 이해 등을 확인하는 것도 중요하다. 사례에 대한 기술에서는 단서들이 제한적이기 때문에, 결정을 내리기

위해 단서들을 구축할 때 자신만의 판단력과 창의력을 사용해야 한다. 다음 이해관계인의 목록에서 재활 캠페인을 성공시키기 위해 가장 중요하다고 생각하는 7가지를 고르시오

	핵심 이해관계인과 의사결정자	기록에 관한 명시적인 혹은 암시적 견해와 우려	이해관계인과 의사결정자의 지원이 중요한 이유
	대법원장		
	내각장관		
	감사원장		
	등록직원		
	교회 임원		
	상공회의소 임원		
	역사학회 회장		
	검찰총장		
	지역 '의견 형성자' 즉, 언론인, 노정치인, 권위자		
	의원		
	국립기록보존소 직원		
	기타		

b) 이해관계인들의 마음을 열어, 문제1에서 제시된 기록보존소의 새로운 정책을 채택하도록 설득할 수 있을 것으로 생각되는 논점들을 만들어 제시해 보시오

핵심 이해관계인과 의사 결정자	이성적/운영적 논점		감정적/ 정치적 호소	누가, 어떻게, 어떤 상황에서 논의해야 하는가
	추구해야 할 강점/이익	피해야 할 장애/위험요소		
대법원장				
내각장관				
감사원장				
등록직원				
교회 임원				
상공회의소 임원				
역사학회 회장				
검찰총장				
지역 '의견 형성자' 즉, 언론인, 노정치인, 권위자				
의원				
국립기록보존소 직원				
기타				

▪ 참고자료

Australian Law Reform Commission. *Australia's Federal Record. A Review of the Archives Act of 1983*. Report No. 85. Canberra: ALRC, May, 1998. URL:http://www.austlii.edu.au/au/other/alrc/publications/reports/85/toc.html

Duchein, Michel. *Obstacles to the Access, Use and Transfer of Information from Archives: A RAMP Study*. Paris: UNESCO, 1983. (PGI - 83/WS/20) SQ323.445134

International Council on Archives. 'Archival Laws and Regulations since 1970'. *Archivum* 28 (1982).

International Council on Archives. 'Archival Legislation 1981-1994: Albania-Kenya'. *Archivum* 40 (1995).

International Council on Archives. 'Archival Legislation 1981-1994: Latvia-Zimbabwe'. *Archivum* 41 (1996).

Ketelaar, Eric. *Archives and records management legislation and regulations: A RAMP study with Guidelines*. Paris: UNESCO, 1985. 121 p.

National Archives of Australia (NAA). 'CHANGES TO NATIONAL ARCHIVES SERVICES TO AGENCIES' Minute of 8 December, 1998 from the Director to Commonwealth Agencies. URL: http://www.Naa.gov.au/index.htm and click on 'Services to Government', then on 'Minute' and finally on 'Statement of Responsibilities for Managing Government Records'.

Rhoads, James B. *The Role of Archives and Records Management in National Information Systems*. Revised edition. Paris: UNESCO, 1989. (PG1-89/WS/6). The 1st edition is in open reserve under SQ025.06351 71 /1

Standards Australia. AS 4390 *Australian Standard: Records Management*. Parts 1-6. Homebush, NSW: Standards Association of Australia, 1996. 이 출판물의 사본은 구할 수 없었지만, 호주의 여러 기록보존 관계당국은 AS4390에서 정보를 발췌하여 웹사이트에 실었다. 특별히 뉴사우스웨일즈 주립 기록보존소 홈페이지를 보려면 다음으로 접속하라. URL: http://www.records.nsw.gov.au and click on references to 'government record keeping'.

Standards Australia. A/NZS 4360 *Australian/New Zealand Standard: Risk Management*. Homebush, NSW:

Standards Association of Australia, 1995.

State Records [New South Wales] Home Page URL: http://www.records.nsw.gov.au/ '주기록법'이란 글자로 스크롤하여 클릭하면 1999년 1월 1일 공포된 새로운 입법하에서 책임을 지닌 모든 이해관계인들의 논의를 살펴볼 수 있다.

부록 1

(a) 법원기록 폐기를 위해 제공되어야 하는 법령[1936년 12월 12일]

의회의 권고와 승인을 받아 아래와 같이 의장이 반포 :

1. 본 법령은 1936년 법원기록폐기령으로 명한다.

2. 본 법령에 반하는 의도가 없다면 '기록'에는 책, 기록, 문서, 전시물이 포함된다. '버던트 섬 왕립재판소'에는 '증서와 저당 등기소'가 소속된다.

3. 의장은 버던트 섬 왕립재판소 혹은 다른 지역 재판소의 관할 기록을 폐기 처분하기 위한 규정을 필요할 때마다 만들 수 있다. 이러한 규정이 생기기 전까지 본 법령의 부칙에 포함된 규정은 효력을 유지한다.

4. 본 법령의 해석에 대해서나 조항의 실행과 관련하여 분쟁이 발생했을 경우, 대법원장이 간략하게 조사하여 판단한다. 대법원장의 판단이 최종적이다.

5. 다른 법 조항에 근거하여 임시로 보관중인 기록, 아직 체포되지 않은 범죄자에 대한 재판에 필요하거나 도난 재산인지 확인하는데 필요한 기록, 부동산 혹은 사유재산임을 입증하는 것과 관련된 증거 등의 폐기를 승인하는 것은 본 법령에서는 불가능하다.

6. 본 법령 조항과 규정에 준수하여 기록을 폐기하여 처분하는 것에 대해 어떤 이에게도 소송을 제기할 수 없다.

1936년 11월 24일 통과

O.H.H. GIRAUDY,
의회서기(Clerk of the Legislative Council)

No. 38 of 1965

(b) 공기록 관련 부수적인 문제에 관한 조항을 만들기 위한 법령

[선언서]

버던트 섬 의회의 권고 및 승인, 당국에 의해 다음과 같이 반포

1. 본 법령을 1965년 공기록령으로 부르며, 의회 집행부에서 관보에 발표하는 날짜로 효력이 발생한다.

2. 본 법령에서는 문맥상 달리 해석되지 않는 한

   '대법원장'은 버던트 섬의 대법원장을 말한다.

   '총리'는 임시로 아카이브즈에 대해 책임을 지는 의회 구성원을 말한다.

   '공기록'은 행정적, 부처별 기록을 말하며, 사무실, 위원회, 기타 버던트 섬 정부에 의해 설립된 모든 단체의 기록이라 할 수 있고, 호적이나 입양 기록도 포함된다.

   '기록'은 종이기록과 다른 매체로 정보를 전달하는 기록을 포함한다.

3.

   a) 총리는 일반적으로 본 법령의 실행에 책임을 지며, 버던트 섬 공기록을 총괄 감독, 보존해야 한다.

   b) 대법원장은 법원과 기타 법기관의 기록을 관리 보존할 책임이 있다.

4.

   a) 총리는 비현용기록의 저장과 적합한 조정을 포함하여, 모든 실제 기록을 보존하기 위한 실질적인 단계를 취해야 할 의무가 있다.

   b) 총리는 자신이 임명한 모든 자문 위원회 혹은 기록보존 업무를 명했던 공무원이 제출한 보고서를 포함하여, 기록을 보존하기 위한 업무 보고서를 의회에 매년 상정해야 한다.

5. 총리는 기록의 효용성을 유지하기 위해 필요한 일을 할 수 있는 권한이 있으며, 특히 다음의 업무를 수행할 수 있다.

   a) 기록의 색인과 가이드 수집, 활용

   b) 법적 소송이나 다른 용도에서 증거로 필요한 기록의 사본이나 발췌본 작성, 승인

   c) 공기록 외 다른 기록을 안전하게 관리할 책임 수용

   d) 기록 획득, 차용증 수령

6. 총리는 의회 사무총장의 승인하에 본 법령의 목적과 의도를 달성하고, 중립적으로 추진 가능한 규정을 만들 수 있다. 그리고 이 규정으로 총리는 자신이 조정하려는 기록을 조사할 수 있고, 이 기록으로부터 인증받은 사본과 발췌본을 제공하고, 자신의 관리 감독하에 기록에 대한 책임을 지는 공무원이 즉시 서비스를 제공할 수 있도록 할 수 있다.

7. 위 항목들에서 생성된 규정에 의해 발생된 비용은 재무부에서 부담한다.

8.
    a) 본 법령에 의해 총리가 활용할 수 없는 곳에 저장된 모든 공기록의 책임자들은 영구 보존하여 안전하게 보관해야 하는 이 공기록을 선별, 정리할 의무가 있다.

    b) 이러한 공기록 책임자는 총리가 제안하고 사안별로 대법원장이 조언한 지시문에 따라 본 항목의 의무를 수행해야 한다.

    c) 총리가 다음의 경우와 같이 조정하기 위해 영구보존으로 선별된 공기록은 생산 15년 후에 이관되어야 한다.
        - 어떤 기록이 행정적 목적 때문에 필요하다거나, 다른 특수한 이유로 보유되어야 할 때
        - 총리가 승낙한 사안

    d) 이 조항에 따라 시행된 정리 작업 이후 영구보존이 불필요하게 된 공기록은 폐기되어야 한다.

9.
    a) 만약 총리가 판단하기에 특수한 수용시설 이외에 어떤 장소가 기록의 안전한 관리와 보존을 위한 적당한 시설로 간주되어 대중이 감시할 수 있다면, 총리는 해당 장소에 기록을 저장하는 책임 당국의 동의를 얻어 이곳을 모든 종류의 기록 저장소로 지정할 것이다.

    b) 총리의 조정을 거쳐 저장된 공기록은 이를 이관했던 개인, 부서, 사무실의 요청이 있을시에는 일시적으로 반환되어야 한다.

10. 특별한 조치를 취하기 위해서 이관하기 전에 대중에게 공개되었던 기록 이외의 공기록은 생산후 50년이 지나야 대중에게 활용될 수 있다.

11.
    a) 모든 기록의 법적 유효성은 법적 관리와 관련하여 본 법령의 조항이 삭제되더라도 영향을 받지 않는다.

    b) 총리나 총리를 대신하여 총리가 지명한 공무원이 진본 여부를 가리기 위해 검사,

인증하여 '버던트 섬 공기록'으로 표명되어 이관된 공기록의 사본이나 발췌본은 그 원본이 재판에서 증거로 인증된다면 더 이상의 증명없이 증거로서 효력을 지닌다.

1965년 12월 10일 통과

대변인 F.J. CLARKE,

의회 수행서기 L. FONTENELLE,

역사가 메리의 문서수집[1]
(Acquiring the Papers of Mary Historian)

Ann Pederson[2]

도입

'평가'는 특별한 문서를 생산하거나 활용한 모든 인물이나 조직의 문서적 '기억'으로 영구 보존할 기록을 선별하기 위해 사용된 일련의 평가 기법들을 설명하기 위한 용어로 사용된다. 이러한 '기억'을 선별하는 것은 전체 기록의 약 95%를 적시에 진보적으로 제거하는 것도 필요로 한다. 그래서 가장 훌륭한 잔존물만이 연구자료로 남게 된다.

그러면 아키비스트는 보존 가치가 있는 기록을 어떻게 선별하는가? 전통적으로는 활동이 종료될 때까지 기다렸다가 가장 대표적인 기록을 남기기 위해 남은 기록을 평가하는 전략이 행해져 왔다. 여기 사례연구에서는 이러한 선별 유형을 채택하여 남은 기록의 가치를 분석하고 있다.

현재 기록가치평가론으로 부르는 이러한 접근법은 미국에서 1940년대와 50년대에 확산되었으며, 이 시기 아키비스트는 2차대전과 경제대공황에 대처하는 정부를 기록하기 위해 노력했다. 가장 유명한 가치평가론자인 쉘렌버그(T R Schellenberg)의 설명에 의하면, 남은 기록에서 평가할 가치는 다음의 두 가지이다.

증거적 가치: 증거적 가치는 예전에 기록 생산자의 활동을 문서화한 기록의 유용성으로 설명

---

1) 최초로 출판된 본 사례연구의 요약버전: York, Stephen, Anne-Marie Schwirtlich and Laurine Teakle, ed. *Ethics Lies and Archives*, Canberra: Australian Society of Archivists, Inc. [ACT Branch], 1994. pp. 23-24.

2) 앤 페더슨은 호주 시드니의 뉴사우스웨일즈 대학 정보/시스템/기술/경영대학의 영구기록 행정/기록관리학과 교수이다.
미국에서 태어나 교육을 받은 그녀는 역사학 학사, 석사이며, 중등교사 자격이 있다. 조지아의 영구기록, 역사 부서에서 10년간 일하면서 모든 기록학적 기능에 대한 책임을 지는 기록보존소 국장을 5년간 역임했다.
『Keeping Archives』 1. ed.(1987)의 책임자, 『Documenting Society』(1998)의 저자, ICA/SAE(국제기록평의회의 기록학교육부서)의 호주 대표이며, SAA(미국아키비스트협회) 회원이며, ASA(호주아키비스트협회)의 명예회원이다.

되었다. 이는 설명책임성을 결정하거나 행정의 연속성을 확인할 때 중요하게 여겨졌다. 증거적 가치는 업무행위에서 기록을 생산하여 사용했던 사람들과의 협의에서 평가되었다.

정보적 가치: 정보적 가치 역시 예전에 기록에 담긴 정보의 유용성으로 설명되었다. 이는 삶에 대해서나, 특정 상황에서 수행된 업무활동을 학습하기 위해 정보를 활용하는 연구 공동체와의 협의에서 평가되었다.

쉘렌버그는 기록의 이용을 다음과 같이 범주화했다.

1차적 이용: 법적, 회계적, 행정적 선례, 계획, 설명책임성을 수립할 목적으로 기록을 생산 한 조직의 목적에 봉사.

2차적 이용: 기록의 1차적 역할 외에 연구와 같은 이용. 대부분 기록 생산 조직 외부의 이용자들이 장기간 연구를 위해 활용

위의 가치와 이용은 필연적으로 서로 혼재되어 있다. 예를 들어, 장기간의 연구를 위해 자료를 이용하는 사람도 이 자료가 어떻게 생산되고 사용되었는지를 알 필요가 있다. 기록의 본래 목적과 맥락에 대한 배경지식은 문서에 내재한 정보의 무결성과 진본성을 평가하는 데 필수적이다. 맥락적 연결정보는 기록이 '좋은 데이터' 인지의 여부를 판단하는데 필요하다.

그러나 애초에 선별을 위해 기록의 가치를 사용한 아키비스트들도 자신들이 곤경에 빠져 있다는 것을 알고 있었다. 이 과정의 성공적인 산출물은 이상적인 환경 설정에 달려 있다. 즉 평가자는 다음 항목들에 접근할 수 있어야 한다.

a) 문서화 책임 영역에서 가장 대표적인 생산자

b) 생산된 실체들에서 나온 기록 전체

c) 업무 과정에서 자원을 생산, 사용한 기능과 활동에 대해 알고 있는 사람들

d) 연구공동체에서 나온 현재와 미래의 연구 수행에 가치있을 만한 주제, 방법, 자료에 관한 정확한 정보

또한 이러한 사실은 아키비스트들이 선별 결정을 내린 뒤 문서화한 후 이를 실행해야 할 필요가 있다는 것을 의미했다. 현실에서 이러한 기록가치 방법론은 아래에 열거한 많은 약점을 지니고 있음이 밝혀졌다.

- 맥락을 재구성하기 위해 필요한 상세한 연구로 인해 평가는 매우 느린 과정이 되었다. 그래서 많은 기관에서 평가를 기다리는 기록이 많이 쌓이게 되었다.
- 수년간 계속된 보관책임이 끝난 후에는 아키비스트는 잔존 기록을 어쩔 수 없이 평가

하게 되는데, 이때 기록들은 사람들의 무관심이나 대청소 등에 의해 손실되기 쉽다.
- 기록에 대해 잘 아는 사람들이 이사를 가거나, 은퇴, 사망하여 종종 만날 수 없게 된다. 기록의 생산 이용에 대한 모든 중요 맥락을 형성했던 조직이 대거 교체되거나 사라져 버린다. 이에 따른 도큐멘테이션은 항상 불안전하고, 그 맥락에 관한 지식은 단편적이며, 평가결정을 내리기가 쉽지 않다.

이 같은 결점과 위험에도 불구하고 아키비스트는 평가에 도전해 봐야 한다. '모든 기록을 보관한다'는 정책은 비용과 방대한 양 때문에 곧 붕괴될 것이다.

이제 상기 지식을 배경으로 역사가 메리의 개인기록을 수집해야 할지 말아야 할지에 대한 평가에 도전해 보자.

사례 문제 - 역사가 메리의 문서 평가

본 사례는 각각 연관된 세 파트로 이루어져 있다. 파트별로 각각 완전하게 숙독하시오. 첫 파트를 다 읽기 전까지 두 번째, 세 번째 파트를 읽지 마시오.

1장: 메리, 역사가인가? 이름없는 학자인가?

유명한 여성학 연구소인 '저명 컬렉션 기록보존소(Distinguished Collection Archives)'에서는 1950년 초반에 학문 경력을 시작한 유명 학자인 역사가 메리의 개인기록을 제공해 왔다.

메리는 대학원 재학시 명석함을 드러내 국내 유명 역사가의 연구조교가 되었다. 이 역사가는 현재도 인정받고 있는 그들의 공동작업 결과물인 저서를 출간했다. 이 책이 출간된 지 몇 년 후 그는 단독 저자로서 유명세에 힘입어 메리와의 파트너십을 끊고 프레스티지(Prestige) 대학의 총장으로 임명되어 옮겨 갔다.

역사가 메리는 정규직을 얻지 못해 새 책에 대해 연구하는 동안 공과대학에서 임시로 역사를 가르치게 되었다. 그녀가 남긴 기록들은 대부분 미출간 원고에 대한 연구노트, 문서 자료, 주석판 매뉴스크립트, 일기, 문화 아이콘으로 이제는 퇴직한 유명 역사가와 주고받은 서신 등이다. 이 컬렉션을 기증한 메리의 상속자들은 자신들의 노처녀 숙모를 아꼈으며, 그녀가 학계의 정당한 인정을 받지 못했다고 생각했다. 그들은 메리의 미출간 원고를 아카이브즈에서 사후 편집, 출간할 지를 알고 싶어 했다. 자료를 협상하고 평가해야 할 아키비스트인 당신은 길이 40.5m인 컬렉션에 대한 예비노트를 조사중이다. 약 20%가 1950년대-1960년대의 산성용지에 기록되어 있다. 자료가 굉장히 무질서하여 원래 질서를 확립하는 것은 어렵지만 아래와 같은 범주들을 확인할 수 있다.

1. 매뉴스크립트 문서 원본의 복사본(제록스, 마이크로필름, 복사사진). 길이 9m
2. 1번 문서의 번역본. 길이 4m
3. 1, 2번 수집물과 관련한 서신. 길이 0.3m
4. 미출간 사료의 매뉴스크립트 길이 0.6m
5. 연구 노트(정리 안됨). 길이 6.5m
6. 개인 장서들로서 절반 정도가 역사가 메리의 연구 관심분야와 관련된 것. 길이 13.5m
7. 역사가 메리의 개인적, 직업적 서신(대개 수신). 길이 0.3m
8. 가계도 연구노트, 편집물(대부분 문서화 되어 있지 않음). 길이 0.3m
9. 지도, 도면(대부분 출판물에서 발췌한 것으로 식민지와 주정부 토지 구역에 관한 것) 길이 0.3m
10. 기타 불확정 자료. 길이 3m

본 사례의 1장을 숙독하고 다음 질문을 완성하시오

1. 어떤 사안들이 포함되어 있는가? 이 사안들이 결정에 어떤 영향을 미치는가?
2. 자료 목록을 그냥 읽었을 경우 먼저 수집/평가되어야 할 항목은 어떤 것인가?

2장: 평가 조사를 통해 새로운 정보가 드러난다.

시난 며칠긴 메리의 문서를 평가 조사할 책임을 진 아키비스트로서, 당신은 다음의 새로운 정보들을 알게 되었다.

- 메리와 유명 역사가의 관계가 직업적인 것 이상이었음을 입증해주는 서신과 일기
- 유명 역사가가 자신의 대표적 저서에 저작권 동의없이 메리의 연구물 전체를 출간했음을 증명하는 노트와 편집된 장
- 이전의 역사적 사건에 새로운 빛을 던져주지만, 출간되기 전 아카이브즈에서 연구에 엄청난 돈을 쏟아부어야 할 미출간 매뉴스크립트
- 오랜 동안 노인성 치매로 인해 악화된 건강을 나타내주는, 잘 정리되지 않은 메모와 논문

평가조사에서 드러난 정보에 근거하여 1장에서 애초 당신이 제시한 내용을 검토하여 아래 과제를 완성하시오

1. 당신이 제시한 내용이 새로운 정보에 의해 어느 정도까지 영향을 받았는가?
2. 변화를 제시한다면 그것은 어떤 것인가? 변화를 텍스트에 반영시켜 보시오
3. 새로 제시한 내용이 거절당한다면 대체물을 개발해 보시오

3장: 전체적인 재난 발생

예전에 역사가 메리에 열광한 학생으로 그녀에게 영구적인 기록학적 가치가 있다고 믿는 기록청장이 그녀의 상속인들과 협상 중인 위탁 조건들을 당신과 공유하려 한다. 위탁 조건들은 다음과 같다.

- 컬렉션으로 모든 논문, 책, 자료 등을 영구보존해야 한다.
- 상속인의 동의를 나타내주는 특수 장서표는 모든 컬렉션에 부착되어야 한다.
- 영구 진열을 위한 특수 전시관이 마련되어야 한다.
- 역사가 메리의 친구나 동료들의 기억을 수집하기 위한 구술 기록 프로젝트를 수행한다.
- 역사가 메리 출간물의 재판본을 아카이브즈에서 수집하여 상속인 모두에게 보여주어야 한다.
- 역사가 메리와 함께 일한 유명 역사가가 보낸 서신은 따로 분리하여 마이크로필름 작업하여 원본은 프레스티지 대학에 보내야 한다.
- 모든 원본 자료에 대한 저작권은 상속인에게 있다. 즉 컬렉션을 이용한 연구 결과물로 나온 모든 출판물은 상속인이 확인해야 한다.
- 선별된 사진의 사본을 만들어 모든 상속인들에게 앨범을 만들어줘야 한다.
- 컬렉션을 완전히 기술한 가이드를 아카이브즈에서 준비하여 출판해야 한다.

어떤 경우 역사가 메리의 재산 담당자가 이러한 기부증서의 조건이 아카이브즈에 의해 기대에 부응하지 못한다고 생각한다면, 이 담당자는 기록청장에게 서면으로 그것에 대한 해명을 요구할 것이다. 이 해명이 만족스럽지 못하다면 담당자는 컬렉션의 반환을 요구할 것이다. 반환 요구를 받자마자 아카이브즈는 자체 비용으로 컬렉션을 포장하여 담당자에게 우송하고, 컬렉션에 관련된 자료, 권리, 타이틀, 이자, 기타 재산에 대한 모든 소유권이 역사

가 메리의 상속인에게 돌아갔음을 이해해야 한다.

위에 전개된 것을 근거로 파트 2에서 애초 당신이 제시한 내용을 검토하여 아래 과제를 완성하시오

1. 어떤 새로운 요소들이 발생하였으며, 이 요소들은 당신의 생각에 어떤 영향을 끼쳤는가? 순서대로 정리해 보시오

2. 의사결정시 주요하게 고려해야 할 점은 무엇인가? 윤리적, 관리적, 기록학적, 개인적인 문제인가?

3. 당신의 최종 보고의 주안점은 무엇이며, 상관에게 어떻게 프레젠테이션할 것인가?

4. 상속인과는 어떤 관계 내지 상호작용을 가질 것인가?

5. 당신 자신이 실업수당 신청 자격이 되는지 확인해야 한다고 생각하는가?

• 개인문서 평가에 관한 참고자료

Boles, Frank. *Archival Appraisal*. New York: Neal-Schuman, 1991.

Bradsher, James G. *Managing Archives and Archival Institutions*. London: Mansell, 1988. pp. 53-66, 78-91.

Daniels, Maygene and Timothy Walch, eds. *A Modern Archives Reader*. Washington, DC: NARA Trust Fund, 1984. pp. 55-145.

Ham, Gerald F. *Selecting and Appraising Archives and Manuscripts*. Chicago, IL: Society of American Archivists, 1993.

Reed, Barbara. 'Appraisal and Disposal,' in Ellis, Judith, ed. *Keeping Archives*. Port Melbourne, VIC: D W Thorpe, 1993. pp. 157-207.

Pederson, Ann E, ed. *Keeping Archives*. Sydney: Australian Society of Archivists Inc., 1987. pp. 73-127.

Samuels, Helen. *Varsity Letters*. Metuchen, NJ: Scarecrow Press, 1992.

Schellenberg, T. R. 'The Appraisal of Modern Public Records,' *National Archives Bulletin* 8. Washington, DC: National Archives and Records Service, 1956.

학습노트

　아래 내용은 학생과의 토론에서 생겨날 수 있는 요점들로서, 평가를 위해 위 사례를 활용할 경우의 논평이라 할 수 있다.

　학생들은 아래 논점들 다수에 대해 논평해야 하며, 자신들이 권고안을 만들 때 (어떤 종류의, 누구에게서?) 조언을 받아서, 선호하는 결정을(모두 선택, 아무 것도 선택안함, 부분적 선택) 기술하고, 결정에 대한 근거를 설명하고, 만약 이 결정에 대해 의구심이 생긴다면 대안을 제시해야 한다. 최종적으로 학생들은 상관이 자신들의 권고안을 받아들이도록 설득하는 방법을 토론하여, 직업적, 윤리적, 개인적으로 적합한 행위과정을 설계해야 한다. 평가 아키비스트와 상속인의 미묘한 관계에서, 응답자는 자신을 문제에서 완전히 배제시켜 결정권이 상관에게 있음을 보여줄 만큼 현명해야 한다.

　아래 요소의 대부분은 이 사례의 '해결책'에서 언급되어야 한다.

1. 크고 정리되지 않은 자료 : 40.5m에 이르는 만큼 양이 많지만 정리되지 않은 자료의 수집은 대학의 아카이브즈에게는 벅찬 일이다. 만약 우수대학과 연계된 모든 학술적 문서가 이러한 상황이라면, 이러한 결정은 해결할 수 없는 선례가 되는가?

2. 초창기 여성학자의 문서는 귀함 : 1950-60년대 여성의 학문활동은 매우 희귀하다. 특히 젊을 적에는 유망하였으나 훗날 두각을 보이지 못했던 여성들에게 이러한 현상은 더욱 크게 나타난다.

3. 역사적 파트너십 : 공식적으로 인정받지는 못했지만 유명 역사가와의 파트너십을 통해 숨겨진 스토리를 들을 수 있다.

4. 보존기록의 가치가 있는 문서 복사 : 컬렉션에 포함된 비영문자료 중 상당부분이 복사물이다. 비영문자료가 다른 아카이브즈에 보관되어 있거나, 지도나 사설 도서관의 자료와 같은 출판된 작품의 복사물이다. 그러나 이렇게 독특한 형태로 축적된 문서들은 연구목적으로 활용할 수는 없게 된다. 영어로 번역이 된 비율이 어느 정도 인지도 알 수 없으며, 누가 번역을 했으며, 그 번역 또한 옳게 되었는지 확인할 수 없다. 메리가 아카이브즈로부터 이 자료들을 인용하거나 출판할 수 있는 허가를 받았는지 명확하지도 않다. 이러한 모든 문제들은 이 권위적 결정이 수행되기 이전에 명확하게 되어야 한다. 만약 상술한 자료들이 유일하고 포괄적임과 동시에, 유명 대학(Distinguished

University)의 연구와 관련하여 향후에 사용 및 인용, 복사가 가능한 자료라면 이 자료들을 보관하는 것은 정당화될 수 있다.

5. 도서관 자료 : 사설 도서관의 자료는 원 자료와의 관계, 메리에 의한 주석 등이 없다면 기록보존소에 적절하지 않다. 메리의 독서물, 학문적 관심, 개인적 혹은 전문적인 것을 규명하는 것처럼 제목 리스트를 만드는 것은 가장 좋은 방법이 될 수 있다. 원시자료와 관련된 제목들은 2차 작품을 지원하는 것처럼 유지될 수 있다. 물론 메리 작품의 복사물도 유지되어야 한다.

6. 메리 역사가에 의해 창조된 원시자료 : 원시 자료이지만 메리에 의해 출판이 되지 않은 자료의 소량은 안타까운 일이다. 그러나 이전 동료나 친구들에게 자료를 요청하는 캠페인을 위한 기반이 되었다. 진정 가치가 있는 자료는 메리에게 알츠하이머병이 발발하기 전에 쓰인 것으로 보이는 미출간 매뉴스크립트다. 편지, 가족사 기록에서 메리의 역할은 분명하지 않다. 가족 연구자료는 대부분 문서화 되어 있지 않기 때문에 권위적 자료의 인증이 없다면 그 가치는 의심스럽게 된다.

7. 연구 노트 : 연구 노트의 상당부분은 순서대로 정렬이 되어 있지 않고, 메리가 장기간에 걸쳐 치매에 걸렸다는 것을 고려하면 순서나 권위에 따른 정렬이 무의미할 수도 있다. 당신은 다른 사람의 연구 노트를 신뢰할 것인가?

8. 잡다하고 통일성이 결여된 자료 : 잡다하고 통일성이 결여된 자료는 거부되어야 하는가, 아니면 거부되어서는 안되는가? 그렇다면 왜 그러한가?

9. 역사가의 편지, 일기 접근성 : 뛰어난 역사가의 편지와 일기는 프라이버시 문제를 불러일으킨다. 이는 역사가가 생존하고 있으며, 불명예/명예훼손 사례 혹은 메리의 작품을 표절하는 것과 같을 때이다. 만약 신문을 구했다면 역사가에게 알려야 할까? 역사가의 편지 혹은 그에 대해 토론하는 자료에 대해 역사가가 가질 수 있는 권리는 어떤 것일까?

10. 위험한 기탁 환경 : 비현실적, 비전문적 축적 환경은 기록보존소나 이미 서명된 개인 문서들, 특히 기타 학문적 문서들에 많은 비용이 소요됨을 의미한다. 그러나 당신의 보스와 같은 주요 아키비스트들은 메리 역사가의 문서를 확보하는 것에 혈안이 되어 있다. 상속자들은 메리를 기념하는 것을 바라지만 만약 그 자료들을 공개하여 메리의 명성이 훼손된다면 일기나 편지 같은 작은 부분을 없애기 위한 단계를 밟을 것이다. 또한 기탁 환경이 기록보존소에서 수용되지 않는다면 문서들을 축적하지 않고 파괴할지도 모른다. 경영적으로 감독자는 관계가 없지만, 그녀의 제안에 동의하지 않은 것에 대해 당신은 어떠한 대가를 치뤄야 할 것인가?

11. **최종 제안 및 접근법** : 이슈를 다루는데 있어 어떠한 정답도, 어떠한 오답도 없으며, 다만 어느 정도까지 완전하게 처리하는가의 문제이다. 더구나 학생들이 그 이슈를 처리한다면 더욱 그럴 것이다. 최종 제안 및 접근법에는 조사에 대한 답변 연구가 반영되어 있어야 하고, 이와 함께 전문적, 윤리적, 경영적, 개인적으로 실행할 수 있는 해결책을 개발하기 위한 노력을 반영해야 한다.

 **찾아보기**